国际关系研究 2007 年第 2 辑　　总第 6 辑

The Way to be Responsible Power

负责任大国的路径选择

上海社会科学院世界经济与政治研究院

时 事 出 版 社

目 录

中国的国际责任

实践中的负责任大国

负责任大国的理论探索

负责任大国的外部环境

专题研究

Contents

Special Studies

中国的国际责任

中国承担的“国际责任”不断提升及其特点

黄仁伟*

内容提要：中国如何成为“负责任的大国”？如何界定中国的“国际责任”？中国应当如何承担自己的责任，却又不被这些西方炮制的“责任论”牵着鼻子走？面对这些问题，我们应当从实际出发，立足于长远，着眼于全局，在若干关键问题上展示中国的“国际责任”。

美国副国务卿佐利克在2005年9月21日演讲中提出，中国应当成为“负责任的利益攸关者”。近两年以来，美国高层对这个提法发表了多种诠释，有的肯定，也有的否定。到2006年5月，美国财政部长鲍尔森就职伊始，从各个方面阐述了中美关系的极端重要性，再度肯定了中国作为“负责任的利益攸关者”的角色。所不同的是，鲍尔森把中国的定位提得更高了。2007年3月8日，鲍尔森在上海的演讲中公开称：“鉴于中国的经济规模

* 黄仁伟，上海社会科学院副院长，研究员，博士生导师。

及在世界市场上的地位，中国已经成为全球经济的领导者，而且理应得到领导者地位的认可。领导地位也带来了相应的责任。”紧接着3月21日，佐利克也在上海发表演讲，进一步把他原创的“负责任的利益攸关者”延伸为“全球利益攸关者”。这两位美国对华关系的决策者在中国的“责任”前冠以“全球的”定语决非偶然，说明美国一方面高度重视中国在世界经济政治中的作用，把中国作为全球范围的战略伙伴；另一方面，也透露出美国对华政策的新走向，就是用“国际责任”来约束中国的行为，甚至让中国付出与其发展水平和能力不相符的代价，进而使中国放慢发展速度。

同样，欧盟在2006年底发表新的对华政策文件中，把“更加负责任的大国”作为界定中国国际行为的核心概念。于是，“中国责任论”开始在西方媒体中迅速蔓延，甚至有些西方学者试图把中国的所有对外行为都描绘成某种程度的“不负责任”。“中国责任论”就成为“中国崩溃论”、“中国威胁论”之后对华媒体报道的第三波浪潮。

一、如何认识中国在国际金融和贸易问题上的责任？

中国经济规模的迅速扩大，直接影响到国际贸易体制和国际货币体系的结构稳定性。如何在保证中国发展的外部市场条件的同时，防止中国商品和货币对国际市场的冲击过大，这已经成为各国关注中国的焦点，也是所谓“中国责任论”的首要问题。一些对中国友好的国家，在这种舆论潮流的冲击下，也感到了迷惑。

在这个问题上，我们应当从经济全球化的历史趋势和客观规律来做出判断。中国对于世界经济的贡献远远大于所谓的“负面冲击”。中国经济承接了世界范围的产业转移，包括来自发达国家的高端产业和发展中国家的低端产业，有力地促进了全球产业结构的优化配置，为各国的产业结构提升提供了机遇和空间。既然中国承担了如此空前规模的世界产业转移，也就形成了空前规模的生产能力和出口竞争力。中国为世界市场提供了价廉物美的制造品，不仅对全世界的低通胀增长具有重要意义，而且为世界范围的市场要素优化组合提供了可能。从这个意义上说，世界经济的全球化是与中国进入世界贸易体系紧密相关的。就此而言，中国的责任是继续保持和提高对世界产业结构转移的承受能力，继续为世界经济增长提供强劲的动力，为促进世界经济的结构平衡发挥更具有建设性的作用。

另一方面，我们应当看到，中国经济快速增长确实对世界市场和部分国家形成竞争压力。这种竞争压力总体上是健康的，但是它来得过快、过猛就可能产生强烈的反弹。如何防止这种竞争和反弹向着恶性循环的方向发展，确实是中国应当承担的责任，也是有关国家尤其是美国、欧盟、日本等发达经济体应当承担的责任。因为中国经济崛起不只是“中国现象”，更是“亚洲现象”和“世界现象”。发达经济体在这个过程中是主导力量和主要受益者，理应承担主要责任。

这并不意味着中国要推卸自己的责任。恰恰相反，中国应当正视这种责任，研究承担相关责任的路径和机制。中国正在采取战略性的结构调整，为防止世界经济失衡做出自己的最大努力。其中包括将出口导向优先的外贸战略转变为进出口平衡、扩大内需的两个市场统筹的战略；人民币逐步升值并走向可兑换货币，使人民币与其他主要国际货币的比价更真实地反映市场竞争力；

调整中国外汇储备结构，逐步将过高的外汇储备部分转移到国际投资和融资领域，使发展中国家能够分享中国发展的收益；加快中国经济结构尤其是产业结构和产品结构的提升，改变过分依赖低附加值劳动密集型产品的大规模出口；提高中国人力资本的构成，使创新型经济成为中国经济的首要动力等等。

中国进行这一系列大规模的战略调整，需要付出巨大的成本，也需要一定的时间和空间。这就需要国际社会认识到中国对自己的发展是负责任的，对世界的发展也是负责任的。随着中国经济的规模越来越大，中国对世界经济所承担的责任和义务也将不断提高。因此，对中国已经和将要承担的责任应当有一个比较客观、准确地判断。

二、如何认识中国在能源和资源环境问题上的责任？

中国钢产量自从在 2002 年达到 1 亿吨以来，每年以 20％左右的速度增长。在 2003 年进口原油 1 亿吨以来，每年以 10％以上的速度递增。据比较保守的估计，到 2020 年中国将进口原油 3 亿吨以上，接近美国的原油进口量。相应的是，中国可能成为仅次于美国的二氧化碳排放大国，对于全球气候变暖将负有“重大的责任”。根据这个趋势，“中国能源威胁论”就成为“中国威胁论”的焦点。所谓“中国责任论”的重点，也开始转向“中国环境责任论”。

毋庸讳言，能源和环境问题将是中国发展长期面临的两个关键问题。中国的发展规模之大、速度之快，都是世界上没有先例的，因而其能源和环境问题的艰巨性和复杂性也是空前的。只有认识到这个问题的长期性和艰巨性，才有可能了解中国承担的责任重大。责任之一：中国必须保证一定的增长速度，才能缓解中国的就业压力，才能避免中国的经济滑坡；责任之二：中国必须承担世界范围的产业转移和结构调整，才能使世界经济增长得以保持。但是，制造业能力的转移与能源资源的转移并不同步，世界市场在享受中国生产的价廉物美的制造品时，并没有给中国同样规模的能源和资源份额；责任之三：中国也有责任提高本国国民的生活水平，当中国城市居民的生活方式进入中央空调和家庭汽车时，当中国农村普遍实现电气化时，中国能源消费的增长必然大大快于经济总量的增长；责任之四：中国必须超越旧的工业化道路，尽快地转入新兴工业化道路。西方发达国家用了200年时间的旧工业化道路，中国只能用50年到100年的时间（以1900年或1949年为起点计算）；西方发达国家用了50年的新兴工业化道路（1960年代为起点），中国只能用20年左右的时间；责任之五：中国如果不能摆脱大量耗费能源资源的增长模式，对中国本身和对世界都将是一场灾难。

正因为如此，中国政府意识到这种责任的重大，在21世纪初就提出"科学发展观"等一系列新的战略概念，下决心对发展模式进行战略性调整。中国的能源和环境问题压力大，同时也是改善的潜力和空间大。中国的GDP单位能耗是日本的7倍，美国的5倍。如果中国的GDP单位能耗降低一半，目前的能源消费就可以支撑中国的GDP翻一番。而这仅仅是达到发展中国家的能耗平均水平。中国在"十一五"规划期间，确定节能目标是GDP单位能耗降低20%。如果实现这个目标，就是在发展模式转型方面跨出了关键的一步。同时，在新能源、清洁能源和替代能源方面，中国也是大有可为的。这些前景告诉人们，在能源和环境问题上，中国政府和中国人民是有强烈的责任意识的。同时，我们需要国际合作来实现这些战略目标。对能源和环保技术进行合作，将是中国与其他国家扩大共同利益、实现战略共赢的重要路径。

三、如何认识中国对于亚洲地区秩序的责任？

中国的和平发展道路，对于亚洲地区具有特别重要的意义。中国提倡“和谐世界”，首先是推进构建“和谐亚洲”，因此中国的“国际责任”主要体现为“亚洲责任”。中国发展对于整个亚洲发展所产生的拉动作用，正在越来越明显地体现出来。这种拉动，不仅仅是经济总量和贸易规模的增长率，也不仅仅是亚洲的次区域合作机制形成了框架并开始运作，而且是中国的发展战略、发展模式、发展理念在亚洲国家中越来越得到认同和借鉴。因此，中国在亚洲的责任首先是中国本身的发展，而且是科学、协调、可持续地发展。这对于亚洲无疑带来最大的稳定因素和增长因素。

中国在亚洲的责任，还体现在亚洲的地缘政治和地缘经济结构变化中。首先，中国主张和平解决亚洲的各种现实、历史和潜在的争端，反对任何大国在亚洲地区称霸和滥用武力，也批评各种对历史不负责任的言行。其次，中国积极支持亚洲各种有利于和平与发展的地区合作机制，主张本地区各国在这些机制中平等协商、互利共赢，反对将地区合作机制变为大国划分势力范围和结盟围堵战略的工具。其三，中国也注意维护历史和现实的各种利益关系，即使某些在冷战时期与中国敌对的盟国体系，在现存条件下具有稳定本地区秩序的作用，中国也不会与之对抗，而是与其发展对话与合作的关系。其四，中国高度关注亚洲地区的各种共同利害问题，包括恐怖主义、大规模杀伤性武器扩散、跨国流行疾病、跨国环境污染、国际有组织犯罪等非传统安全威胁。在应对这些新的安全威胁时，中国承担的责任在不断加大和升级。

由于亚洲是世界上人口最多、面积最大、文化历史最悠久、制度差别最大的大陆，又由于中国有着最多的亚洲邻国、最长的边境线和海岸线，中国在亚洲承担的责任也最为重大。面对这些错综复杂的地区责任，中国不能不加以统筹兼顾，分别轻重缓急，抓住重点，利在长远。在某些问题上，也可能出现顾及不到、刚柔失衡的偏差。但是，作为正在崛起的大国，中国必须善于学习，勇于承担责任。因此，当周边邻国对我们的做法不理解，甚至各执一词有所批评时，我们应当坦然处之，有则改之，无则加勉。只有大多数邻国从中国发展中获得收益，中国才有可能从它们的发展中获得更大的益处。

四、如何认识中国在非洲地区的国际责任?

中国坚持尊重非洲国家的国家主权，维护国与国之间的平等关系是处理中非关系的根本出发点。中国坚持不干涉非洲国家的内政，尤其是某些非洲国家出现内战或政变时，中国不轻易对其中的是非和派别作出偏向或表态，并且尊重当地人民自己的选择。中国对非洲国家提供的经济文化援助从不附加任何条件，绝大多数是无条件援助。中国这些基本责任已经坚持了将近半个世纪，我们还会长期坚持下去，并不会因为中国的经济实力和政治影响力上升而改变。

西方国家对最近中国在非洲的影响迅速扩大议论纷纷，其中最为典型的是所谓“中国式新殖民主义”。西方舆论指责中国

“掠夺非洲自然资源”，“倾销中国产品造成非洲劳工失业”，“不关心非洲人权问题”，“中国人移民非洲是新的殖民地政策”等等，从而得出结论是“中国在非洲的长期作用是消极的”。这些舆论本身就是极不负责任的。他们采取似是而非、耸人听闻、攻其一点、不及其余的西方新闻惯用手法，目的是把中国说成非洲大陆和平与发展的“破坏者”。个别美国学者甚至提出中国在非洲的长远目标是有“阴谋”的。

只要了解基本现实状况和历史事实的人，都可以客观地得出结论：中国的非洲政策正在趋于成熟，中国在非洲既没有威胁当地国家也没有损害西方国家在非洲的利益，中国确确实实地在为非洲的稳定和发展尽到责任。例如，中国在尼日利亚不仅开发油田，投资建设炼油厂，而且投资40亿美元建设基础设施。中国参与开发尼日利亚的石油业，使该国在石油出口市场和投资来源方面有了更多的选择，并且改变了尼日利亚出口原油、进口汽油的历史。中国帮助一些非洲国家建设铁路、高速公路、水电站、通讯网络线路等大型工程，不仅使非洲国家的基础设施得到更新，而且也为西方国家在非洲的投资环境改善创造了条件。中国在苏丹达尔富尔武装冲突问题上，也是采取对话说服、循序渐进的方式，使苏丹政府逐步接受联合国与非盟维和部队进入该地区，为局势稳定铺平道路。

中国在非洲的行为是经得起检验的，也得到了非洲东道国的公认。但是，我们也应当认识到，21世纪的非洲已经不同于20世纪60年代民族解放运动风起云涌的非洲。环境恶化、资源紧缺、疾病流行、部族争斗、就业压力增大等等新的安全问题成为舆论焦点。中国进入非洲市场从事投资和贸易活动，不能不考虑缓解当地的社会政治压力。在劳动密集型产业转移过程中，应当充分注意对当地产业和就业构成的压力。这就需要承担比上个世纪援助非洲国家更多的国际责任。从这个意义上说，中国应当重新认识“发展中国家”、“第三世界”等概念，在自己发展的同时，为欠发达国家消除贫困承担更多的责任。

五、如何认识中国对于国际不扩散机制承担的责任？

20 世纪 60 年代中国拥有核武器和远距离投放能力以后，就承担了不首先使用核武器、不对无核国家使用核武器的国际责任。而在防止大规模杀伤性武器扩散机制领域，中国是在上世纪 90 年代才开始逐步加入的。在“9·11”事件发生后，为了防止大规模杀伤性武器与国际恐怖主义力量结合，中国实行了更加严格的敏感技术出口控制机制，并且与美国等核大国采取更加紧密地合作。

应当承认，中国在不扩散问题上的认识和行为有一个发展和变化的过程。但是，当中国成为负责任的大国时，就强烈地意识到：大规模杀伤性武器一旦无限制地扩散，整个人类，包括中国人民和美国人民，都将受到极大的威胁。不仅国际恐怖主义对各国构成威胁，而且一批无核国家竞相成为核武器拥有国，对国际安全同样构成威胁。因此，中国在朝鲜和伊朗核问题上，始终坚持这两个国家应当放弃取得核武器的努力。必要时中国也会在联合国安理会对朝鲜、伊朗不计后果的冒险行为加以谴责和制止。

事实证明，中国在防扩散机制问题上比美国更负责任。中国不采取双重标准，不搞先发制人打击，不追求绝对优势的核威慑能力。为了防止出现广义的大规模杀伤性武器竞赛，中国在发展核打击能力方面保持着自我克制，仅仅维持最低限度的战略威慑能力，倡议核大国互不以对方作为核打击目标，并且坚持最终完全销毁核武器的目标。而美国战略界和媒体的某些人士一再散布中国的所谓“扩散行为”和“核威胁”，甚至把中国称为“防扩散机制的头号担心目标”，实际上是转移视线，掩盖美国本身的不负责任行为。

六、如何认识中国承担国际维和行动的责任?

20 世纪 70 年代中国基本上不参与甚至反对国际维和行动。80 年代开始参与并且有选择地扩大地区范围，主要是亚洲周边地区如柬埔寨。到了 90 年代，中国建立自己的维和部队并派往非洲等遥远的地区。进入 21 世纪以后，中国在联合国主要维和行动中都有参与，维和部队的派遣人数已经达到近万人。

中国参与国际维和行动的历程表明：中国作为负责任大国必须承担相应的义务，在维和行动参与过程中，坚持自己的原则。其中包括遵守《联合国宪章》，尊重有关国家的主权；派出维和部队前首先征得所在国当局的同意和联合国安理会授权；反对在维和行动中采取双重标准；在维和行动中主要参与非战争行动，如工程、医疗和警察治安等，基本上不携带武器或参与军事作战行动。另一方面，中国抓住国际维和机制需要中国提供更大支持的机遇，把参与维和与中国经济文化影响扩大、中国企业“走出去”的战略结合起来；把中国在维和行动中的良好国际形象同消除“中国威胁论”的负面影响结合起来；把训练维和部队同中国军事现代化、中国军人的国际化专业化知识培训结合起来。

从一定意义上说，参与维和行动是符合国际社会利益和中国国家利益的战略行动。其政治、安全和文化的收益远远大于所投入的成本。尤其是中国军队通过在世界各地的维和行动，获得必要的训练方法、测试设备、部署投放能力、信息来源等均是软力量，同时增进与所在国家人民的相互了解，加强与其他国家维和军人的合作协同，都是在中国国内所难以取得的。这对于中国了解世界、世界了解中国是不可多得的窗口，有助于中国对自己所承担的国际责任和义务有更深刻的了解。

七、如何认识中国在台湾问题上的责任？

台湾问题是中国的内政问题。维护中国的领土和主权完整，是中国人民不可剥夺的核心利益。尽最大努力实现祖国的和平统一，也是中国政府和人民的神圣职责。然而，面对台湾岛内始终存在的"台独"分裂势力，中国大陆不能不保持足够的威慑能力，这同样是中国的负责任行为。如果我们听任台湾岛内"台独"势力为所欲为，直至出现国土被分裂、主权被分割的历史性后果，不仅是中国人民的巨大灾难，也会引起整个亚太地区的极大动乱。2008年前后，是台湾海峡可能爆发重大危机的"高风险期"，陈水扁等极端"台独"势力可能孤注一掷、铤而走险。对于这种政治赌徒的玩火伎俩，我们的责任就是将"台独"危险降到最低点。

中国大陆为了减少"台独"危险，同时也是为了与台湾同胞分享祖国大陆发展的巨大成果，尽最大努力促进两岸的经济交流和人民往来。如台湾农产品免关税进入大陆市场，台湾学生在大陆高等院校读书享受与大陆学生同等待遇，促进两岸三通直航，为台商在大陆经营提供各种融资便利等等。不论台湾当局如何阻挠，大陆方面对台湾同胞的单向开放和优惠举措，逐渐得到台湾民众和舆论的认同。台湾与大陆的经济和社会联系日益密切，是“台独”阴谋难以得逞的根本原因。中国共产党和中国国民党、亲民党的磋商、对话、论坛，为两岸关系设计了和平、稳定、发展的愿景，已经成为两岸政治对话的基础。从长远来看，只要台湾当局承认“一个中国”的框架，两岸之间可以就各种敏感问题展开谈判并做出合理的安排。换言之，走向“台独”是绝路一条；放弃“台独”、共议统一，则天地广阔，前景无限。

正是对台湾同胞负责任，对全体中国人民负责人，对亚太地区的安全和稳定负责任，中国政府在台湾问题上从来不拿原则作交易。同时，中国为了避免中美之间在台湾问题上出现战略误判，防止由于美国的错误信号导致“台独”势力走向极端，同美国最高决策层在台湾问题上展开直接、密切的战略磋商。这种磋商与中美元首的“热线”联系、高层战略对话、战略经济对话、两军联系以及多边国际机制安排结合起来，使台湾问题从中美之间最具有爆炸性的潜在危机逐步转变为具有共识的危机预防机制，确实反映了中美关系是“负责任的利益攸关者”。尽管中美之间在台湾问题上还存在着很大的分歧，但是双方都不愿意看到“台独”势力制造危机，进而把双方拖入战争的深渊，这是中美关系的历史性转折。

八、现阶段“中国责任”的若干特点

从以上的概述中可以看到，在现阶段的“中国责任”主要表现为以下若干特点：

其一，中国承担的国际责任经历了由小到大、从个别领域到全方位、从国际体系的边缘到核心的发展过程。目前正在成为亚洲地区承担重大安全和发展责任的大国，在某些领域对亚洲以外地区也承担一定的责任。

其二，中国目前承担的国际责任主要表现在经济领域，无论是中国的经济增长、能源资源需求、出口竞争力、汇率变动和环境影响，还是中国参与国际经济机制建设和按照国际市场规则发生的行为，都具有世界范围的影响力。但是，在责任、能力和影响力之间还是相当不均衡的。

其三，中国的国际责任在很大程度上取决于中国内部的发展模式转变。尽管中国还是发展中国家，但是由于中国经济的规模已经达到世界的前列，中国的发展模式变化必然在越来越大的范围产生影响。因此，中国的责任就是通过自己的增长方式转变来尽可能地减少世界经济的失衡现象，缓解中国经济波动可能引起的震荡。

其四，中国在政治领域的国际责任目前主要是推进各种不同制度、不同文明的国家之间的对话合作、互利共赢。中国在国际事务中主张“和谐世界”，首先是对自己的国际行为确定了道德制高点和价值尺度，同时也是国际责任的抽象和概括。

其五，在安全领域，中国的国际责任首先是确保台湾海峡的稳定与和平，防止“台独”分裂势力制造任何形式的危机；同时，中国对亚洲地区可能发生的对抗和冲突进行预防、调解、磋商，为和平解决提供各种可能性；在更广泛的领域中，中国在利益相关的地区，在《联合国宪章》的体制下参与国际维和行动以及其他打击非传统安全的行动。

其六，中国承认自己需要承担与能力和发展水平相符的国际责任，但是不随意接受别国对中国定义的过高“责任”，更不接受损害中国核心利益的所谓“责任”。如果以中国的主权、安全和发展为代价来承担“国际责任”，这本身就是对世界极不负责的主张。在这方面，中国应当有理、有利、有节地向世界说明。这些特点虽不能全部覆盖当前中国承担“国际责任”的特点，但是可以从中揭示中国承担国际责任的基本趋势。

由于“负责任的利益攸关者”是美国首先提出的，中美之间的相互责任也就成为定义“中国责任”的重要参照系。其中包括中国经济对美国经济稳定增长的作用，美国在台湾问题上应负有的重大责任，中美合作和平解决朝鲜核危机的机制，中美对能源、资源、环境等问题的共同管理，中美合作稳定汇率和国际收支平衡的磋商机制，美日同盟的形式和功能，在中亚、南亚、西亚、中东等热点地区问题上中美保持接触和合作，中美在非洲和拉丁美洲的相互关系等等，都成为中国与美国界定“共同利益”和“共同责任”的重要领域。

在过去的十几年间，“中国崩溃论”和“中国威胁论”几度泛滥，但是并没有阻挡中国发展的大趋势。相比较而言，“中国责任论”比前二者多一些对中国的正面肯定，这个现象本身就说明中国与世界的相互了解正在加深。另一方面，也应注意，“中国崩溃论”主要来自对中国抱有意识形态偏见的西方学者；“中国威胁论”则更多地来自西方大国和周边大国对地缘政治变化的担忧；而“中国责任论”不仅在西方国家有较大市场，在欧亚转型国家和亚非拉发展中国家都有相当大的呼应。这说明随着中国影响力和利益的外溢，中国的国际责任也不可避免地成为中国融入世界体系的关键问题。中国在不断提升的国际责任履行过程中，不断学习和实践，对于中国坚持和平发展道路、推进构建和谐世界都具有极其重要的意义。

走向"负责任大国"：中国和平发展的战略定位及路径演绎

刘杰*

内容提要：负责任大国是近年来中国和平发展进程中明确提出的国际定位，它与"和平发展"和"和谐世界"一起构成了中国国际战略的完整表述，也规范和界定了中国对外政策的基本价值导向。中国和平发展的历史方位决定了"负责任大国"定位的内在逻辑。同时，这一定位也对中国的国际战略提出了新的要求，需要中国选择适当的方式和路径来实现这一战略目标。

* 刘杰，上海社会科学院世界经济与政治研究院研究员，华东师范大学双聘教授，博士生导师。

一、“负责任大国”定位是中国和平发展的历史逻辑

进入21世纪以来，中国的发展进入一个机遇与挑战并存的战略转型期，也是中国和平发展的重要节点。在国家内部，中国经济的发展形态正在由超常规发展逐步转入常规发展轨道，经济建设、政治建设、社会建设、文化建设的协调推进成为中国全面建设小康社会的基本选择；在国际社会，随着中国经济实力和国际市场影响的不断增强，中国的大国化取向日趋显著，中国国际行为对于世界市场和国际体系的投射能力日益提升。与此同时，世界市场和国际体系对于中国和平发展的反制作用也在不断上升，中国企业频繁陷入倾销诉讼，产品面临技术标准限制，能源压力空前巨大，“中国威胁论”和“新殖民主义”的指责不断升温。这一切，都要求中国必须调整自己的战略定位，在国际社会树立起负责任的大国形象。

从国际关系发展的历史规律看，国家责任已经成为国际社会对于国家的重要评价标准。在传统的国际关系话语中，国际治理与国家治理的本质区别之一，在于国际关系处于无政府状态，所有的国家都从自己的权力和利益出发决定自己的对外行为。冷战结束以来，这一状态正在发生潜移默化的变化，尽管无政府状态没有发生根本改变，但随着经济全球化的不断深化和人类共同威胁的日趋严峻，国家的国际责任日益引起国际社会的高度重视，国家意志的绝对理念受到前所未有的质疑，尤其是对于拥有更强国际实力和国际影响力的大国而言，成为一个负责任的国家更是人类社会发展的历史要求。在此意义上，“负责任国家”和“负

责任大国”不仅体现为和平发展目标下中国国际定位的历史逻辑，也是对其他所有主权国家的客观要求，尤其是对于经济水平最高、军事势力最强、国际影响力最广的西方大国而言更是如此。

“负责任大国”是中国对于自身国际定位和发展取向的规范和界定，是中国在把握国际关系发展规律基础上，适应人类发展的历史潮流而做出的主动承诺。这具体体现为：

第一，国际格局和国际秩序处于一种相对稳定的有序状态，国家发展面临总体有利的国际战略环境。在今天这样一个相互依存的世界上，任何一个国家的发展都与世界经济与政治的发展态势紧密地联系在一起，如果国际格局处于严重的动荡局面，甚至连起码的国际秩序都难以维持，任何国家都将面临着基本的生存危险，更没有多少发展的机遇可言。这一点，早已为人类社会数千年的发展历程所充分证明。从当前看，自从 20 世纪 90 年代初两极格局解体以来，虽然国际社会中还没有形成新的国际格局和秩序模式，预期中的多极化世界还没有出现，但人类社会总体上维持了和平与发展的时代主题，以恐怖主义为典型的非传统安全威胁仍不至于从根本上危及国际安全的基本态势，新的世界大战在可预见的时期内还打不起来。国际秩序和国际格局的相对稳定性，是决定中国负责任大国定位的首要条件之一。

第二，国际关系发展的基本走向和力量结构处于大致平衡和稳定的局面，大国之间的实力对比和战略组合在短时期内不会发生重大变化，而且这样的对比和组合没有对中国的发展构成严重的制约。尽管存在分歧和争论，但绝大多数人都承认当前的国际力量结构对比和组合处于一个大致平衡和稳定的时期。美国的实力优势决定了它在相当一段时期内仍将是唯一的超级大国，世界上还没有任何其他国家有足够的实力对美国的领先地位提出实质性的挑战。除美国外，英国、法国、德国、日本等传统大国的力量对比相对稳定，以俄罗斯为代表的转型国家并不试图（也没有力量）挑战现存的力量对比态势。在这样相对稳定的力量结构和态势下，中国面临的国际政治和安全环境基本稳定，在发展过程中不会面临严重的外部干涉和军事威胁。

第三，共同战略利益的存在使中国在对外关系中合作大于冲突。按照现实主义的主张，国际关系在本质上是主权国家对权力和利益的追求。对于中国这样一个处于发展阶段的国家来说，国际权力当然不是对外战略的目标取向，基本的重心始终放在国家利益的最大化方面，但是，这样的国家利益与过去“损人利己”的绝对利益又是不同的，它追求的是合作各方共赢。共同利益既包括经济上的互利合作，也包括政治和安全上的共同需要。在当前，中国与各国有着广泛的共同利益，中国经济的持续高速发展在很大程度上已经成为世界经济发展的强劲动力，无论是发达国家还是发展中国家都不断加强与中国的经济合作和市场互动，在国际政治和安全领域，中国无论是在打击恐怖主义还是在解决朝核危机等重大问题上都起着举足轻重的作用，无论是美国还是其他西方大国都必须借助中国的影响来争取问题的妥善解决，这就为中国国际地位和国际作用的提升提供了巨大的空间。

第四，世界经济发展态势基本平稳，国际市场和投资环境总体有利，中国的经济发展拥有一个良好的市场环境和融资渠道。在一个政治稳定与经济发展紧密交织的世界上，一个国家国际政治地位的提升、国际环境的改善，在很大程度上受到世界经济发展总体运行态势的制约，尤其是经济发展处于上升时期的国家，更加需要一个良好的国际市场环境和国际投资环境来保障其产品的流通渠道和资金来源。在当前，中国经济发展也正好处于这样一个良好的机遇期，需要树立起一个负责任大国的形象。

第五，与周边国家的战略合作大于矛盾和纷争，在一个经济全球化的时代，国家间的合作日益超越地缘经济的层面，但在地缘政治层面上，一个国家维护国家安全的能力和国际政治投射能力首先是通过地缘政治体现出来的，并表现为这个国家是否面临着来自周边国家的安全威胁和发展障碍，一个没有周边安全的国家不可能完全成为一个“负责任国家”。当前，中国已经与大多数的周边国家建立了全面合作伙伴关系，与俄罗斯、越南等历史上有着边界争议的国家已经基本妥善解决了划界问题，与印度等国的边界谈判也已提上议事日程；在经济发展方面，中国与周边国家的经济合作也在不断加强，尤其是中国—东盟自由贸易区的启动更是标志着中国与周边国家的经济合作进入了一个突破性发展的新阶段。

第六，在今天，国际社会面临着越来越多的全球公共问题，世界性的饥饿与贫困、艾滋病的全球蔓延、贩毒和走私等跨国犯罪的难以遏制、环境污染等问题都已远远不是单凭一个国家的力量可以妥善解决的，必须通过建立切实有效的国际合作来加以应对。尤其是国际恐怖主义活动的肆意猖獗更要求世界上所有爱好和平的人民携起手来，共同建立全球性的反恐合作。对于越来越多、越来越严重的全球公共问题，中国作为联合国安理会常任理事国，同时也是恐怖主义活动等问题的严重受害国，当然不应该也不会袖手旁观，必须与世界各国一道，通过负责任的行为发挥一个大国应有的作用，与其他负责任的国家一起共同解决全球公共问题。

在“负责任大国”成为中国的必然选择的基础上，中国必须适应新的形势，采取新的战略决策，把中国和平发展的对外战略提高到一个新的水平。在一般的理论意义上，中国走向“负责任大国”对于世界市场和国际体系至少具有四个方面的全球性价值：(1) 中国的对外战略更加具有连续性和稳定性，中国尽管是一个社会主义国家，但它的发展不会对包括社会制度不同的西方国家构成威胁，中国是维护世界和平和发展的重要力量，而且这样的战略立场将是长期持续的；(2) 中国的“负责任大国”定位为世界市场将提供更大的互惠机会和可能；(3) 中国的“负责任大国”定位决定了中国是国际体系的维护者而非挑战者；(4) 中国作为一个“负责任大国”，可以为解决或缓和国际矛盾与冲突提供机会和可能。

当然，在走向“负责任大国”的道路上，中国还面临着一些现实的制约和障碍。例如，美国等一些西方国家始终对中国的发展持怀疑乃至敌视态度，试图利用中国关于“负责任大国”的承诺对中国施加压力，把中国纳入西方的战略轨道，或者把中国的“负责任大国”定位视为对西方对于国际体系主导权的挑战，因此为中国进入世界市场和国际体系设置种种障碍；在技术和程序上，中国还缺乏对有关国际规则的熟悉和深入了解，缺乏灵活利用有关规则的人才，国内许多体制和法规与国际市场上的相关规则还不完全接轨与配套；在态势上，目前应该说我们主要处于接受和熟悉国际规则的阶段，还谈不上积极利用通行的国际规则来有效提升中国的“负责任大国”形象，在进入世界市场和国际体系的进程中逐步影响和改造现行国际规则的课题尚未提上议事日程。

在塑造“负责任大国”过程中困难和挑战的存在，决不是中国规避国际规则、拒绝承担国际责任的理由，而是反过来验证了中国确立“负责任大国”定位的重要战略价值，只有通过负责任的国际行为，中国才能更好地回击西方国家的怀疑和攻击，才能加快与通行国际规则和惯例相适应的步伐，才能更好地促进中国的和平发展。

应该强调的是，中国走向“负责任大国”是一个渐进的过程，目前还处在起步和摸索阶段，比较多的还集中在对国际规则的适应和了解上，如何主动承担国际责任，在多大程度上承担国际责任，如何在承担国际责任的同时有效提升中国的国际地位和国际影响，中国如何在世界市场和国际体系的完善和改革中发挥更大的积极作用等课题，还有待我们逐步加以解决。负责任大国定位的确立虽然是中国在进入世界市场和国际体系方面的重大突破，但这只是方向性和指导性的定位，还需要根据国际国内形势的变化不断进行调整和探索。

二、"负责任大国"是中国和平发展的基本战略定位

"负责任大国"的战略定位是21世纪中国进入世界市场和国际体系的重要基点，在走向"负责任大国"的战略进程中，首先必须对自己目前在国际行为中的负责任状况有清醒的评估和判断，在此基础上对走向"负责任大国"的路径、方式、政策、措施作出适当的选择，只有如此，中国才能真正在国际社会上树立起"负责任大国"的形象，才能为中国的和平发展提供战略支持和外部保障。

近年来，美国和西方国家的一些言论常常对中国承担国际责任的意志和行为提出质疑，甚至将中国视为一个缺乏国际责任感的国家，最近美国在苏丹达尔富尔问题上的指责即是典型的事例。这显然是与实际情况不相符合的，深入研究中国近年来在国际反恐、朝核问题六方会谈、人民币汇率、巴以冲突等一系列重大问题上的态度和做法，都可以看到中国是以一个"负责任大国"的姿态在世界经济和国际体系中发挥积极作用的，中国始终

把信守诺言作为自己处理国际事务的行为准则。中国领导人也一再表示，中国对自己的庄严承诺是一贯言而有信的。在任何国际机制的谈判和机制实践中，中国始终采取慎重的态度，决不接受过高的要价，决不像有的国家那样言而无信，只将自己承诺的责任和义务停留于口头和书面，在实践中却推委或违约。这一点，已经在大多数国家的客观评价中得到充分证明。

然而，尽管中国早已表明并始终用行动证明了自己的负责任态度，一些对中国抱有偏见或敌意的国家仍然无端地指责中国是一个不负责任的国家，凭空断言中国"很少遵守国际协定"，在将来也不会遵守自己对国际规则的承诺。显然，这完全是出于特殊政治目的考虑的杜撰和歪曲。即使在西方国家，一些严肃的学者也在客观分析考察了多年来中国参与国际机制的情况后提出，中国的得分"比那些诽谤者想象的要好"。早在1999年初，美国乔治顿大学一组学者在整理了关于中国履行国际机制义务的记录后就认为："虽然大家对于中国遵守国际协议的程度有争议，但我们的研究表明，实际的情况是参差不齐，而且正在不断改善，值得注意的是，中国对与主权国家所签订的条约和协定的执行情况，比个体厂商签订的商业协议的执行情况要好。"该报告还在专门分析了中国参与环境保护、知识产权和核不扩散领域机制的执行情况后提出：在环境协议方面，虽然中国只是刻板地按照条约去做，投入资金不足，并且受到地区不平衡性的限制以及落后技术的阻碍，但看来达到了每个协议的核心要求。报告指出，中国加强了与国际社会的联系，认真地履行协议书所规定的职责。在知识产权方面，1991年制定了《版权法》，1992年又制定了一系列与国际惯例相适应的法律。中国的努力也有了成果，1995年签订了《中美知识产权执行谅解备忘录》后，中国调查了31家企业，并关闭了其中的15家。尽管缺乏特别的规定以及法官缺乏经验，对于侵权的赔偿标准不一，审判也不符合国际标准，但这一情况最近有所好转。在核不扩散方面，中国 1992 年加入了《不扩散武器条约》，1995 年支持签订永久性的《不扩散武器条约》。从目前看，中国的执行情况是比较全面的，1999 年，中国终止了对伊朗的核援助，并保证不再向巴基斯坦和其他地区提供不安全的核设备。这充分表明，中国在世界市场和国际体系中从来就是一个“负责任的大国”，始终是信守自己的承诺和义务的。

“负责任大国”是一个双重性质的战略定位。它首先是一个国家自身的定位，是一个负责任的政府基于对国家和人民的强烈责任心而采取负责任行为的内在体现，一个负责任的国家首先需要一个负责任的政府，一个对经济社会事务负责任的政府才能建设一个负责任的国家。同时，“负责任大国”又是国际战略定位，意味着中国在任何时候都信守自己的国际承诺，承担应有的国际责任，努力为世界的和平和发展做出力所能及的贡献。在 21 世纪的今天，一个“负责任大国”的战略定位对于致力于在世界市场和国际体系中发挥更积极作用的中国而言具有特别重要的意义：

第一，树立国际形象。中国良好的国际形象不是仅仅依靠自己的政策宣传和对外行为就可以树立起来的，所谓国际形象是国际社会中其他国家对中国的态度和倾向，而这样的态度和倾向只有通过在相互之间的互动交往和合作过程中，中国采取的负责任行动得到其他国家的认同才能得到体现。

第二，消除误解或敌意，尤其是消除那些因对中国的实际情况缺乏了解而造成的误解。中国的社会制度决定了中国的崛起必然会引起一些误解或敌意，只有我们通过“负责任”的姿态，使那些抱有误解或敌意的国家和人士看到中国并不威胁他们的安全和利益，才有可能得到缓解或消除。

第三，加快对国际规则的理解和利用，中国“负责任大国”

形象得以树立的重要前提是对自己认同和接受的国际规则的遵守和履行。在这一过程中，中国不仅可以加深自己对规则的理解和认识，更可以有助于在合理和合法的情况下利用这些规则来更大限度地增进自己的国家利益。

第四，参与国际决策。中国坚持自己“负责任大国”的战略定位不是为了对现行国际规则一味的服从，而是在融入世界市场和国际体系的基础上更好地参与国际决策，利用自己的影响力推动构建“和谐世界”，这一点，是中国“负责任大国”战略定位的重要目标。

21世纪上半叶是中国实现和平发展的关键时期，在这一史无前例的历史进程中，变化和发展中的世界市场和国际体系既为中国提供了空前的机遇，也提出了严峻的挑战，对中国把握世界经济和国际政治发展规律的能力和意志提出了更高的要求。为此，中国在走向“负责任大国”的进程中必须始终注重适应时代与国际环境的变化趋势，清醒而客观地把握世界经济政治的发展规律，从这些内在规律中找到中国和平发展的最佳途径。

第一，继续努力增强中国的综合国力是中国走向“负责任大国”的战略基础。任何一个强国的崛起都是历史的和时代的产物，也是一个动态的国际公共选择过程。在世界多极化和经济全球化在曲折中发展的今天，强国不再意味着拥有争夺霸权和势力范围的实力，而是一个国家综合国力的体现，整合了经济、政治、军事和国际影响力等综合指标。从根本上说，成为一个“负责任大国”对中国来说不仅意味着拥有强大的经济实力和不断增强的国际经济竞争力，更意味着国内稳定的政治局面和社会秩序、拥有维护国家安全的能力，还必须具备必要的国际影响力，积极参与国际事务和制定国际规则。

第二，在走向“负责任大国”的道路上，中国仍然必须在战略思维上将“韬光养晦”与“有所作为”有机结合起来，二者不可偏废。“韬光养晦”的要旨是要求中国在相当长时间内把国家战略的重心放在综合国力的增强上，不要过多介入国际争端或追求过高的国际目标，以防止国际上少数敌对势力继续强化“中国威胁论”，给中国的国际形象造成不良影响。“有所作为”则是指中国综合国力的不断提高决定了必须注重提高国际地位和国际影响，对世界的和平和发展做出更大的贡献。简言之，“韬光养晦”与“有所作为”的有机结合与并重，就是我国在走向“负责任大国”进程中必须加以灵活运用的政治辨证法。

第三，作为一个“负责任大国”，中国必须努力实现与社会制度不同的国家的长期共存，在竞争比较中取长补短，在求同存异中共同发展。同时，也尊重各国的历史文化、社会制度和发展模式，承认世界多样性的现实。在过去相当长一段时期里，中国在国际关系中过多强调国家间的社会制度和意识形态差异，强调两种社会制度和意识形态国家间的对立与对抗，从而导致自己不能把主要精力放在经济建设上。在世界多极化和经济全球化势不可挡的今天，中国不能超越历史阶段，必须承认各国文明的多样性是人类社会的基本特征，也是人类文明进步的动力，这是中国成为一个“负责任大国”的根本要求。

第四，不断推进经济全球化和国际体系多极化进程是中国走向“负责任大国”的战略重心和历史使命。就本质而言，国际体系多极化趋势的发展有助于在世界各大力量间逐步形成平衡与制约的关系，有利于避免大规模战争的爆发，促使世界朝着和平、安全与稳定的方向发展，也有利于包括中国在内的发展中国家扩大在国际舞台上的活动空间。经济全球化是世界经济发展的必然趋势，使所有国家在一个开放的世界市场上开展竞争和合作，为后进国家的跨越式发展提供了机遇。中国要走向“负责任大国”，就必须积极推进世界的多极化进程，努力提升自己的国际政治地位，同时坚定不移地实行对外开放政策，积极参与经济全球化进程，在开放的世界市场上不断寻求新的发展机遇。

第五，以一个“负责任大国”姿态积极参与国际公共事务是中国和平发展战略的重要步骤。随着经济全球化步伐的加快和国际关系逐步朝着有序化、制度化和机制化方向的发展，中国必须在进一步加快参与国际公共事务的步伐、接受国际普遍规范、信守承诺的同时以“负责任大国”姿态积极参与制定新的国际规范，逐步改变少数国家把持规则制定、利用规则“损人利己”的现状，这既是化解国际公共事务对于中国产生的“双面刃”效应的唯一选择，也是中国作为一个“负责任大国”的应有之义。

第六，在任何时候和任何情况下都必须始终把维护国家主权和安全放在第一位，这是中国成为“负责任大国”的基本立足点。一个负责任的大国首先需要对自己的国家负责，在日益紧密互动的世界市场和国际体系中，维护国家的主权和政治经济安全是最核心的国家责任，只有在此基础之上，国家才有可能担负更大的国际责任。因此，中国在致力于走向“负责任大国”的基础上，必须坚持自己的主权，坚持各国的事务应由本国政府和人民决定，世界上的事情应该由各国政府和人民平等协商解决。

第七，实现国家统一是21世纪中国的三大任务之一，更是中国“负责任大国”定位的最基本要求。历史的经验教训早已证明，一个连领土都无法实现统一的国家是没有崛起和复兴可言的，近代统治者丧权辱国，致使中国不仅大片领土被割让，国家本身也被外国势力肆意划分势力范围。新中国成立后，外国殖民者被赶出去，20世纪末中国又先后对香港和澳门恢复行使主权，但由于历史的原因，台湾问题长期没有得到解决。近年来，台湾岛内分裂势力进一步抬头，“台独”力量竭力在国际上制造“两个中国”，“一中一台”，加之美国插手台湾问题，试图使台湾问题国际化，中国的统一大业面临着复杂的局面。但是，不管形势如何变化，中国都必须坚持维护国家主权和领土完整的立场，坚持台湾作为中国不可分割的一部分的地位绝不允许改变。

第八，战略观念和战略思维的不断创新是中国走向“负责任大国”的内在动力。21世纪是变化的世纪，更是创新的世纪。世界政治和国际关系的急剧变化要求我们在认识和把握历史规律的同时，以创新的战略思维实现国际战略的不断创新，彻底摆脱过时的僵化的国际战略观念的困扰和束缚，用发展解决发展中出现的问题，用负责任的方式解决走向“负责任大国”进程中存在的困难。只有这样，中国在走向“负责任大国”的道路上面临的许多棘手问题才能得到解决，才能树立起良好的国际形象，保持长期稳定的国际环境。

三、中国走向“负责任大国”的理念创新和路径选择

当前，世界市场和国际体系正在发生着潜移默化的深刻变化，中国走向“负责任大国”的进程刚刚起步就走到了一个新的转折关头。竞争激烈的世界市场要求中国进一步提高对外开放水平，加快融入全球市场的步伐，但许多发达国家仍然拒绝承认中国的完全市场经济地位，并对中国的能源政策、对非洲经济援助、中国的产品质量和竞争策略提出质疑。“9·11”事件以来国际安全环境的持续不稳定和热点冲突的持续升温更使中国的“负责任大国”定位面临着新的机遇和挑战，这要求中国在走向“负责任大国”的进程中必须不断创新战略理念，选择更加适当的战

略路径。

第一，在战略理念的创新方面，随着全球化时代的到来，中国在走向“负责任大国”的进程中有必要对“全球治理”思潮引起高度重视。在治理的理念下，“统治的含义有了变化，意味着一种新的统治过程，意味着有序统治的条件已与过去不同，或是以新的方式来统治社会。”[1] 而所谓新的统治方式，在国际战略的层面上体现了一种全新的思维方式和价值取向，蕴涵着与传统国家观念截然不同的利益观、权利与义务观、市场观、管理观、保障观等等新观念，意味着国际行为规范的不断强化和对国家国际行为约束力的增强。任何国家为了避免被国际社会“边缘化”，都必须全面进一步融入世界市场和国际体系，主动接受共同的国际行为规范，同时将这些新的思维和观念逐步植入本国的政策和经济社会发展战略，改变传统的绝对的和狭隘的国家权力和利益观，以开放的、柔性的、比较的和相对的观念走向全球化的世界，在新的价值和行为体系中重构自己的思维方式和价值体系。

第二，在走向“负责任大国”的进程中，中国必须明确地将负责任的国际战略与改善中国现代化建设的外部环境紧密地结合在一起考虑。同时，我们还必须通过对世界市场和国际体系的积极贡献充分展示中国的“负责任大国”的国际形象，以防止国际上的某些消极因素给中国带来不利的国际影响。中国“负责任大国”定位的核心和宗旨是为我国的经济建设服务，努力为中国的和平发展创造一个良好的国际环境。中国参与国际事务的负责任程度越高，在世界市场和国际体系的运行和改革中发挥的作用就越来越大，国际地位和国际影响也就越来越增强。反过来，由于

---

① R. Rhodes, The New Governance: Governing without Government, Political Studies, Vol. 44, 1996, p. 667.

中国在世界经济和国际体系中采取了负责任的态度，在承担国际义务、提供公共产品的同时也将充分地享受到世界经济发展和国际体系稳定带来的正面效益，中国走向“负责任大国”的进程就将得以拥有一个相对宽松的国际环境，在相对平稳的轨道上逐步深化。

第三，在战略目标和重心上，改革开放前，中国在进入世界市场和国际体系时或者是采取较为被动的接受既有的规则和限制的做法，或者是比较多地强调对现行国际政治经济秩序进行革命性改造，较少考虑利用进入世界市场和国际体系的机会增进自己的国际行为投射能力。如在参与联合国的有关事务时，中国注重的是在联合国中主持和维护正义，这当然是需要的，但这又是不够的，没有重视利用对联合国事务的参与来有效地服务于中国的国内经济建设，从而使国际战略长期不能积极为国内经济建设服务，不能促进国家的开放和进步，这又反过来限制了中国在国际事务中应该发挥的主动作用。在当前中国走向“负责任大国”的进程中，必须始终坚持从提升中国的国际地位和国际影响出发，以增进国际合作为战略重心，“当合作现象发生时，有关各方会依照其他行为体的行为变化调整或改变自己的行为，比较一下有无合作与协调的不同场合，人们可以评价出合作过程的效应：它使得互相间的关系处于一种主动的自我平衡状态。”[①] 必须强调，中国走向“负责任大国”的战略目标是与世界各国进行超越社会制度和意识形态的合作，相互尊重、友好相处、互利合作，在世界市场和国际体系中与世界各国一起共同对付人类生存和发展面临的挑战。

---

① Robert O. Keohane, “International Institutions: Two Approaches,” *International Studies Quarterly* 1988, p. 380.

第四，在路径选择上，中国走向“负责任大国”不会通过传统霸权和对外掠夺的方式来实现，更不会对外侵略和扩张，中国选择的唯一路径是和平发展，这体现为：(1) 在国家内部以可持续的经济发展为核心，协调推进的经济、政治、社会和文化建设；(2) 在世界市场与其他国家和地区的合作和共赢，不追求单边利益；(3) 以非掠夺性的方式共同开发资源和能源，不以自然环境的破坏为代价；(4) 重视软力量竞争；(5) 致力于推动世界和谐，为和平和发展做出积极的贡献；(6) 共同促进世界市场和国际体系的共治、共建、共享，和平解决争端和分歧，根据国家的实际能力提供国际公共产品，共同享有和平和稳定的国际环境；(7) 维护国际公正和道义，反对恃强凌弱的行为。

第五，在战略思维上，中国必须对“共同利益”给予高度重视，在采取负责任的国际行为基础上最大限度地增进与其他国家的共同利益。斯坦利·霍夫曼在分析国际机制时曾经提出，“国际机制要求对国家利益的狭隘观念逐步进行变革，以合作的互利的长期利益代替争斗的利己的短期利益……不是要求单方面的责任和行动，而是强调国际的共同责任和行动；国际机制所包括的准则和决策程序为国际关系角色同时提供限制和机遇，是解决国际争端、实现稳定和平的有效手段。”[①] 这对于中国的“负责任大国”定位同样是富有启发的，在中国走向“负责任大国”的进程中，有必要用“共同利益”的眼光来看待自己的国际行为，放弃短视利益观和绝对的狭隘思维方式，不仅仅追求一时的或局部的利益，而是从战略的高度来权衡利弊，着眼于长远和大局，更不采取“损人利己”的作法。具体说来，共同利益原则包括几方

---

① Stanley Hoffman, “The Game Rule, Ethics and International Affairs,” 1987, pp. 41—42.

面的相对性认识：(1) 政策的相对性，即国家利益与中国的“负责任大国”定位和和平发展战略相比是相对的，前者应该服从于后者的需要；(2) 观念的相对性，作为“负责任大国”的利益考虑中要长与短结合，主次结合，对当前某些眼前利益的过多强调并不一定有利于中国的终极利益需求；(3) 能力的相对性，一国的“负责任大国”定位并不完全是本国的事情，而是受到诸多国际因素的制约，追求国家利益的能力是有限的，需要最大限度地借助于世界市场和国际体系提供的合作机会来增进自己的利益；(4) 方式的相对性，不同国家在利益追求上发生矛盾和摩擦时，应尽可能以合作和对话为主，防止在狭隘利益观念推动下采取过激行动。

第六，在战略视野上，中国的“负责任大国”定位应该是全方位的，既要在全球性的国际经济与政治事务中采取负责任的立场，也要致力于区域性的国际事务中发挥积极的作用，在其中充分发挥中国的“负责任大国”作用，努力维护稳定的全球和周边环境，防止西方国家利用国际市场和国际体系压制中国的发展。中国还应重视对专题性和专业性国际事务的主动参与，积极争取为中国的经济和社会发展创造更好的机会。在双边和多边合作方面，中国应既重视与发达国家建立建设性的战略合作机制，也要坚持维护与发展中国家间良好的合作关系。在这样的全方位视野下，中国才有可能在平等互利的基础上积极发展与世界上绝大多数国家的经济交流与合作，在取长补短、互通有无的基础上加快中国的和平发展步伐。

第七，在战略姿态上，中国的“负责任大国”定位不是在外力压制或形势逼迫下，消极被动采取的接受现行规范的适应性策略，而是基于和平发展的战略目标而采取的主动行动。尽管中国在大部分情况下是参与国际事务的共同解决，适应世界市场和国际体系中既有的行为规则，并不试图从根本上改造世界市场和国际体系，但也决不为了进入世界市场和国际体系的短期需要而在国家主权和战略利益上无限度让步，损害自己合法的权利。中国对自己的承诺和行为负责，但负责的前提是通过进入世界市场和国际体系、接受普遍的国际行为规则来增强中国的战略，中国只接受和承诺能够做到和可以做到的限制性条件，对于无理的要求或以中国的现实做不到和不可能做的条件中国决不接受。这种姿态既可以充分体现中国的“负责任大国”立场，又可以防止部分国家以“负责任的”要求损害中国的国家利益。

有必要强调，随着中国走向“负责任大国”进程的日益深化，越来越开放的中国有必要对“国家中心主义”时代形成的传统战略理念进行反思和重新认识，必须根据时代的变化要求赋予这些理念以新的内涵和新的构想。如“独立自主、自力更生”曾经长期构成中国对外战略的基本立足点，改革开放以来，自力更生逐步成为过时的理念，独立自主则得到了一贯的坚持，而在“负责任大国”的视角下，独立自主越来越成为一个相对的理念，过度加以强调可能制约战略意志和进取姿态。又如“共同利益”观问题，尽管这一观念的提出极大地开阔了中国加强国际合作的视野，但必须看到，这一观念也难免带有理想主义的色彩，在当今世界，任何形式的共同利益都只是暂时性的战略合作点，容易形成也容易消失。再如，国家主权观念的调适问题，传统的国家主权界限在国际合作的强势进程下日趋模糊，需要重新加以界定。

和谐世界的历史基础：国际体系转型与理论反思

曹泳鑫*

内容提要：讨论国际体系的变革或转型问题，必须从人类历史的角度，从看国际体系的关系基础和价值承载变迁着手，去把握国际体系的现实和发展方向。与生产力水平和群体交往基本关系的历史变革相对应，国际体系和秩序的变迁可以归纳为三个历程和两次根本转型：维护等级秩序的封闭体系、强权政治基础上的扩张体系、利益共同体基础上的合作体系。第一次大的根本转型是从区域性封闭性体系，向全球性开放性体系的转型，随着 20 世纪全球主权国家体系的确立，这第一次根本转型基本完成。第二次大的根本转型是从等级和冲突秩序向平等和和平秩序转型，目前这种转型正在进行，只是部分实现。与此同时，体系转型要求对过去的体系进行批判性分析，在

* 曹泳鑫，上海社会科学院研究员，博士。

如何认识国际关系发展史、全球化、国家观念、全球治理、构建国际体系等问题上，需要反思和打破旧的分析框架和西方国家强权政治的观念和话语体系。

近年来理论界在广泛讨论国际体系的变革或转型问题，不论体系转型是否现实或已然，既然研究变革或转型，就必然对过去的和现行的体系先作审视，并用扬弃的观念看待，旧的理论逻辑需要突破。在西方国家强权政治的话语体系依然盛行的今天，我们首先要打破一些旧的分析框架和观念、话语体系，重新回到人类历史的角度，从看国际体系和国际关系的历史基础和价值承载变迁着手反思，更好把握国际体系的现实坐标和发展方向。

一、国际体系的关系基础和历史转型

一谈到全球化和某一国家崛起，就有国家应该消亡和全球一体化、新霸权秩序形成的言论，殊不知主权国家体系才刚刚全球化，不是某一国在崛起的问题，而是全球许多国家要崛起的问题，在主权国家体系扩展进程中不能只有过去的西方国家崛起，后来的国家必然一个一个地崛起；一谈到亚太地区经济迅速发展，就有经济发展中心转移的观点，殊不知这也是全球各区域将普遍发展和合作崛起的过程，欧洲、北美在过去崛起了并开始了合作一体化进程，摆脱殖民体系解体后的世界其他地区也已步入地区崛起和合作发展的行程，不是世界经济中心将只向某一地区转移和某一地区在崛起，而是多个地区将发展、合作崛起。这是国际关系发展规律和国际体系的历史基础所规定的发展趋势。

当代国际体系主体是民族国家体系，而且已经成为全球性体系，而之前的或古代的国际体系（如果也这样称谓的话）则是某种旧的政治共同体之间的关系体系，旧的国家可能是自然宗族国、家国、城邦国、诸侯国等，国际体系也限于地球的某一区域范围内，是区域性体系。国际体系作为一种关系体系，必然有着人类关系的基础，不同历史阶段的体系必然有着不同的关系基础。从人类文明进程来看，国际体系关系的基础在不断从其自然基础向着理性基础变迁，这是因为，最早人类从自然界的关系中脱离出来，最先处理的基本关系是人类与自然界之间的关系。人类存在之间的关系是人群与人群之间的基本关系，生存和发展及其生产力水平决定了群体内部的合作关系模式和群体对外的争斗关系模式，生产力水平低下的野蛮状态，本质上是一种人与自然的关系状态，人对自然的依赖程度大，共同体外部的争斗关系主要遵循自然法则，这是一种冲突状态。随着生产力的发展，人类社会相对成熟并独立于自然，进入本质上属于人与人的关系状态，人对人的依赖关系成为基本关系，但共同体外部的争斗关系依然遵循自然法则，也是一种冲突状态。人的依赖关系被物的依赖关系所取代，则是以所谓理性为标志的人类文明在生产力的推动下直至今天的历史进程，本质上是人与物的关系状态，虽然人类的理性法则在扩展，但为了生存和发展，共同体外部争斗关系还未真正摆脱自然法则，还是一种冲突状态。

在冲突状态的历史长河里，观念上的变迁也不外乎是从自然主义到物质主义的变化，人类理性也只是建立在利益对立关系之上，争斗或抗争关系成为主要的国际关系，战争或冲突状态成为国际关系的常态。

然而，正如人对自然的依赖关系，人的依赖关系要发展到物的依赖关系，物的依赖关系也不是最高阶段，其弊端正被人们所充分认识，利益对立关系也不是绝对关系，新的竞争关系中合作的成分日益增多，既可能导致冲突状态，也可以走向和平状态。随着竞争—合作关系的发展与和平状态作为国际关系常态的出现，历史和现实在预示着未来一种新的共同体关系，在此基础上人们的理性在飞跃，自主意识、幸福价值观共同维护一种和平状态，并向着和谐秩序发展。

与上述基本关系的历史变革相对应，国际体系和秩序的变迁可以归纳为三个历程和两次根本转型。三个历程以三种类型为分期：前资本主义—维护等级秩序的封闭体系、资本主义—强权政治基础上的扩张体系、后资本主义—利益共同体基础上向往和谐秩序的合作体系。

两次根本转型：第一次大的根本转型是从区域封闭体系，向全球开放体系的转型。历史上不论是古代东亚体系，还是近现代欧洲体系，都是区域性体系，也都具有封闭性，西欧的主权国家体系尽管具有扩张性，但在其殖民扩张的同时它的主权原则却排斥非西方民族。随着20世纪全球主权国家体系的确立，这第一次根本转型基本完成。第二次大的根本转型是从等级和冲突秩序向平等和和平秩序转型。目前这种转型正在进行，还只是部分实现转型。

与此同时，人们在观念上也在经历变化，并且通过理论发展表现出来，比如对和平的向往已经产生了从帝国主义时代的国际和平主义到全球化时代的和谐世界思想的发展，早在20世纪初期全球殖民体系即将走向崩溃时候，列宁和威尔逊的国际和平主义一度点燃了全人类的和平理想。在21世纪新千年伊始，面向人类共同利益合作基础上的和平新曙光到来，胡锦涛主席提出了创建和谐世界的构想。应当说，人类历史上的和平主义有多种，有等级制下的和平，有霸权制下的和平，有权力均衡制下的和平，也有过意识形态对峙下的和平。理想主义也有两种不同的性质，有顺应潮流、依托现实的理想主义；也有违背规律、脱离现实的空想主义，因此，打破殖民体系的理想主义得以实现，依靠建立国联和制衡来实现和平的理想却因更大规模的世界战争而破灭。正如不消除殖民主义就不可能顺应民族解放的潮流一样，不消除权力政治就不可能消除战争阴影。在今天全球主权国家林立、新科技革命推动生产力快速发展的新时代，提出构建和谐世界的理想，就是要摆脱强权政治的逻辑，既有现实的历史基础，也符合国际体系变革的时代潮流。

在社会发展史上生产力水平低下的阶段，人类之间需要生存合作，随着生产力的发展，有了利益合作，也就有了利益冲突，合作也是群体内部的合作，冲突则既有共同体内部阶级之间的冲突，也有共同体之间的冲突。在科技革命推动下，生产力发展最终使得世界充分交往和利益全球化，真正的全球体系形成，全球意识逐渐成为人类的共同意识，不同文化和价值观之间的协调、共容成为必然，新的全球性的利益合作、和谐发展既是现实的需要，也是潜在的需求。虽然价值观冲突、利益冲突还没有消失，但合作的意义更加广泛和有前途，人们需要改变冲突和战争思维，换以合作和和谐思维。全球化的发展终将需要一个新的世界内部和谐体系，如果不希望看到通过爆发世界战争来打碎旧世界，那么必须考虑合作途径，因此，顺应这个变革的时代，首先需要推动观念的变革，也就要认识和反思各种旧的强权政治逻辑的局限性。

二、旧有认识的局限及其当代思潮

（一）关于国际关系发展史的旧强权政治逻辑

虽然世界近现代国际关系史不仅仅是欧洲或欧化的国际关系

发展史，但是由于西方列强所主导的殖民体系、战争与冲突关系以及西欧国际关系体系的强势扩展，西方国际关系所承载的强权政治逻辑也扩张并影响着人们的思维，对国际关系的理解和阐释也局限于西方国家的强权政治逻辑。今天，我们应该至少清楚以下两点：

1. 近现代欧洲国际关系发展史只是特定阶段史，其特征是内部资本主义成长壮大史，对外是经济、市场、军事、意识形态扩张史，表现为从民族国家不断产生、殖民扩张、帝国主义体制、霸权体系、权力均衡机制。国际冲突的形式有民族战争、殖民战争、领土战争、贸易战争、民族解放战争等。但这段历史以殖民体系崩溃、国际关系中民族主权国家角色全球化而告一段落。新时代的主权国家不能再模仿旧国际行为体。事实上也是如此，资本主义扩张不一定造就同样的资本主义国家行为体，而有可能产生不同于旧资本主义国家行为体的新民族国家和非资本主义国家。

2. 国际体系格局不再是旧欧洲体系的简单放大。昔日欧洲体系具有扩张性，由局部体系向外扩张，先后制造了殖民体系、霸权体系，本质上是战争和冲突的体系，大国奉行的是强权政治。目前的全球性主权国家体系是在殖民体系崩溃之后形成的新体系，主要表现在：其一，作为国际行为体的新主权国家已经不再是昔日奉行帝国主义和扩张主义的旧民族国家；其二，殖民体系不复存在，局部体系向外扩张的余地消失，国际关系表现为全球整个体系内的关系，权力和利益关系通过内部重组和全球治理表现出来。霸权主义和强权政治在受到平等主义越来越大的抵制，现实需要一种平等、协作、民主的国际秩序。

当然，新的全球国际体系还处于初始形成阶段，国际秩序还存在国家主义秩序与世界主义秩序重叠、现实强权政治秩序与人道主义理想秩序重叠、平等主义（民主）秩序与霸权主义秩序重叠的局面。因而，在国家行为中国际合作与单边主义并存和交替出现。可以说，21世纪任何一国所希望创建的国际关系体系，其形成都赖于三重国际新秩序的发展，它们是以主权原则为基础的国家关系秩序、以区域合作为基础的一体化或准一体化地区秩序、以国际组织和世界性机构的治理机制为基础的全球秩序。[①]目前这三个层面的发展均不完善甚至存在着严重缺陷。人们在逐渐放弃旧强权政治逻辑，推动建立一种国际政治经济文化合作和共同发展的和谐新秩序。

（二）关于全球化的旧意识形态

经济全球化是推动国际关系发展的一个重要因素，但随着人们对全球化影响的认识深入，关于它的一些旧观念也在经历变革。

1. 关于发展的理解。在过去的殖民扩张体系下，工业革命和现代化追求在发达国家对外关系上表现为资源掠夺和利润剥削，造成落后国家一直采取赶超、适应型发展战略，以及资源竞争和利润最大化追求。近几十年来，包括发达国家在内的所有社会形态都要服从世界范围的竞争逻辑和生产、贸易与金融需求，这种服从造成了国内经济对全球经济需求的服从。而人们已经认识到，世界资源的有限性不可能满足过去这种欲望的无限追求，一种新的发展观念正在逐步形成。

2. 关于全球化是西方模式化的理解。由于客观上全球化是在资本主义经济扩张和资本主义国家主导下的过程，因此全球化

① 参见曹泳鑫：《和平与主义——中国和平崛起的思想资源和理论准备》，学林出版社，2005年版，第320—344页。

常常被宣扬成西方资本主义模式化的过程，但是，实质上全球化不是西方模式化，也不是全球资本主义化的必然过程，而是可能将淘汰这种旧模式的过程。正如一些西方国家的有识之士所指出的，全球化主要不是反映一种稳定的、国际性资本积累的新体制的建立，它更多的体现了一种旧的社会积累结构的衰落。全球化的趋势永无止境，而且其发展充满了变数，并不存在什么必然性的东西，不能将其视为一个潜在结构的必然实现的过程。相反，应该把它看做一种充满了反对、挫折及逆转趋势的过程。因此，不能跟资本主义信奉者一起在全球的地形上奔跑。[①] 我们应纠正西方现代化的意识形态化解读。

3. 关于全球化的民族主义理解。民族主义是随着民族国家而产生和演变的，正如新国家体系不同于旧国家体系一样，民族主义不能再是单纯利己主义，也不能再继续单纯的实力至上论。由于全球殖民体系解体后紧接着的是资本的全球化，新的主权国家没有聚集对它的各种反抗，相反却分散和阻挠了它们，造成民族国家的主权独立与经济落后、依附并存。在后殖民体系赢得政治平等基础上，如何摆脱经济依附而又正视相互依存的现实，民族主义需要另辟蹊径。

（三）超国家趋势论的误导

新的全球性国家体系是新时代的国际体系，它刚刚实现了主权国家的全球化，主权国家和民族国家怎么可能马上消失？即使消失，也是在其成熟发展并完成其历史功能之后。因此，新的国家和新的国家体系还处在不断发展进程中。但从国家与经济的关

① ［英］D. 赫尔德、［美］J. 罗西瑙等著：《国将不国?：西方著名学者论全球化与国家主权》，俞可平等译，江西人民出版社，2004 年版，第 33—34 页。

系回顾看，在资本超出国家的区域界限之前，国家一直承担着国内的经济职能；在资本超出国家的区域界限之后，资本本身或其他一些公共机构将不得不承担起相应的国际职能。历史上这种承担国际职能的使命常常是通过殖民主义和新殖民主义来完成的。[①] 也就是说在这一过程中，国家的国际作用越来越重要。经济全球化发展，国家面对强大的跨国公司等资本力量必然作出有效应对，跨国公司与国家二者之间也必须和谐共存。

国家的国际化概念缘于西方国家二战后形成的美国霸权体制。二战后欧洲国家经济萧条，有关生产的权力发生了有利于美国及其公认的领导地位的决定性转移，战前由民族国家所组成的非霸权体系为这一新的秩序所改变，在布雷顿森林体系的国家间协定框架下，像国际货币基金组织和世界银行之类的国际机构成为“泛美主义”认同的有力支柱。于是，确立一种对世界经济的“国际义务的观念”并把它加以内化的过程，构成“国家的国际化”这一术语所具有的含义：国家之间就世界经济的需要达成共识，这种共识发生于一种意识形态框架内，国家按照等级结构来参与共识的达成过程，国家对其内在结构做出调整以便把全球共识有效转化为国民政策和实践。国家的国际化促使国家必须同时兼顾国内和国际的义务，国家的重点由国民经济转向世界经济，但国家对二者都承担责任和义务，国家既是对外调解者又是内部调节者。[②]

但在这种国家的国际化中，国家一直是体制的缔造者，它通过制定具有法律效应的国际契约，规定和保护着资本在全球和国

---

① ［英］D. 赫尔德、［美］J. 罗西瑙等著：《国将不国?：西方著名学者论全球化与国家主权》，俞可平等译，江西人民出版社，2004 年版，第 38 页。

② ［英］D. 赫尔德、［美］J. 罗西瑙等著：《国将不国?：西方著名学者论全球化与国家主权》，俞可平等译，江西人民出版社，2004 年版，第 43—44 页。

内的权力。“资本主义全球化是一个借助国家的支持才得以发生的过程；国家赋予全球化以意义，在一些重要的方面甚至还创造着全球化；全球化包含了国家之间权力关系的转换，这种转换经常体现为国家权力的集权化和集中化，它们是全球市场规则的必要条件和伴随物。”①

随着布雷顿森林体系的终结，建立在世界经济的等级秩序之上的霸权秩序在消失。因此，国家的国际化也必然有新的内涵不断产生。在完成维护政治上的主权独立后，国家的功能性作用在增强，增加了国际关系的内涵和复杂性，成为新国家体系的特点。

总之，正如在现代民族国家产生之前国家有自己的特定历史内涵一样（比如缺乏严格的领土界定、民族性含糊等），在经历现代主权国家的全球化之后，新的国家也具有新的时代内涵（比如除了领土之外，领空、领海等新因素不断注入），冲突和战争体系中的国家也将转变为合作体系中的国家，国家在功能上也在经历新的变革，并将继续长期作为国际关系的主体发挥作用。

（四）全球治理的西方政治色彩

全球治理概念是应时产生的，因为新的全球体系内在要求全球治理，然而不同国家对全球治理的理解则是不同的，当今最具影响的是西方全球治理理念，其中有大国政治战略的推动因素，也有新自由主义、新保守主义的政策因素和政治全球化的观点。

比如，近年来出现了一种帝国治理逻辑，这种逻辑中，帝国概念是从古罗马人那里借来的，古罗马帝国通过单一的主权原则

---

① ［英］D. 赫尔德，［美］J. 罗西瑙等著：《国将不国?：西方著名学者论全球化与国家主权》，俞可平等译，江西人民出版社，2004年版，第37页。

把君主制、贵族制、民主制合而为一，也就是使帝国有一个君王作头目，有上层贵族阶层，有代议制体制。当今世界被认为也具有此特征，整个世界被看作一个帝国，这个帝国是继民族国家的主权之后接踵而来的一种新型的主权，这种主权不受任何约束、限制，不知道有疆界，它的君主制体现在美国凭借军事和高科技掌控世界，世贸组织、世界银行也体现出君王般的效力；它的贵族制体现在帝国权力掌握在为数不多的一群精英手中，几个不可一世的国家企图通过某种贵族制的规则来管理全球的经济和文化交流；它的民主制体现在帝国声称它代表了全球各族人民，并通过各种国际组织行使代议制功能。[①] 这样，帝国就超越和凌驾于民族国家之上，它既是最后的权威，又代表了一种新型的主权。如果说国家是人民主权的象征的话，这种帝国的主权和人民的主权概念就会发生冲突，它可以否定人民主权。对处于具有君主地位的国家和几个贵族性大国而言，这种从现代社会根植于民族国家的主权转变为后现代的帝国主权，才是具有重要意义的历史性转折，而对于其余广大民族国家而言，帝国主权则削弱了任何国家主权，使他们被迫进入从属关系之中。

另一方面，我们也必须看到，影响全球治理的新的国际因素在不断出现，比如，个人成为国际法的新主体。联合国《人权宣言》中将所有人拥有平等权利作为构成世界上自由、公正与和平的基础，个人成为了国际法的主体，并且在原则上成为政治权力的最终来源。这里似乎蕴涵着一种普遍性的世界主义，某些国家和组织已经开始利用之，于是我们看到一时间人权外交甚嚣尘

① 参见〔美〕斯坦利·阿罗诺维茨、希瑟·高特内 主编，麦克尔·哈特等著：《控诉帝国：21 世纪世界秩序中的全球化及其抵抗》，广西师范大学出版社，2004 年版，第 168—169 页。

上。在人道主义干涉等旗帜下，甚至出现了超越纯粹国家利益的战争之逻辑。这类问题需要进行深入研究。总之，全球体系下的全球治理将孕育国际关系的深刻变革，正视冲突与追求和谐都在呼唤将合作当作主体意识和逻辑主题。

新型国家关系的合作主题必然要求一系列合作机制的建立，除了传统避免战争和应对战争的机制外，还要建立新的国际安全合作机制（包括非传统安全机制），全球化和区域化的经济合作机制，新的国际金融、贸易、劳务机制，信息、技术交流机制，国际人权保护合作机制，不同文明间的对话机制，南北关系协调机制，南南合作机制等等。随着一系列新的国际合作机制的建立，新的国际体系自然形成，从而为未来和谐世界的国际政治经济安全新秩序奠定坚实的基础。

实践中的负责任大国

试析中美战略经济对话机制

黎兵*

内容提要：中美战略经济对话是世界上最大的发展中国家和最大的发达国家之间在经济领域的战略性对话。本文分析了中美战略经济对话机制的背景，比较了两次中美战略经济对话的内容，对中方在中美战略经济对话过程中需要注意的问题提出了建议，并且展望了中美战略经济对话机制的前景。

中美战略经济对话机制是根据两国首脑达成的重要共识，由美方提出，中方同意，再经双方认真磋商后于2006年9月20日正式启动的。根据《中美关于启动两国战略经济对话机制的共同声明》，中美战略经济对话将主要讨论两国共同感兴趣和关切的双边和全球战略性经济问题。对话每年两次，轮流在两国首都举行。

中美战略经济对话是世界上最大的发展中国家和最大的发达国家之间在经济领域的战略性对话，是中美现有的双边经济磋商

* 黎兵，上海社会科学院世界经济研究所2006级博士研究生。

机制中级别最高的一个，也是历史上规格最高的中美经济主管官员的交流活动。迄今为止，中美战略经济对话已经举行了两次。鉴于中美战略经济对话机制的重大意义，对其进行认真分析是很有必要的。

一、中美战略经济对话机制的背景分析

（一）中美之间的战略定位是中美战略经济对话举行的前提条件

进入21世纪后，随着中国经济的高速增长和综合国力的大幅度提高，美国战略界掀起了一场关于对华政策的大辩论。[①] 这场辩论的核心议题就是美国如何应对一个和平崛起的中国。保守派提出，一个共产党领导的、坚持走社会主义道路的、在文明上与美国差异甚大的中国，如果崛起，无论是否以和平方式，都会对美国的世界地位和安全利益构成挑战，美国应及早动手，遏制中国，阻止中国的崛起。而务实派则认为，中国崛起是源于自身的动力，美国阻挡不了，如果美国硬要从中捣乱，只能是两败俱伤，这不符合美国的根本利益；美国应当同一个和平崛起的中国合作，这样可以使美国利用中国崛起的机遇，进一步发展，变得更加强大。同时，自由派也主张同中国合作，认为美国可以利用与中国合作的机会来影响中国，塑造中国，将中国塑造成美国的伙伴或朋友，这样，崛起的中国就不但不会成为美国的威胁，而且还会成为美国可借重的力量。2005年9月，美国副国务卿罗

① 刘建飞：“从中美战略经济对话看美国对华政策”，《学习时报》，2006年12月18日。

伯特·佐利克（Robert B. Zoellick）提出使中国成为负责任的“利益攸关者”（stakeholder），从而肯定了务实派和自由派的主张。2006年美国出台的《四年防务评估报告》和《国家安全战略报告》都使用了负责任的“利益攸关者”这个表述，旨在指导整个21世纪美国全球战略的《普林斯顿项目报告》也用了这个词。美国试图将中国纳入由其主导的国际体系，在现有国际体系下与中国进行政策协调和合作，防止中国崛起对国际体系造成冲击的意图十分明显。

对中国来说，赢得发展的“战略机遇期”、实现和平发展是中国的核心利益和战略目标所在。争取良好的国际环境是实现这一核心利益和战略目标的重要保障。[①] 2005年12月，中国政府发表了《中国的和平发展道路》白皮书，首次全面系统地阐述了中国走和平发展之路的必然性和坚定决心，以及为实现这一目标而采取的战略方针和政策措施。白皮书强调，建设一个持久和平、共同繁荣的和谐世界，是中国走和平发展道路的崇高目标。2006年3月14日，国务院总理温家宝在十届全国人大四次会议举行的记者招待会上从十个方面阐述了中国的和平发展道路，表示中国是国际体系的参与者和维护者。2006年4月，国家主席胡锦涛在对美国进行国事访问期间表示中美双方不仅是利益攸关方，而且应该是建设性合作者。

由此可见，正是由于中美两国之间的战略定位为双方进行经济政策的协调和合作，通过对话解决双方共同关注的全局性、战略性、长期性的经济问题提供了合作空间，为创立中美战略经济对话机制提供了前提条件。

---

① 宋玉华、王玉华：“中美战略经济对话：性质定位和作用，”《国际经济评论》，2007年1—2期。

(二) 中美两国经济相互依存并且超越双边范畴

经过20多年的发展，中美两国已经成为密不可分的经贸伙伴。根据中方的统计，从1979年两国建立外交关系开始到2006年，双边贸易额增加了106倍，相当于每年增长18.9%。美方的统计显示，双边贸易额增加了144倍，相当于每年增长20.2%。[①] 美国是中国的第二大贸易伙伴、第一大出口市场和贸易顺差国、第五大直接投资国、第六大进口来源地和第三大技术进口来源地。中国是美国第二大贸易伙伴、第四大出口市场、第二大海外国债持有者。两国经贸关系已经形成相互依存、互利共赢的格局。

在经济全球化的条件下，中美两国之间的经济关系已经远远超越双边范畴。从世界经济增长来看，根据摩根士丹利的计算，在2001—2006年期间，以购买力平价（PPP）公式计算，中国和美国的GDP增长量总计占据了全球GDP增长量的43%。[②] 中美两国成为近年来世界经济增长的"火车头"，拉动了世界其他国家和地区的经济增长。从区域经济层面来看，由发达国家跨国公司主导的要素流动使中国及其他东亚国家集聚了大量生产要素，形成世界三大生产体系之一的东亚生产体系网络。中国作为东亚生产体系网络的集成者，从东亚生产体系网络进口原料和中间产品，在国内进行末端工序加工组装以后，以最终产品的形式出口到美国和其他地区。实际上，中美之间的经济关系在很大程度上是美国与东亚地区的经济关系。

---

① 吴仪："推进中美贸易互利共赢，"《华尔街日报》，2007年5月17日。

② 史蒂芬·罗奇："中美经济减速将引领全球经济衰退，"《中国经营报》，2006年11月4日。

近年来，中国国际收支经常账户和资本账户的“双顺差”以及美国财政和国际收支经常账户的“双赤字”成为世界瞩目的问题。中美之间就这些全局性、战略性和长期性的经济问题举行对话，进行政策协调和合作，不仅有利于两国经济的健康平稳发展，而且为世界经济的稳定增长提供了条件。

（三）中美之间客观上需要一种新的双边机制来处理经贸关系

中美之间已经存在多边、区域和双边的多层次协调与合作机制，但是由于中美经贸关系发展广泛而深入，并且具有世界影响，客观上需要创立新的机制来讨论两国之间存在的广泛而复杂的经济问题，以保证两国经贸关系的健康平稳发展。

首先，从多边层次来看，2001 年 12 月 11 日，中国正式加入世界贸易组织（WTO），在随后的 5 年里，中方的重点是按照协议规定的时间表兑现所作出的承诺，美方的重点是监督中国履行协议。随着中国入世过渡期的结束，中美双方需要一种新的机制来处理双方经贸领域出现的问题。但是，由于 WTO 新一轮多哈回合谈判进展缓慢，加之受多边贸易谈判特点和议题的限制，多边机制不能完全解决中美之间存在的广泛而复杂的诸多问题。

其次，从区域层面来看，亚太经济合作组织（APEC）作为一个较为松散的区域性经济论坛，其达成的协议由各国自愿执行，缺乏约束力且讨论的议题范围也较为狭窄，并不适宜解决中美之间全局性、战略性和长期性的经济问题。

再次，从双边层次来看，在中美财经政策协调方面，其主要平台是中美联合经济委员会（Sino-U. S. Joint Economic Committee，简称 JEC），迄今为止已举行了 18 次会议；在中美贸易政策协调方面，其主要平台是中美商业贸易联合委员会（Sino-

U.S. Joint Commission on Commerce and Trade，简称 JCCT)，迄今为止已举行了 17 次会议。[①] 中美双边层次的财经、贸易政策协调已有较长时间的历史，但是由于中美经济相互依存程度日益加深，双方面临的矛盾和利益分歧日趋广泛与复杂，客观上需要创建一个综合性的、更高层次的双边经济协调与合作机制。

最后，从大国协调的层面来看，中国在世界经济中地位的提升意味着西方主要经济大国需要强化与中国的经济政策协调，但是西方某些国家并不愿意接纳中国成为七国集团的正式成员。中国作为发展中国家对加入这个“富国俱乐部”也是持谨慎态度，又不可能接受俄罗斯那样的参与七国集团的模式。在这种情况下，中美战略经济对话可以在一定程度上、相当时期内成为中国加入七国集团，与发达国家进行经济政策协调与合作的替代品。

二、两次中美战略经济对话的内容比较

	原则共识
首次中美战略经济对话（2006年12月14—15日）	(1) 追求旨在促进两国经济均衡强劲增长和繁荣的宏观经济政策，诸如中国汇率机制改革和提高美国国内储蓄率。 (2) 一致同意在有效保护知识产权、加强法治和消除贸易与投资壁垒的基础上，建立开放、竞争性市场。 (3) 加速发展和创造就业，刺激国内外贸易与投资，通过加强能源安全、环境保护和医疗推动可持续发展。 (4) 采取积极措施加强世界贸易组织，包括通过多哈回合的成功完成，并为此目的加强双边关系。

① 王国兴：“中美战略经济对话：国际经济协调新框架，”《世界经济研究》，2007 年第 3 期。

续表

第二次中美战略经济对话（2007年5月22—23日）	(1) 促进经济平衡增长以实现可持续发展是双方共同的责任。 (2) 承认创新在实现经济繁荣方面的重要作用，鼓励以市场为导向的公平竞争和有效的产权保护，特别要促进中小企业创新的发展、管理与应用。 (3) 加强合作，以实现各自在能源安全、节能和能源效率方面的目标；加强在清洁能源开发、环境保护、清洁发展和应对气候变化方面的合作。 (4) 就透明度开展合作与交流，为市场参与者提高可预见性，增强对两经济体的信心，同时加强透明度方面的国际义务。
	具体成果
首次中美战略经济对话	(1) 双方同意在中国设立纽约证券交易所和纳斯达克代表处。 (2) 中国将加入“未来发电计划”政府指导委员会。 (3) 美方支持中国加入泛美开发银行。 (4) 双方缔结促进美对华出口的融资便利协定。 (5) 双方同意于2007年1月重新启动双边航空服务谈判。
第二次中美战略经济对话	(1) 在金融服务业领域，中国将在2007年下半年恢复审批证券公司的设立；在第三次中美战略经济对话之前，将宣布逐步扩大符合条件的合资证券公司的业务范围，允许其从事证券经纪、自营和资产管理等业务；在有利于促进国际收支基本平衡的前提下，将把合格境外机构投资者（QFII）的投资总额度提高至300亿美元；允许具有经营人民币零售业务资格的外资法人银行发行符合中国银行卡业务、技术标准的人民币银行卡，享受与中资银行同等待遇；允许外资产险分公司申请改建为子公司，对于目前尚未批准的申请，中国保监会将于2007年8月1日前完成审核。中国扩大了境内合格机构投资者（QDII）的投资范围。美国强烈支持中国在2007年6月召开的FATF（金融行动特别工作组）全会上成为FATF成员，双方理解中国将采取适当步骤以达到FATF核心成员资格标准；美方确认中资银行在美开设分行的任何申请都将根据国民待遇原则进行审批；并承诺与中国开展金融监管人员的交流。

续表

第二次中美战略经济对话	(2) 在非金融服务业和贸易领域，双方宣布，同意扩大现有双边民用航空运输协定范围，大量增加两国间每年航班班次，在2011年全面开放货运航权，在2010年开始谈判客运全面开放的协定和时间表；双方同时宣布启动中国旅游团队赴美旅游的联合声明、主权担保融资合作的谅解备忘录和中国进口美国铁路设备。双方就《中国—美国高技术与战略贸易发展指导原则》达成共识。双方将继续开展在政府立法透明度方面的合作，并将共同举办行政许可方面的研讨会。中国将于2007年公布最终修订的国际货运代理管理办法。 (3) 在能源和环境领域，中国与美国同意本着务实的原则，积极参与WTO框架下贸易与环境议题的多边谈判，就削减或酌情取消环保产品和服务的关税和非关税壁垒问题进行探讨。中美两国将在以下领域加强合作：推进清洁煤技术，争取在中国合作开发15个大型煤层气(CMM)项目，完成中国加入未来发电计划政府指导委员会的工作，提供政策激励消除先进煤技术完全商业化的成本障碍，并将推进碳捕获和储存技术的研究与开发，制定中国国家燃油低硫化政策。中美两国共同宣布双方就自愿采取节能产品认证（能源之星）达成一致。两国签署《美国核管制委员会和中国国家核安全局关于AP1000型核电机组核安全合作谅解备忘录》。 (4) 在经济平衡增长领域，美方将向中方提供发展金融市场和农村金融方面的技术援助。两国同意就劳动力市场政策进行人员交流和信息共享。中美卫生保健论坛在第二次中美战略对话前成功召开。中美双方还同意采取重大措施降低中国国民储蓄率，提高美国国民储蓄率。美方欢迎中国宣布扩大人民币日交易浮动区间。 (5) 在创新领域，中美双方签署了《中华人民共和国海关总署与美利坚合众国国土安全部海关与边境保护局关于加强知识产权执法合作的备忘录》和建立标准与技术性贸易措施磋商合作机制合作意向书。中美将举行有关技术创新关键问题的研讨会。

续表

	未来六个月的优先工作
首次中美战略经济对话	(1) 双方同意就发展高效和创新性的服务业和改善医疗的途径进行讨论。 (2) 启动双边投资对话，开展探索性讨论以考虑双边投资协定的可能性。 (3) 加强在透明度问题上的合作，并启动能源和环境的联合经济研究。 (4) 双方承诺在中美商贸联委会框架下加强在高科技贸易、知识产权保护、市场经济地位、结构性问题方面正在进行的工作。 (5) 双方同意利用现有其他机制，增加在更有效且环境可持续性的能源利用，促进个人旅游和商务活动、以及发展援助和多边开发银行贷款等方面的双边合作。
第二次中美战略经济对话	(1) 为保证在经济可持续增长的同时减少经常账户的不平衡，中国将继续深化外汇管理机制改革，进一步完善人民币汇率形成机制，更大程度地发挥市场供求的作用，增加汇率弹性。美国将采取措施，增强长期财政责任，并采取新措施鼓励私人储蓄。中美双方同意加强在卫生保健服务和贸易与就业统计方面的合作。美国欢迎中国向美投资，中国欢迎美国对华投资。 (2) 启动双边协议的磋商，为中国旅游团队赴美旅游提供便利；继续探讨双边投资协定的可能性；就中国市场经济地位问题深化磋商与合作。双方将通过增信释疑、消除分歧，促进两国民用高技术和战略贸易的快速发展。在第三次中美战略经济对话之前，中方将简化包括外资企业在华提供企业年金服务的申请和许可程序。 (3) 就木材非法采伐开展对话，探索包括签署双边协议在内的合作途径。继续就海洋和渔业管理、战略石油储备、推进对环境友好的可再生废物原料管理等问题进行交流；加强在全球核能合作伙伴方面的合作，推动在能源、环保、清洁发展和气候变化方面的双边交流与合作；推进减排战略联合经济研究。 (4) 确定加强创新能力合作的新领域，并在强化法律、政策、项目及激励措施等方面深化合作以鼓励创新。中美将继续加强在立法透明度方面的合作，邀请其立法和司法机关的代表参加将来举行的有关会议。

资料来源：作者根据有关资料整理。

三、中方在中美战略经济对话过程中需要注意的问题

中美战略经济对话虽然名为“对话”（Dialogue），但是观察已经召开过的两次“对话”，我们可以发现“对话”其实兼具“谈判”（negotiation）的性质。所谓经济谈判，是指谈判方的需求、报价和相关行动直接针对经济问题，包括生产、商品的运动或交换、服务、投资（包括官方的发展贷款）、货币、信息，或是这些方面的管理。[①] 既然是经济谈判，就必然涉及到双方的利益博弈，中方如何在谈判中争取主动，维护好自身利益，是值得认真思考的问题。

（一）如何在不对称的经济相互依存关系中把握主动

毫无疑问，中美之间存在着密切的经济相互依存关系，但同时我们不得不承认，中美之间的经济相互依存关系是不对称的。正是源于这种不对称的经济相互依存关系，美方可以将其转化为两国经济交往中的某种优势，动辄以贸易制裁相威胁，以迫使中方在经济政策方面做出让步或妥协，从而实现美国经济利益的最大化。在不对称的经济相互依存关系中，中方要与美方达成相对均衡的谈判结果存在一定难度，但也并非完全不可能。中方谈判者事前要做好扎实的调查研究工作，制定详细的谈判方案，在谈判议题设定上争取主动，充分向美方表达中方的利益诉求，加强双方的信息沟通和交

① ［美］约翰·奥德尔：《世界经济谈判》，世界知识出版社，2003年版，第5页。

流。但是另一方面，中美战略经济对话也具有谈判层次高、涉及议题广的特点，更有利于双方在这些议题中进行互惠性的利益交换，从而提高达成相对均衡的谈判结果的效率。

（二）如何处理中美之间已有的双边协调与合作机制

中美之间原本存在的中美联合经济委员会和中美商业贸易联合委员会机制在中美经济政策协调和合作方面发挥了重要作用，积累了丰富的经验。在创立了中美战略经济对话机制后，如何处理好新机制与原有机制的关系是一个需要双方审慎考虑的问题。中美双方需要明确不同双边机制的功能定位，对不同议题进行分类和分层次的管理，使不同机制形成合力，共同促进中美经贸关系的平稳健康发展。

（三）如何应对美方利用多边或单边机制向中方施压

在首次中美战略经济对话举行后，美方继续利用多边或单边机制，频频向中方发难。2007 年 2 月 2 日，美国政府就中国的制造业补贴条款向 WTO 提出正式控诉，要求中国取消对钢铁、木材、纸业、信息产品等多个工业环节的进出口补贴。3 月 30 日，美商务部公布对中国出口的铜版纸产品反补贴调查初裁结果，一改过去 23 年的惯例，将不承认为具有市场经济地位的中国适用反补贴法，并开始对中国出口的铜版纸产品征收临时反补贴税。4 月 9 日，美国将中国知识产权问题、出版物市场准入问题诉诸 WTO 争端解决机制。美方一连串做法的企图就是要使第二次中美战略经济对话在某种压力下举行，以换取中方在服务业市场准入、知识产权保护和人民币汇率等领域的让步。在这些方面，中方要运用多边规则和美国国内法律体系积极应诉，尽量排除干扰，避免将压力导入中美战略经济对话之中。

四、中美战略经济对话机制的前景

中美战略经济对话是世界上最大的发展中国家和发达国家之间举行的具有历史意义的高层次经济对话。中美两国的经济结构互补性多于竞争性，在许多领域都具有广阔的合作前景，中美经贸关系的持续平稳发展符合两国的根本利益和长远利益。中美通过战略经济对话进行政策协调和合作，讨论全局性、战略性、长期性的经济问题，不仅有利于双方政治、经济关系的平稳发展，而且有利于世界经济的持续稳定增长。

"双层博弈"（Two-level games）模型最早是由美国哈佛大学政治学教授帕特南（Robert D. Putnam）提出来的。[①] 借用到国际经济谈判领域，该模型指的是一国政府在进行国际经济谈判的时候既要考虑本国国内政治的因素，又要考虑外国政府可能作出的反应。因此，谈判者实际上面对着国内国外两个层面的博弈。具体到中美战略经济对话，美方在考虑到美国国内不同利益集团的利益诉求及其合理性与现实性的同时，也要考虑到中国政府可能的反应，在此基础上对谈判策略作出综合选择，以实现国家整体利益最大化。尽管中国的国情与美国不同，也是可以同样适用的。

从中美战略经济对话的结果来看，美方在金融、航运等服务业和知识产权保护等领域突破了中国加入世贸协定的承诺范围，为美国具有比较优势的金融、航运、信息等服务业提供了更为宽松的市场准入条件。当然，中方在坚持核心利益即人民币汇率改

---

① Robert Putnam, "Diplomacy and Domestic Politics: the logic of two-level games," International Organization. Vol. 42, No. 3 (Summer 1988) pp. 427—460.

革的自主性、可控性和渐进性原则的前提下，适当地作出某些让步，以维持中美之间在一段时间内相对均衡的经贸关系。但是，美方也必须认识到，中方的原则立场是不可动摇的，中方所作的让步只能在可接受的范围内作出，否则，势必会引发中国国内利益集团和民众的反对。中美战略经济对话必须在平等互利的基础上讨论双方共同关注的全局性、战略性、长期性的经济问题，如果成为美方为了短期利益单方面向中方施压的场所，违背了创立这种机制的初衷，其前景将会比较黯淡。

对于这种危险，美国财政部长亨利·保尔森（Henry M. Paulson）作为中美战略经济对话机制的倡导者也表达了类似的忧虑。2007 年 6 月 5 日，保尔森在传统基金会（Heritage Foundation）的讲话中针对美国国内某些媒体认为对话未能解决重要问题的批评指出，第二次美中战略经济对话产生了实质性成果，为今后取得更大进展奠定了基础。[①] 保尔森认为战略经济对话的任务是长期的，在近利主义占据上风的环境下，要实现其使命是很困难的。战略经济对话是一个持续的过程。为了取得成果，双方必须发展各种关系，小步前进，稳扎稳打，共同为开创更大的变革局面做好准备。通过开诚布公的讨论，中美双方可以缓和而不是加剧紧张关系，同时也可达成解决方案和付诸行动。

总之，中美战略经济对话机制的顺畅运转需要两国政治家的远见卓识，需要两国政府坚持平等互利、相互尊重的对话原则，珍惜这一具有历史意义的创新机制，为维护两国政治、经济关系的平稳发展，造福两国人民作出应有的贡献。

---

① 美国财政部长保尔森在传统基金会谈美中经济关系，2007 年 6 月 5 日，可参见：www.carnegieendowment.org/programs/china/chinese/Research/InternationalEconomy/paulsonatheritage.cfm.

中国对欧盟解除对华武器禁售的“冷处理”

虞卫东*

内容提要：2005年，国家主席胡锦涛访问欧洲时，没有提到解除对华武器禁售问题。禁售问题进入了冷冻期，先前一切的努力陷入停滞不前的状态。中国采取了“冷处理”的办法。从深层方面看，双方的认知定式影响着中欧之间的相互信任。从当前的政治经济角度看，由于法、德新领导人的“亲美”倾向，还有美国和日本等国的激烈反对，加上中国与欧洲在经济贸易、环境保护等方面的分歧以及中国最近在非洲的政策，中欧关系趋向紧张。因此，“冷处理”会变得长期化和复杂化。从中国军事建设的定位来看，我们应该提升军事力量，但不唯武器论，提倡和谐发展，避免冲突，使军工建设更加自主、透明。

* 虞卫东，上海社会科学院欧亚研究所副研究员。

1989春夏之交发生的“政治风波”后，欧盟各成员国首脑在1989年6月举行的马德里峰会上通过了对华制裁的《对华声明》，决定冻结对华关系，并对中国采取包括暂停双边部长级及高层接触，中断共同体成员国与中国的军事合作，实行对华武器禁售等6项制裁措施。1990年10月22日，欧洲共同体12国外长政治合作会议做出决定，立即取消共同体在上年6月以后对中国采取的限制措施，恢复同中国在政治、经济和文化领域的正常关系。欧共体与中国的经济合作将“逐步恢复”，但12国仍将继续执行禁止向中国出售武器的措施。到1992年，中国与欧共体的关系主体已恢复正常。到1994年6月，中国与欧盟开始了新的双边政治对话。但是，至今欧盟依然没有解除对中国的武器禁售。2005年11月，中国国家主席胡锦涛在访问欧洲时，与英国前首相布莱尔和德国总理默克尔只字未提解除武器禁售问题。中国领导人这种“冷处理”的态度，让英、德领导人大感意外。笔者认为，中国与欧洲的关系发展始终受到相互认知的定式和政治、经济的现实主义冲突的影响。而且，最近中国与欧盟的关系有些紧张。欧盟则表示，解禁问题已经靠边站。欧盟的一位官员说，“现阶段我们也没有办法，对华军售问题曾经是我们的核心议程，但现在已经被搁置了”。因此，在欧盟解除对华武器禁售问题上采取“冷处理”是十分明智的。笔者将就从欧洲对中国的认知和中欧之间的政治、经济差异冲突出发，说明这种“冷处理”的长期性和复杂性。

一、欧洲对中国的认知定式

虽然在心理学上有各种各样的认知模式，但是笔者认为，不同的文化和历史背景，包括生长环境，造就了人们截然不同的价值观和判断标准。因此，认知灵活相符理论有助于我们客观合理地去认识主客体双方的立场，由此做出建设性的判断和决定。

（一）认知的定义

广义的认知与认识是同一概念，是人的大脑反映客观事物的特性与联系，并揭露事物对人的意义与作用的心理活动。现代认知心理学强调认知结构的意义，认为认知系以个人已有的知识结构来接纳新知识，新知识为旧知识结构所吸收；旧知识结构又从中得到改造与发展。作为建构主义的"认知灵活性理论"（Cognitive Flexibility Theory）认为，认知不是单单提取，它有着经验背景，是以自己的方式构建对于事物的理解，不存在正确与否的标准。事物的意义并非独立于我们而存在，而是源于我们的建构。认知相符性是一种强烈的认知取向，即人们趋于看见他们预期看见的事物，趋于将接收的信息归入自己原有的认识中去。[①]我们喜欢的国家会做我们喜欢的事情，支持我们的目标；反之，我们不喜欢的国家会做伤害我们的事情，损害我们的利益。大多数人发现他们的朋友的确相互喜欢，具有相同的价值观。一个国家是否"喜欢"另一个国家还取决于行为体对这个国家利益的认识。人们往往过多依赖权威，盲目接受权威的建议。这些权威的导向作用与国家权力机构的利益是紧密联系的。[②] 认知方对事物的认识更多是基于自身的价值和利益判断，行为体的一切举动都会引起认知方的怀疑，都摆脱不了原有的认知框架，使双方间业

---

① （美）罗伯特·杰维斯著：《国际政治中的知觉与错误知觉》，世界知识出版社，2003 年 8 月版，第 112 页。

② （美）罗伯特·杰维斯著：《国际政治中的知觉与错误知觉》，世界知识出版社，2003 年 8 月版，第 117 页。

已形成的心理鸿沟越来越难以弥合。

（二）欧洲对中国的认知

事实上，欧洲对中国的认识应该是比较清楚的，比起美国人以偶然事件下结论要理性得多。杰出的意大利耶稣会会士利玛窦曾在1582年至1610年间居住在中国。他对中国人的不好战、不崇尚侵略和宗教信仰自由也同样大为惊奇。他写道："……如果我们停下来细想一下，这一点似乎很出人意外。在一个几乎可以说其疆域广阔无边、人口不计其教、物产多种多样且极其丰富的王国里，尽管他们拥有装备精良、可轻而易举地征服邻近国家的陆军和海军，但不论国家还是它的人民，竟然都从未想到去进行一场侵略战争。他们完全满足于自己所拥有的东西，并不渴望着去征服他国。在这方面，他们截然不同于欧洲人；欧洲人常常对自己的政府不满，垂涎其他人所享有的东西。"①

德国哲学家莱布尼茨曾对中国和欧洲作了以下对比：在生存的实际能力方面中国与欧洲相当；在科学思维、逻辑、数学以及自然科学方面，中国不如欧洲；在军事技术方面，中国也不如欧洲，但是造成此情的原因"与其说是缺少这方面的知识，不如说是意识形态所致，因为他们藐视所有与武力侵犯人身或者相互厮杀有关的事情、东西，同时也因为他们厌恶战争，在此有些类似耶酥，出于高尚精神，而不是像人们所认为的那样，出于恐惧。"此外，毫无争议，在伦理道德以及政治方面，中国超过欧洲。②

由此可见，中国对欧洲不存在任何威胁。"对华武器销售禁

① （美）斯塔夫里阿诺斯：《全球通史—1500年以后的世界》，上海社会科学院出版社，1999年5月版，第14页。

② （德）康拉德·赛茨著，许文敏、李卡宁译：《中国：一个世界强国的复兴》，国际文化出版公司，2007年4月版，第46页。

令”已经被认为是一项不合理的，在很大程度上仅具有象征意义的制裁措施。对华武器销售禁令的实施主要表明了欧洲在人权领域的一种政治态度。一旦所有其他的制裁都被取消了，持续至今的对华武器销售禁令中所包含的象征意义也就会自然消失。[①]

把中国看作“东方专制政体”的认识形成于18世纪末，此观点在整个19世纪，直到现代仍有市场。一个自由的欧洲所面对的是一个缺乏自由的中国。从此，启蒙思想运动时代所形成的对中国的赞叹、仰慕被浇上了冷水，甚至变成了蔑视。[②]

对欧洲人来说，中国人是个谜，是一个既有突出的民族个性，且又相互间十分矛盾的民族。中国人的思维方式是联想和曲折的。在欧洲人看来，中国人充满了神秘性。欧洲人喜欢直来直去，实话实说；而中国人则喜欢拐弯抹角，半真半假。由此，欧洲人在与中国人打交道时，对中国人存在不信任。

西方总是用“他者”来看待中国。今天西方关于中国的一些偏见和固定观念，是西方传统文化概念的一部分，无法摆脱殖民主义的蔑视。西方人以高人一等的优越感来俯视中国，中国只能是个跟在西方后面乞求顺从的弱者。中国发展得快些，就是有威胁。沉睡了几百年的“睡狮”醒了一定会咬人吗？的确，中国的发展速度让西方有些措手不及。西方人能接受的是一个在他们掌控中的中国。2004年，中国成为了世界钢铁、铜、燃煤、铁矿等原料最大的消费国，他们就担心中国会与他们争夺资源。据估计，不久中国将超过德国，成为第三大经济体。在欧洲人看来，这是种“威胁”。在原有的认知框架下，他们不会去客观地考虑

① 乔舒亚·库珀·雷默等著：《中国形象—外国学者眼里的中国》，社会科学文献出版社，2006年12月版，第215页。

② （德）康拉德·赛茨著，许文梅、李卡宁译：《中国：一个世界强国的复兴》，国际文化出版公司，2007年4月版，第49页。

人均和其他质量指标，他们更关注的是中国要超过他们了。现实的利益冲突和原有的中心主义立场会加深欧洲对中国的“防范”。因此，从双方的认知来看，解除武器禁售是个长期性的问题。“冷处理”也将是长期的。

二、现实的政治经济变化对解除武器禁售的影响

除了中国与欧洲的认知和价值差异之外，当前中欧之间的政治经济现状也是影响解除武器禁售的主要原因。目前由于法、德新政府转向亲美，美国、日本反对解除禁令的攻势很猛，因此适时采取冷处理是必要的，以免局势出现僵化。国际观察家认为，中国领导人显然已经意识到，解禁问题近期内既然不会有大的进展，倒不如集中精力寻找与欧盟的共同点，促进双边和多边关系的发展。这种“冷处理”的方法，反而使中国占据不少优势。

（一）法、德新政府的亲美倾向

在欧洲，法国希拉克政府是最支持解除禁令的，疏远美国的施罗德政府也支持解禁。但还是有相当一部分欧盟成员国反对，其中反对最强烈的有英国、荷兰、丹麦和瑞典等国。法、德支持解禁是要同美国较劲，并期望从中国扩大的军费支出中获利。这种做法是十分脆弱的，政府出现更迭，就发生完全逆转。何况，解除禁令的最大阻力是在欧洲议会和德国议会。①

德国大选后，右翼政党基督教民主联盟的领导人默克尔当选

① 乔舒亚·库珀·雷默等著：《中国形象—外国学者眼里的中国》，社会科学文献出版社，2006年12月版，第217页。

德国总理，她上任后两度访问美国。施罗德政府2003年以后疏美亲欧的做法使德国利益受损，因而备受指责。在对华政策上，她搁置了施罗德“取消对华武器禁运”和“给予中国市场经济地位”两项政策。默克尔的外交政策发言人普鲁厄曾经公开表示：“这一问题不在新政府的议程内。”他还强调：“解除对华军售禁令的前提是，中国人权状况的改善和在台湾事务上要有所松动。”法国人民运动联盟的萨科齐当选为法国总统后，他不大可能延续希拉克的外交政策。他曾表示法、美两国的友谊是“深刻”的、“真挚”的。当选总统后，他再次强调美国可以信任法国的友谊，这也是法国战后60多年来第一个如此亲美的领导人。在对华问题上，美、欧联合对华的局面可能出现。萨科齐私下曾表示可能否决对华军售解禁。法、德这两个国家的亲美趋向，势必使解禁变得更加艰难复杂。

（二）中欧在经贸等方面的分歧

看似禁售是对中国人权状况和台湾问题的质疑，实际上，解除对华军售禁令和承认中国市场经济地位已经成为欧洲制约中国的两张牌。在欧盟内部，法国的立场与德国相近。法国认为，解除禁运政策在军事上没有实质意义，因为法国自1992年至2001年对中国的武器销售只有7000万欧元。解除禁运与否，已经与中国和欧盟在经济贸易、环境保护、知识产权和非洲政策等许多方面出现的冲突挂上了钩。欧盟与中国的贸易关系日趋紧张，2007年6月12日中欧进行了高级贸易对话，欧盟拒绝承认中国的市场经济地位。欧盟贸易专员曼德尔森警告说，如果中国未能补偿日益不平衡的欧中贸易关系，那么中国就将面临欧盟“不耐烦和愤怒”的反弹。

2006年欧盟对华贸易逆差迅速扩大至1280亿欧元，并且仍在以每年15%至20%的速度增长。欧盟表示，欧盟对华贸易逆差是中国对欧盟企业所采取的各种贸易限制措施共同作用的结果。这些措施包括严格的许可制度、采取差别对待的法规以及强制外资企业同当地企业创建合资公司的法律法规。欧盟还指出，中国政府未能阻止每年大量仿冒商品的出口。欧盟对中国钢铁出口问题表示担忧，曼德尔森表示，受中国钢铁业巨额投资及产能过剩影响，欧洲正面临价格严重失调及市场不稳定的局面。不少欧洲人最大的恐惧是中国的崛起以及经济发展对环境造成的严重破坏。

欧盟委员会2006年10月24日发表了题为《欧盟与中国：更紧密的伙伴、承担更多责任》的对华政策新文件。与此同时，欧盟还公布了首份对华贸易战略文件，题为《竞争与伙伴关系——欧盟—中国贸易与投资政策》。中国的迅速发展给欧盟带来了机遇，但欧盟也担心中国的竞争给他们的利益带来负面影响。从欧盟的自身利益出发，欧盟对华政策新文件指出，中欧经贸关系是一种"竞争与伙伴关系"，欧盟必须接受残酷的竞争，但中国必须保证竞争是公平的。要求中国承担更多责任与义务，遵守贸易规则，自我克制，希望中国成为一个"负责任的大国"。[①]

此外，欧洲国家尤其是法国对中国在非洲的政策颇有微词。地缘政治优势使法国一直自认为非洲是自己的传统领地，非洲在法国对外关系中一直处于优先地位。因此，随着中国对非经济政治关系的加强，中法之间因非洲问题产生摩擦的可能性也日渐增多，法国人担心中国会损害他们在非洲的既得利益和心理优势。

---

① http://www.europa.eu.int/comm/external_relations/china.

(三)美国和日本的压力

除了欧洲内部的因素，来自美国和日本的强大压力是不容忽视的。一位负责与欧盟谈判的美国国务院官员曾强硬地说：“我们想让欧盟知道，解禁就是向中国发出我们最不想发出的政治信号。”

解禁是不符合美国利益的。美国的反对态度主要基于两点考虑：一是欧盟重新对华军售将破坏“台湾海峡军力平衡”，美国扶植台湾、保持两岸力量均衡的战略将受到严峻挑战。二是欧盟的军事科技将有助于缩小美、中之间的军力差距，将对美国国家安全“构成威胁”。根据美国五角大楼的战略，美国应对它的“潜在竞争对手”保持10年到20年的领先优势，因此欧盟解禁将可能使美国逐渐丧失这种优势。在美国看来，超级大国不想有另一个超级大国作为竞争对手，因此美国将采取行动推迟或防止大国的升格（也就是说，除了保持作为一个超级大国之外，它还想作为一个唯一的超级大国）。[①] 到2002年为止，布什政府的国家安全战略非常清晰地表明，美国不仅想继续保持其超级大国地位，而且还要反对任何国家发展成为超级大国：“现在是重新强调美国军事力量的根本作用的时候。我们必须建设并保持我们的国防超越挑战。我们的军事最优先考虑的是保卫美国。为了有效地做到这一点，我们的军事力量必须确保我们的盟友和朋友的安全；阻止未来的军事竞争。”[②]

日本也极力要求欧盟维持对中国的武器禁售。日本前任首相

---

① （英）巴里·布赞著：《美国和谐大国：21世纪的世界政治》，上海世纪出版集团，2007年1月版，第92页。

② （英）巴里·布赞著：《美国和谐大国：21世纪的世界政治》，上海世纪出版集团，2007年1月版，第96页。

安倍在出访欧洲时，积极寻求主要欧盟成员国就此做出保证。他说："我认为中国的成长，对全世界来说是个机会，我曾于去年10月走访中国，同意与他们建立符合相互利益的战略伙伴关系。但另一方面，中国也存在一些问题，例如国防预算快速增长，却缺少透明性。"日本是担心，若欧盟解除对中国军售禁令，可能会影响到东亚安全。更确切地说，是怕中国的军事力量超过日本。

综上所述，内外因素构成了欧盟解除对华武器禁售的复杂性，要改变是极其困难的。

三、中国的正确定位

在诸多困难面前，我们需要认清形势、正确定位，承认欧盟解除武器禁售问题的长期性和复杂性，"冷处理"不是暂时的。我们要发展自己的军事力量，要有新思路：

1. 随着中国经济和社会突飞猛进的发展，建设一支与之相匹配的军事力量是必需的。中国应该在国际范围内寻找一种可接纳它对该地位声称的环境，不管这种声称会否受到欢迎。[①]

2. 中国国防建设已经进入了与经济建设相协调的适度发展型的正常轨道，逐步完成了由引进仿制型向自主创新型的转变，这也是基于美国和欧洲对中国武器禁售的现实。武器装备的提升是为维护国家安全和主权完整提供强有力的保障，而不是向对外扩张，不是与谁"比武"。同时，我们也要认识到我国国防现代

① （英）巴里·布赞著：《美国和谐大国：21世纪的世界政治》，上海世纪出版集团，2007年1月版，第118页。

化建设还有很长的路要走。中国与美国的军事力量差距至少在50—60年以上，所以要改变“赶超”思路，摆脱“冷战”思维，以维护国家安全和领土主权完整为主，同时要维护地区安全和增进合作。

3. 在第二点的基础上，要不唯武器论，加强与美国的军事联系和合作。首先，增加军事透明度，避免两国在与以色列的武器交易中陷入被动。我们要认识到以色列与美国的特殊关系，要避开美国得到尖端武器，只会弄巧成拙。同样，在寻求俄罗斯、乌克兰以及白俄罗斯的武器出售中，中国的空间也在缩小。乌克兰一直是中国的第二大武器出口国，但它最近受到美国的强大压力，很可能放弃向中国出售巡洋舰。[①] 俄罗斯是中国最大的武器提供国，但中国的和平发展同样也使俄罗斯面临严峻的考验。鉴于与欧盟关系相对平稳，而且历史上俄罗斯惧怕亚洲，还有它在西伯利亚（人口非常少）和中亚地位的脆弱性，这些可能性会有利于俄罗斯倾向于与欧盟发生更密切的关系。所以，依靠俄罗斯也是十分有限的。

4. 在中国、美国和欧洲关系的处理上，笔者认为，不能把欧洲与美国之间出现的一些矛盾，看成是中国可利用的机会，并且还盼望这样的机会。这样做是十分危险的。对中国而言，抗衡这种美欧联盟是一种徒劳而且代价高昂的选择。鉴于中国同美国、欧盟在意识形态上的差别完全不会像美苏之间那样严重，中国搭便车的情形倒是一种可行的选择。[②] 对于这种格局，谁取得超级大国地位以及在何时取得，其结果可能对这种过渡过程如何

① 马鼎盛、董嘉耀：《军情观察》，中国友谊出版公司，2007年3月，第142页。

② （英）巴里·布赞著：《美国和谐大国：21世纪的世界政治》，上海世纪出版集团，2007年1月版，第130页。

展开具有根本意义。如果欧盟加入到已经得到确立的美中体系中，那么它的提升不妨会得到美国的欢迎，而受到中国的抵制。如果是中国加入到已经得到确立的美国、欧盟体系中，那么它们可能都会抵制中国的崛起。如果中国和欧盟几乎同时加入到由美国所主导的单极超级大国体系里，那么美国抵制它们崛起的能力要比仅面对一个候选者弱。美国、中国、欧盟彼此在地理位置上是相互隔离，倾向于军事战略考虑并不那么突出，中国、美国和欧洲相互关系和谐发展的可能性更大。

总之，在欧盟对华解除武器禁售问题上，中国还是要以我为主，开拓思路。比如 2007 年 6 月 22 日，国防科工委、国家发改委和国资委下达了《关于推进军工企业股份制改造的指导意见》，这就意味着军工企业向民间和外资开放，可以节省国防开支，提升军事装备的质量，激励自主创新。另外，不抱任何侥幸心理和机会主义想法，协调好与美国和欧洲的关系，增加透明度，减少美国和欧洲国家对中国的猜疑，建立起相互信任、相互合作的伙伴关系。

上海合作组织与集体安全条约组织：安全合作机制、模式及发展前景

张健荣*

内容提要："9·11"事件后，跨地区的非传统安全威胁活动呈现出来的流动性、隐蔽性、不确定性给地区安全稳定造成了严重威胁，给安全防范措施带来了极大的考验，加强国家间和国际组织间的密切安全合作日趋紧迫，协调各国之间的反恐政策与防范措施以及共同应对新安全威胁已成为世界各国的共识。上海合作组织倡导的互信、互利、平等、协作的安全合作原则，为推动该组织的国际安全合作奠定了基础。作为一个地区开放性国际组织，上海合作组织如何与其他国际机构建立一种安全合作模式，是上海合作组织发展十分重要的方面，也是构建国际组织间地区安全合作机制的新尝试，

* 张健荣，博士，上海社会科学院上海合作组织研究中心副秘书长。

它对加强地区安全稳定、促进安全多边协作、推行构建和谐地区的中国外交具有实质意义。本文主要探讨构建上合组织与集体安全条约组织之间的安全合作机制与模式，旨在增强上合组织的国际影响力以及开展与其他国际组织之间合作关系范式的一种建设性的探索。

20世纪90年代初发生的历史巨变——苏联解体彻底改变了原苏联各加盟共和国的政治命运，同时也根本改变了整个世界的地缘政治格局。对中国而言，这一巨变使得中国周边安全环境变得纵横交错，中国对外关系面临前所未有的复杂局面，中国与前苏联地区漫长的边境安全以及该地区地缘政治局势的稳定，俨然成为了中国周边外交战略的重中之重。在这种紧迫形势下，由中国倡导的旨在构筑地区安全保障和军事互信的“上海五国”元首会晤机制，继而演化提升为上海合作组织（以下简称上合组织），为中国与周边地区形成良好的政治、经济、安全格局开辟了前沿，创立了一个新型的国际安全合作多边体系，促进了地区和平环境的发展。

“9·11”事件后，国际恐怖主义势力开始大规模爆发，非传统安全威胁逐渐上升为地区，乃至全球层面的主要安全问题。国际恐怖主义势力大本营——“基地”组织与世界范围内不同地区的分裂主义与宗教极端主义势力勾结愈加密切，活动愈加猖獗，导致一些地缘脆弱地区安全形势发生动荡，地区安全形势十分严峻。跨地区的非传统安全威胁活动呈现出来的流动性、隐蔽性、不确定性给地区安全稳定造成了严重威胁，给安全防范措施带来了极大的考验。加强国家间和国际组织间的密切安全合作日趋紧迫，协调各国之间的反恐政策与防范措施以及共同应对新安全威胁已成为全球共识。面对中国周边地区的安全形势——恐怖威胁点、社会动荡地和毒品侵蚀源主要集中在阿富汗与中亚地区，上合组织倡导的互信、互利、平等、协作的安全合作原则不仅体现了中国的新安全观，而且为推动该组织的国际安全合作奠定了基础。众所周知，目前中亚地区的国际安全机构和机制无以复加，联合国、北约、欧安组织、集体安全条约组织、上合组织、亚信会议等都把维护该地区安全作为首要任务。可以说，在反恐和地区安全维护上，这些国际机构的功能基本是相同的。

一、上海合作组织的安全合作机制

上海合作组织的前身是"上海五国"元首会晤机制，该机制始建于1996年。1996年4月26日，中、俄、哈、吉、塔五国元首在上海签署了五国《关于在边境地区加强军事领域信任的协定》。根据协定，双方部署在边境地区的军事力量互不进攻；双方不进行针对对外的军事演习；相互通报边境100公里纵深地区的重要军事活动情况；加强双方边境地区军事力量和边防部队之间的友好交往等。[①] 可以说，"上海五国"元首会晤机制是由中国积极倡导和参与的地区安全多边合作的开端。次年的4月24日，在莫斯科举行的第二次元首会晤中，五国签署了《关于在边境地区相互裁减军事力量的协定》，进一步将双方的军事互信程度以及措施明确和具体化，启动了地区安全保障体系。之后三年举行的历届元首会晤始终把维护地区安全多边合作作为首要任务之一，强调打击各种极端势力、分裂主义和恐怖主义的重要性和

---

① 参见：上海社科院上合组织研究中心编制：《"上海五国"——上海合作组织资料汇编（1996.4—2003.8）》，2003年8月，第1页。

多边合作的开放性，互相协作不针对第三国。[①]

“上海五国”元首会晤机制奠定了中国与俄罗斯及中亚五国全方位的多边协作框架，促进了地区安全合作机制的进一步发展。2001 年 6 月 15 日，中、俄、哈、吉、塔、乌六国元首在上海签署了《“上海合作组织”成立宣言》，成功实现了“上海五国”机制升级转换。在上合组织成立峰会上，六国元首还签署了《打击恐怖主义、分裂主义和极端主义上海公约》，再次把打击“三股势力”、加强安全多边合作法规化和制度化。2002 年 6 月 7 日，在俄罗斯的圣彼得堡举行的上合组织六国元首峰会上，签署了《上海合作组织宪章》、《关于地区反恐怖机构协定》和《上海合作组织成员国元首宣言》等重要文件，联合反恐组织与行动进入实质性阶段。2002 年 11 月 23 日，通过了《上海合作组织与其他国际组织及国家互相关系临时方案》，上合组织与其他国际组织间的合作交流开始展开，国际合作机制提上日程。[②]

自上海合作组织正式成立后，在上合组织框架内的安全合作取得了很大的成绩：2001 年 6 月 15 日，在上海举行了首次国防部长会晤，六国声明加强军事领域的合作，确保军队在打击恐怖主义、极端主义和分裂主义中的实质性协作，研究同三股势力作斗争的联合演习问题，研究建立就保障安全问题进行对话的新形式。[③]

2002 年 5 月 15 日，上海合作组织五国国防部长在莫斯科举

---

① 参见：上海社科院上合组织研究中心编制：《“上海五国”——上海合作组织资料汇编（1996.4—2003.8）》，2003 年 8 月，第 2—6 页，第 13 页。

② 参见：上海社科院上合组织研究中心编制：《“上海五国”——上海合作组织资料汇编（1996.4—2003.8）》，2003 年 8 月，第 57—58 页。

③ 参见：上海社科院上合组织研究中心编制：《“上海五国”——上海合作组织资料汇编（1996.4—2003.8）》，2003 年 8 月，第 26 页。

行的第二次会晤上，决定继续保持成员国国防部长和军队总参谋部代表定期会晤机制，成立由成员国国防部有关人员组成的高官委员会，以进一步巩固和发展各方在安全和防务等领域的建设性合作，同时决定成立上合组织成员国国防部联合专家小组，磋商有关举行联合反恐军事演习的问题。同年 5 月 23 日，上合组织"比什凯克小组"成员——五国执法安全部门领导人在阿斯塔纳举行例行会晤，讨论在打击"三股势力"、非法贩运武器和麻醉品斗争中加强协作，强调尽快启动地区反恐怖机构运作机制。

2003 年 5 月 29 日，中国国家主席胡锦涛首次出席在莫斯科举行的上合组织成员国元首峰会，并在大会上发表了题为《承前启后，继往开来，努力开创上海合作组织事业新局面》的讲话。他在讲话中强调："深化和拓展安全合作一直是上海合作组织的工作重点。对在本地区严重危害各成员国利益的'三股势力'，决不能放松警惕，更不能姑息迁就。应该进行长期不懈地努力，铲除这些恶势力，切实维护本地区的安宁稳定。为了切断'三股势力'活动的资金来源，更全面、更有效地打击'三股势力'，应该尽快把反毒问题提上安全合作日程。"[①] 同时他还指出："开展对外交往是上海合作组织参与国际事务的必由之路。今后应该本着积极稳妥、注重实效的原则继续向前推进，树立上海合作组织友好、合作、开放的国际形象。"[②] 峰会发表的《莫斯科宣言》对上海合作组织发展具有里程碑意义，上合组织的常设机构秘书处和地区反恐机构进入了正式运行倒计时。随后举行的国防部长会晤决定在 2003 年秋季举行联合演习，反恐多边合作不断加深。

---

① 参见：上海社科院上合组织研究中心编制：《"上海五国"——上海合作组织资料汇编（1996.4—2003.8）》，2003 年 8 月，第 75—76 页。

② 参见：上海社科院上合组织研究中心编制：《"上海五国"——上海合作组织资料汇编（1996.4—2003.8）》，2003 年 8 月，第 76 页。

2004年6月17日，在塔什干峰会上，六国元首签署了《关于合作打击非法贩运麻醉药品、精神药物及其前体的协议》，对组织框架内开展应对跨国威胁和挑战的多边合作具有重要意义。同时，进一步明确了安全会议秘书会议机制的任务和职责范围，责令制定一个在组织框架内相互协作以应对新威胁和新挑战的综合纲领性文件，这些新威胁和新挑战范围包括非法贩运武器弹药、爆炸物、有毒有害及放射性物质和雇佣军等。[①]

2005年7月5日，在阿斯塔纳举行的上合组织元首峰会又给予了巴基斯坦、伊朗、印度观察员地位，这是继2004年吸收蒙古为观察员国之后上合组织再次扩容，进一步扩大了地区安全多边合作机制。峰会期间还通过了《上海合作组织成员国合作打击恐怖主义、分裂主义和极端主义构想》，不仅有利于提高合作效率，而且使反恐机构的活动更明确，更有针对性。

2006年6月15日，上合组织峰会在上海发表了《上海合作组织成员国元首关于国际信息安全的声明》，声明指出："信息通信技术和当代威胁与挑战具有跨国性质，必须通过双边、地区和国际层面的合作，加大各国保障信息安全的力度。只有各国采取协调一直和互补措施，才能有效应对当代信息安全的挑战与威胁。"[②] 与会各国元首重申了多边合作应对新威胁、新挑战的重要性和紧迫性。

上合作组织的快速发展使之业已成为地区安全稳定的重要基石和地区经济发展的巨大动力，极大地影响了中国周边地

---

① 参见：《"上海五国"——上海合作组织资料汇编，第二辑（2003.9—2005.8)》，2006年，第10页。

② http://www.sectsco.org.

区——中南亚与欧亚的地缘政治格局的走向。它是继独联体集体安全条约组织（以下简称“集约组织”）和欧亚经济共同体之后最具发展前景与潜力的地区性国际组织，并且其规模和影响力已经远远超出地区层面，正上升到全球层面，得到了区内各成员国的积极协作，并且引起了区外一系列国家的极大关注和积极响应。

上合组织成立六年来，组织机构建制得到了充分完善。为加强合作机制建设，上合组织在国家元首和政府首脑理事会下面分别设有外交、经济、交通、文化、国防、执法安全、监察、民政、边防以及司法和议会等年度定期会晤和磋商机制，这些机制能有效地保证高层以及各部门间的密切协作，对维护整个地区安全局势能起到可靠的稳定作用。

上合组织的安全机制建设过程，首先是“新安全观”理念形成与丰富的发展过程。在一系列上合组织元首会晤中，中国领导人提出以合作安全和相互安全为核心的新型安全思维，尤其是在2000年7月杜尚别元首会晤时，江泽民主席对中国倡导的“新安全观”作了全面阐述，并在当年的联合国千年首脑会议上再次强调。上合组织本身的实践也是落实和丰富这一思想的具体体现。在成员国安全合作的实践中，形成了一种共同遵守的新安全观念，这种安全合作的基础是：相关国家共同安全、一起发展和相互信赖；不追求军事优势；国家间不使用武力或以武力相威胁；不谋求建立军事同盟和相同的政治制度；对于相互间的分歧，摈弃对抗，平等磋商，妥善解决。这种“新安全观”构成了上合组织框架内多边安全合作的原则，形成了一种新型的地区安全合作机制。

二、集约组织的安全合作机制

集约组织的前身集体安全条约是苏联解体后独联体框架内的政治军事一体化的安全机构，成立于1992年5月。始建初期，由前苏联加盟共和国俄、哈、吉、塔、乌、阿、亚以及后加入的白、格共九个成员国所组成。至1999年4月，九个成员国中阿、格、乌退出，其余六个成员国在莫斯科签署了续约备忘录，集体安全条约进入了其第二个发展阶段，组织建制和立法基础逐渐完善。2002年5月14日，成员国在莫斯科举行集体安全理事会会议，一致通过在原条约基础上将机构正式更名为集体安全条约组织的决议，从而正式完成了向国际性地区安全组织的转变。

从组建之初，集约组织就明确要致力于在应对地区新威胁与新挑战上构建集体安全体系，发挥集体防卫和协作的有效作用。根据2003年全体成员国通过的组织章程第三条规定，集约组织是一个多功能的政治军事一体化机构，其宗旨是“巩固和平、国际和地区安全与稳定，在集体基础上捍卫成员国的独立、领土完整和主权，为此成员国以政治手段为优先原则”。[①] 实际上，集约组织的主要任务就是建立一个能有效应对任何对成员国可能构成威胁的功能发达的集体安全防卫体系。

从1995年开始，集约组织签署了一系列声明和决议，包括集体安全组织构想、军事合作的主要方向及其实施计划、军技合作主要原则、培训军事干部与专家，以及秘书长与其他国际组织安全联络机制等等，每年定期举行的集体安全理事会、国防部长

---

① 《集体安全条约组织章程》，http://www.dkb.gov.ru/start/index.htm.

理事会等高层会晤相继有效地推动了集体安全合作机制的建设，先后建立起成员国之间政治与军事等方面的各个工作机构：集体安全理事会、外交部长理事会、国防部长理事会、武装力量总参谋长委员会、安全会议秘书委员会以及国防部长理事会各专门委员会。组织常务工作机构为秘书处。

一年一届的集体安全理事会主要由各成员国元首全面和深入交换各自意见以及对组织活动的原则问题进行决策。早在2000—2001年举行的理事会会议上，各国元首们就明确表明了集约组织成员国对阿富汗局势发展的态度，对积极开展反对国际恐怖主义的国际合作达成了原则立场。这决定了该组织各成员国对“9·11”事件和阿富汗塔利班政权所采取的国际反恐行动的共同态度以及部分成员国参与国际反恐行动的形式。2001年5月，集约组织发展取得了重要成就，在埃里温会议上，成员国通过了关于组建集约组织快速反应部队的决议，明确加强打击中亚地区活动日益频繁的“三股势力”。快速反应部队的成立对维护地区安全起到了十分重要的作用，使成员国之间的安全合作进入了实质性操作阶段。

集约组织快速反应部队主要由其成员国中的俄、哈、吉、塔四国各自部队联合组成，总数为1500人，平时各方成员都驻扎在各自境内，服从本国领导，定期举行集约组织联合军事演习。军事演习归集约组织武装总司令和总参谋长统一领导，并由设在比什凯克的反恐中心和快速反应部队指挥部常设行动小组协调与指挥。

2002年5月在莫斯科举行的集体安全理事会会议上，元首们就完善和加强军事安全合作机制建设通过了三项决议：1. 组建军事总指挥部协调员小组；2. 保障快速反应部队功能顺利展开；3. 启动军事技术合作优惠机制。

2003年4月，杜尚别集体安全理事会会议通过了关于组建集约组织联合司令部的决议，以及包括扩大集约成员国军事技术合作基本原则使用范围、联合培训军事干部的决议等。同年9月，为了加强国际反恐合作，应对地区安全威胁与挑战，巩固国际与地区安全，在国防部长会议上，正式开始讨论有关集约组织与北约之间进行磋商问题，并决定于11月在吉尔吉斯斯坦的坎特机场建立俄罗斯军事基地以及快速反应部队的空军力量。

2004年6月，阿斯塔纳集体安全理事会会议以后，集约组织快速反应部队首次举行了代号为“边界—2004”反恐军事演习，有效地提高了集约组织的反恐整体作战能力。以该代号名义的军演每年举行一次，延续至今。为了进一步协调反恐作战行动，集约组织对比什凯克的快速反应部队指挥部常设行动工作组与塔什干的独联体反恐中心地区机构之间的互相协作进行了整体安排。

2005年6月23日，集约组织在莫斯科通过了成立军事经济合作国家间委员会，对组织框架内的军事安全合作原则和细则做出了具体规定。

2006年6月23日，明斯克集体安全理事会会议上做出了重新吸收乌兹别克斯坦为正式成员国的决议，使得集约组织安全合作区得到进一步扩大，提高了集约组织政治与军事的影响力，通过了2007年5—6月隆重举行集约组织成立15周年系列庆典活动的决议，将把本组织的各方面工作推向一个新的高度，使之成为保障地区安全与稳定、维护世界战略稳定的一支重要力量。

近几年内，集约组织特别重视地区愈加严重的非传统安全威胁——非法毒品交易、非法移民和有组织犯罪活动等。专门成立了反毒品领导机构协调理事会。2004年10月，举行了代号为“通道—2004”的打击来自阿富汗境内的毒品交易第一阶段的预防行动。在这次行动中，共收缴了2700多公斤毒品，其中131

公斤为海洛因。之后举行的第二阶段的类似行动扩大了国际合作范围，邀请了伊朗、土库曼斯坦和乌兹别克斯坦共同参加。此外，面对当今世界信息安全问题，集约组织加紧制定应对措施，建立组织框架内的统一信息区，以促进有效的集体安全功能体系。2004 年 4 月，集约组织学术委员会成功举行了国际反恐媒体论坛，为建立信息安全体系迈出了第一步。

集约组织机构的主要工作机制是在各不同层面上的磋商，在其进行过程中协商立场，以保证决议的实施。除了组织框架内已形成的各类合作机制外，新增加的固定合作成分——外交、国防副部长和安全会议副秘书层面上的磋商提高了组织的活动能力。这种合作机制常常是每季度举行一次工作会议，主要就组织行动区的局势作出评估，同时在与总参谋长委员会共同推动下，有效地促进了决策过程以及军事行动措施的实施进程。

集约组织奉行对外开放原则，愿意吸收接受其宗旨和原则的其他国家申请加入，并给予部分国家和国际组织观察员地位。根据其章程第四条规定，“在本组织活动中，主张与非组织成员国进行合作，支持与国际政府间安全组织建立关系。在公认的国际法原则基础上，促进构建公正而民主的国际秩序。”[①] 近几年来，集约组织致力于在国际舞台上与成员国密切互相协作，对地区和世界性重大问题协调其立场，开展与其他国际组织就应对共同威胁和挑战问题的互相合作，为构建欧洲与亚洲全方位共同安全体系联合一切力量。在 2000 年比什凯克峰会、2001 年埃里温峰会、2002 年莫斯科峰会上，元首们都先后通过了重要正式文件，在对诸如协调阿富汗局势、制定全球打击国际恐怖主义威胁的协调措施的必要性、加强国际安全与战略稳定、发挥联合国作为国

① 《集体安全条约组织章程》，http：// www. dkb. gov. ru/start/index/htm.

际和平与安全主要作用等重大国际问题表明了立场。这些声明在联合国作为官方文献印发，为联合国安全理事会决议的起草准备和通过起到了作用。

根据集体安全理事会决议，在解决当代现实问题上，加强与国际组织的互相协作，建立与联合国、欧安组织、上合组织以及其他国际安全组织之间的建设性联系。2002 年 5 月，在集约组织成立十周年庆祝大会上发表的元首声明中强调，集约组织最重要的是要加强各成员国在地区与世界政治问题上的紧密协作；增强集约组织的国际联系，以及与其他地区和多边组织在安全领域中的工作联系。2003 年、2004 年、2005 年前后召开的各类会议上，成员国一再强调了集约组织框架内互相协作的积极意义，指出利用本组织潜力作为在地区和国际舞台上更有效地推动各成员国利益方面所具有的巨大现实机遇，通过对话与其他国家和国家组织之间实现建设性互相协作，其中包括在联合国框架内及其之间的互相协作，在欧安组织框架内及其之间的互相合作，以及首先与上合组织之间的共同协调和互补行动。目前，集约组织已先后与联合国、欧安组织、北约、独联体、欧亚经济共同体以及上合组织建立了正式联系。

集约组织的发展历程体现了各成员国维护前苏联地缘政治与地区安全格局的根本要求，增强了集体安全合作的能力与协作关系，保证了各成员国的各自国家利益，也为地区安全与世界战略稳定作出了应有贡献。

集约组织即将迎来十五周年诞辰，面对未来发展，集约组织愿意在平等、公正、共同安全基础上，开展与各个地区安全组织和国家密切合作，以共同应对地区与世界所面临的新挑战与威胁，与国际社会一起组成联合安全体系，开展与地区国际组织互相交叉、互相协作的跨地区协同机制。

三、上海合作组织与集约组织的合作模式

当代世界中，要去刻意降低或者排除某个安全保障机构的作用显然是不可能的。在相互依存加强的条件下，各国际组织之间势必会出现利益交错，其相互关系的合作模式主要取决于在保障安全稳定中其活动的质量与效率。众所周知，现代安全威胁并不主要在于军事战略和意识形态对抗领域，而是与根深蒂固的领土争端以及地区乃至全球恐怖主义、分裂主义和极端主义势力密切相关。在这种形势下，建立以多边合作为基础的安全模式对各国安全具有特殊的重要意义。20 世纪 90 年代初，为加强独联体成员国之间的地缘安全与军事防务，成立了旨在建立共同安全防务的集约组织；90 年代中，为解决中国与俄罗斯以及中亚国家边境领土和军事互信问题以及遏止中亚地区“三股势力”，建立了安全多边合作机制——上海合作组织。

众所周知，上海合作组织六个成员国除中国之外，其余均为独联体集约组织成员国——俄、哈、吉、塔、乌五国，而集约组织七个成员国中，除上述五国之外，还包括白俄罗斯与亚美尼亚，唯有中国除外。从组织成员国机构来看，两个组织在建制上有许多相近之处，但并非雷同。俄罗斯有学者认为：从安全功能上看，上合组织可以等同于集约组织，并认为两个组织未来发展不排除合二为一的可能。[①]

① 谢·卢贾宁：《阿斯塔纳峰会前夕的上合组织》—— 俄科院远东所《上海合作组织中的俄罗斯与中国》，莫斯科，2006 年，第 28 页。参见：С. Г. Лузянин ШОС накануне саммита в Астане. — Россия и Китай в Шанхайской организации сотрудничества. М.，2006. стр. 28.

首先应该看到，上合组织与集约组织分别成立于不同背景下，目标也不同。前者起先是以加强成员国边境领土以及军事互信为主，后逐渐发展成为地区安全政治与经济合作组织，而后者各成员国之间原先就不存在军事互信和领土争端问题，目标一开始就明确是建立成员国之间政治与军事一体化。其次，对俄罗斯而言，在上合组织框架内，借助中国的实力以及在中亚的影响力有助于俄罗斯抗衡西方列强对其地缘上的挤压，进一步稳固俄战略后方。第三，对中国而言，通过上合组织可以加强与中亚各国之间政治与经济合作，维护中国新疆与中亚交界地区的安全稳定。第四，对中、俄两国而言，上合组织开创了一种历史机遇，可使之成为联合中亚等国的力量和潜力来阻止世界其他势力中心在中亚地区可能的扩张与蚕食的地缘政治机制，维护中、俄两个地区大国的周边安全稳定以及在中亚地区的影响力。第五，集约组织是以俄罗斯为主导的、在某种程度上相当于军事盟国体系（尽管其章程中明确彼此不结盟），在军事协作程度上要比上合组织更为紧密。正如独联体集约组织秘书长尼·博尔久察在一次新闻媒体采访中所说："首先从一体化程度的角度看，上海合作组织与集体安全条约组织两者是不同的。后者一体化程度更高，成员国之间的互相理解及其政策方针协调程度更紧密。尽管上海合作组织拥有强大机构，在政治上十分具有影响力。但从安全角度看，集体安全条约组织一体化程度显然要更高，更密切。集体安全条约组织框架内具有上海合作组织所缺乏的协议，如军事技术合作框架内军事装备提供享有优惠、免费培训军事干部等。安全部门和护法机构、军事部门之间拥有很高的一体化协调程度，比其他诸如欧洲安全与合作组织、上海合作组织和独联体等在一体化层面上行动要更为高效。”[①]

目前，从各国际安全机构所具有的能量来看，中亚地区的安全机构有三个层面组成：

1. 集体条约机构（集约组织、北约“和平伙伴关系”）；

2. 多边协商机构（上合组织）；

3. 双边条约机构（中亚各国之间、中亚各国与俄、中、美之间）。

第一种特征，一般是以某个大国为主导、诸多国家一起参与而组成的集体条约性的政治军事组织。组织机构设置齐全，设有常务机构，采取统一行动指挥、统一军事技术装备和统一政策协调。其首要任务是保障各成员国的国家安全及其责任区的安全，共同承担针对来自第三方对其成员国中任何一方所构成的威胁和侵略的防御义务，以及应对各成员国安全所面临的各种新的威胁和挑战。

第二种特征，是以多边合作为基础、由多国参与组成的非军事组织，采取共同协商原则的政治经济组织。组织机构设置齐全，设有常务机构，但各成员国保持相对独立性，多边与双边协作互相交叉。其宗旨是联合打击“三股势力”，共同反对地区各种新的威胁，参与地区安全与政治磋商与协作，各成员国内政外交不受组织的约束，相对比较灵活。

第三种特征，主要是基于双边合作基础，为了共同的目标或者各自国家利益建立相互合作机制。一般围绕世界几个主要大国——美、中、俄、欧盟等，互相签订互不侵犯条约、睦邻友好和平条约或者加强相互安全合作的协定。在此基础上开展多方位

① 维·利托夫金《集约组织与上合组织——并驾齐驱》，参见：В. Литовкин ОДКБ и ШОС — в одной упряжке http：//www. ria. ru 19/06/2006.

国与国之间的密切合作，这种合作只涉及两国之间的利益关系。

当前，保持中亚地区的稳定与安全直接与阿富汗局势的发展密切相关，首先与彻底清除国际恐怖主义组织及其帮手在阿富汗境内所建立的恐怖分子培训基地相关。从这层意义上说，中亚地区所存在的不同安全机构可视为保障中亚地区安全发展的有效整体机制。不同的合作机制或者类似合作机制都是能被各方所接受的，因为一些中亚国家本身就参与了不同层面上各类国际组织，它们不仅是上合组织成员，而且是集约组织成员，同时也是北约和平伙伴关系国。这些不同层面的组织合作机制在反恐安全问题上目标是一致的，彼此并不冲突，而且可以相互补充。对上合组织发展而言，有必要区别对待。如：第一种层面，主要侧重军事技术、边境防卫、防空体系互相合作；第二种层面，局限于打击“三股势力”、反毒品走私、非法移民、跨境有组织犯罪活动；第三种层面，加强军事改革和军事人员交流、举办联合军事演习、信息安全交流等。

从上述的安全合作机制以及三种安全合作层面特征来看，无论是集约组织还是上合组织，多边合作模式更适合该地区各成员国的发展特点和要求，更何况客观因素本身诸如两个组织成员结构以及各层次的合作机制比较对等，而任务可以不同，因而这一切势必将促成这两个安全组织走到一起。根据上合组织与集约组织框架内中国与俄罗斯分别所具有的决定性作用，两个地区国际组织之间的合作首先就是中俄之间的全面合作，这种全面合作将推动两个国际组织之间合作的互动，形成在前苏联地缘政治上以中俄为先导的伙伴式的并驾齐驱战车，它不仅将推动中亚各国的地缘政治安全格局发展，而且有利于各成员国的国家利益。从另一方面说，也只有在集约组织与上合组织框架内才能得以进行紧密协作，完成共同使命，联合打击“三股势力”，包括打击毒品走私、非法移民和有组织犯罪等，以及进行类似联合反恐军事演习或者建立联合反恐中心和反恐联合部队，从而对各种安全威胁形成有效的遏制力与打击力，起到维护地区安全的举足轻重的作用。

为此，上合组织与集约组织之间的合作模式首先必须从立法程序上予以确立，缔结上合组织与集约组织之间的安全合作条约，并且从组织建制、规模以及财政预算上予以配套，充分发挥互补优势，增强在安全、经济、人文合作领域的多功能协调。其次，建立上合组织与集约组织理事会、秘书处工作联络组，定期举行反恐和反毒品等军事演习，扩大安全领域合作层面以及横向国际合作范围，包括与联合国、北约、欧安组织、东盟、欧盟之间的不同形式合作。第三，组建联合反恐中心，加强情报交流，制定反恐统一标准，拟订反三股势力组织与分子统一名单，扩大司法引渡条约范围，尤其是加强各国司法与执法领域的密切合作。根据目前上合组织成员国承认在境内活动的恐怖主义、分裂主义和极端主义组织为 36 个，并且这些组织已被列入《在上海合作组织成员国境内禁止活动的恐怖主义、分裂主义和极端主义组织名单》之中。第四，统一落实反恐司法程序，具体包括：提供“三股势力”组织资料的程序和标准；明确上合组织各成员国对“三股势力”组织的认定方式和程序；根据各成员国的法律，对认定产生的法律后果的实质和作用作出评估；对决定可能对组织成员国所产生的法律后果予以评估。

总之，建立更适合上合组织发展又符合该组织宗旨的国际合作模式，将有助于各方在应对地区与全球新威胁和挑战的安全合作中发挥有效的互相协作作用。根据上合组织与集约组织原先作出的决定，集约组织和上合组织将于 2007 年 7 月 18—25 日在俄罗斯境内举行首次联合战役战术演习，军演代号为“和平使命一

2007”。军演的主要目的是加强联合反恐、制止毒品泛滥、防止大规模杀伤性武器扩散和打击各种极端主义行为。[①]

这次联合军事演习对上合组织与集约组织发展具有十分重要的意义，将拉开两个组织国际安全合作的序幕，奠定互相合作机制的坚实基础，推动国际合作局面的实质性展开。

四、上海合作组织国际合作的发展前景

2006年6月15日，上合组织首任秘书长张德广在上合组织五周年纪念峰会上发表的讲话中说：上合组织未来发展应“积极动员成员国社会各界广泛参与，充分发挥本地区极其丰富的地理、自然、人文资源优势；加强与观察员国及其他国家和国际组织的友好合作，共同致力于创建一个和谐相处、共同繁荣的欧亚地区，并为促进世界的和平与发展作出更多贡献”。[②]

2007年1月22日，上合组织新任秘书长努尔加利耶夫在其就职仪式上接受媒体采访时就上合组织未来发展前景表示：“今天，上海合作组织不仅在欧亚地区，更在全世界广为人们熟知。本组织的目标和宗旨得到很多国家和国际组织的赞赏。由此可见，像印度、伊朗、蒙古、巴基斯坦这样拥有巨大政治、经济潜力的大国作为观察员加入到我们的行列绝非偶然。我们已经与独联体、欧亚经济共同体和东盟签署了合作文件，目前正在与其他

① 维·利托夫金：《“和平使命—2007”——集体安全条约组织将观察上海合作组织演习》，参见：В. Литовкин “Мирная миссия—2007”. ОДКБ понаблюдает за учениями ШОС，http：//www. ria. ru. 06/02/2007.

② 张德广：《总结经验，深化合作，实现上海合作组织的历史性转折》——在上海合作组织五周年纪念峰会上的讲话。http：// www. sectsco. org. /html/00942. html

国际组织商谈建立和开展合作。我们支持本组织与联合国各驻京机构开展定期交往。本组织同联合国这一最具代表性的多功能国际组织开展协作的所有法律和实践的方面对我们至关重要。上海合作组织的前景与欧亚地区的未来，以及同所有在该地区拥有合法利益国家的协作密切相关。不断巩固本组织内部团结、维护本组织广大地区的和平稳定、推进经济及人文领域一体化进程、弘扬‘上海精神’是今后取得成果的保证。”①

上合组织国际合作发展可采取多方位、多形式的合作模式，以本区域与跨区域两个方向为主。

本区域方向：开展与集约组织在安全领域的密切合作，包括联合军事演习、协同反恐、反分裂、反极端势力、反毒、反大规模杀伤性武器走私、跨境有组织犯罪活动等；建立与独联体、欧亚经济共同体等组织互相协作机制，推动区域经济合作发展，规划区域框架内自由贸易经济区，以经济与人文合作促进区域安全与稳定。

跨区域方向：建立与欧安组织、欧盟、北约、东盟等组织对话机制，开展跨地区安全合作与经济合作，促进欧亚地区地缘政治与经济的稳定和发展速度，推动本区域经济一体化建设与世界经济全球化进程融合程度，提高区域经济与社会发展的增长速度，加强与联合国之间的协调合作。

上合组织国际合作发展可从两个不同层面深化和扩展，分别从战略层面和战术层面着手。

战略层面：深化与集约组织的协作，加强本组织在本地区的政治和经济影响力，提高本组织在防范各种传统与非传统安全威

① 上海合作组织秘书长努尔加利耶夫接受新华社记者赵家霖的采访。http://www.sectsco.org/html/01197.html.

胁与挑战的应对能力和行动效率，构建本组织安全防务责任区，防止其他势力对该地区的侵蚀和分化企图，巩固自身战略地位和整体协防能力。

战术层面：与北约和美国建立对话机制，加强共同打击地区恐怖主义和国际恐怖主义势力互相勾结，从金融、国际网络、防止大规模杀伤性武器扩散等各种渠道共同维护地区安全局势，包括在解决核问题上外交磋商；降低本组织与北约与美国之间在地缘政治和军事上结构性冲突，营造和谐的地区安全合作体系。

上合组织国际合作从两个领域加强合作，以政治与经济两个渠道同时进行。

政治方面：彰显本组织的“上海精神”，树立本组织的包容性和军事非对抗性，强化非传统安全领域的合作，扩大其国际地位与作用。正如上海合作组织前任秘书长张德广在其离任招待会上发表的讲话中所重申的那样：“只要我们始终坚持从欧亚地区现实出发规划设计上海合作组织的区域合作，充分发挥本地区独特的地缘和资源优势；始终坚持动员成员国社会各界共同参与推进上海合作组织合作进程，努力发掘民族蕴藏的巨大热情和能量；始终坚持‘互信、互利、平等、协商、尊重多样文明、谋求共同发展’的‘上海精神’，上海合作组织之路就会越走越光明，越走越宽广！”[①]

经济方面：建立本组织框架内能源安全保障体系，利用本地区劳动力、自然资源、市场幅员的巨大优势，吸引世界各区域经济组织的资本与先进技术，壮大经济区域化和贸易便利化程度，提高本区域经济在世界经济格局中的重要地位和推动力。

中国国家主席胡锦涛在 2006 年上海合作组织成立五周年上

---

① 新华社 2006 年 12 月 28 日电。

海峰会召开前夕接受上合组织成员国记者联合采访时，就上海合作组织的发展前景发表讲话，表达了中国政府对上合组织未来发展所持的态度，概括了上合组织发展所取得的成就以及发展前景，他说："首先，上海合作组织各成员国地理相邻、历史相近、文化相通，有着传统的友好交往历史，开展合作具备得天独厚的优势。其次，上海合作组织各成员国都面临着推动经济社会发展、提高人民生活水平的现实任务，都面临着维护本国安全稳定的现实要求，都有通过本组织框架内各项合作促进本国发展、共同应对挑战的现实意愿。第三，经过5年的发展，上海合作组织已经建立了较为完善的组织结构和法律体系，各方面工作积累了重要经验，为下一步发展奠定了良好基础。"①

他重申："中国政府高度重视上海合作组织的建设和发展，这也是中国贯彻与邻为善、以邻为伴的周边外交方针、实现和平发展的必然要求。多年来，中方同其他成员国一起，共同推动加强睦邻互信，加大对地区经贸合作的投入，开展人文领域的交流和对话，为组织的建立和发展壮大发挥了应有的作用。我相信，在各成员国共同努力下，上海合作组织一定能成为一个团结更加巩固、合作更加务实、行动更加有效的组织，成为一个高举和平、发展、合作旗帜的组织。中方愿一如既往地为组织发展贡献自己的力量。"②

上合组织奉行的对外开放原则，致力于同其他国家、地区和国际组织开展各种形式的对话、交流与合作，积极参与国际问题的共同解决，已赢得了国际社会的一致认可。事实证明：上合组织在国际事务中影响力的快速提升，且发展潜力巨大，已经成为

① 中新网2006年5月30日电。

② 中新网2006年5月30日电。

一个在重力、引力、活力上都具有巨大能量的国际合作组织，使得越来越多的国家和国际组织纷纷与其建立起了各种不同的联系。上合组织观察员制度的建立迅速壮大了组织阵容，极大地拓展了组织对外国际合作领域的空间，迄今已先后与联合国、东盟、独联体、阿富汗建立了正式的联系，有效地促进了地区安全稳定与经济共同发展。目前上海合作组织正在洽谈与联合国开发计划署、亚太经合组织、集约组织、欧亚经济共同体、欧盟、世界海关组织和经济合作组织等建立联系和合作问题。可以说，上合组织在安全领域的国际合作正走向全方位舞台，趋于更加成熟。

技术标准竞争的权力结构限制与中国技术标准战略

杨 剑*

内容提要：技术标准意味着财富和国际权力，它不仅是世界高新技术产业竞争的制高点，而且是产业经营的高级形态。围绕技术标准的国际竞争日益成为市场主体间的技术、经济和政治的动态博弈。巨大的产业规模、创新研发能力、庞大的市场以及国际间讨价还价能力是制定并拥有技术标准的基本条件。中国技术标准战略具备成功的基本条件并取得初步成效，同时也面临着市场和标准制定体系两方面的权力结构限制。中国企业在国际技术标准体系中的地位只能通过符合权力结构的长期博弈逐渐得到改善。

* 杨剑，上海社会科学院世界经济研究所副研究员。

一、中国的技术标准战略的目标和成效

中国技术标准战略的核心任务是要提高中国技术标准的适应性和竞争能力。根据官方的规划，中国要在 2020 年左右彻底扭转其国际市场上标准进口国的地位，成长为一个技术标准输出国。提高技术标准的市场适应性是指：提高技术标准适应科技、贸易、产业和市场需求的能力，提高中国技术标准在国内市场和国际市场的占有率。提高技术标准的竞争力是指：通过有效采用国际标准，实质参与国际标准制定，自主制定具有中国知识产权的技术标准，提高中国技术标准在国际广泛采用的技术标准的份额。[①] 简而言之，中国的技术标准战略要使由中国企业发起、由中国政府支持的技术标准获得市场的认可，突破原有技术标准体系下的市场限制。中国要参与到国际技术标准制定的权力核心中，在技术标准制定的游戏规则中发挥中国的影响力。

中国政府在“第十个五年科技规划（2001—2005）”中将技术标准列为三大科技发展战略之一，在重要技术标准的研究方面，投资近 2 亿元人民币，选择了 19 个重点城市和 22 个企业，积极开展了技术标准的试点和示范工作。截止 2005 年底，科技部的“十五”专项共研制国际标准 30 多项：所属 ISO 和 IEC 标准 28 项，其中有 7 项已经发布；所属 ITU 标准 6 项，有 5 项已经发布。研制国家标准 1000 多项，研制并建立检测方法 100 多项。标准专项首批选择了第三代移动通信关键技术、高清晰度平

① 房庆、白殿一：“中国技术标准发展战略研究”，http：//www.chinabyte.com/173/2010173.shtml.

板显示技术、自动交换光网络和宽带IP技术、集成电路IP技术、中文信息处理关键技术等一批战略性自主核心技术标准进行研制，其中部分技术标准研制已实现重大突破，确立了中国在这些技术领域发展的主动权，对提高中国信息产业在国际竞争中的地位具有重要意义。[①]

在第十一个五年规划期间（2006—2010），中国政府更加重视技术标准战略的实施，在《国民经济和社会发展第十一个五年规划纲要》和《国家中长期科学和技术发展规划纲要》中均把技术标准战略放到了重要位置，提出了更加紧迫和明确的要求。技术标准已被视为社会发展和科技进步的重要技术支撑和提高国民经济竞争力的重要手段。科技部已将“关键技术标准推进工程”列为第十一个五年规划国家科技支撑计划重大项目。

单由政府主导的技术标准在快速变化的全球市场上被证明是难以维持的。政府只能起引导作用，企业应成为技术标准竞争战略的主体。中国的技术标准战略明确表示：企业应及时跟踪国际信息产业技术标准的发展动态，积极参与国际标准化活动，通过重大项目带动和市场化利益共享机制，建立组成技术创新联盟。[②] 相关产业内的企业通过自主制定的技术标准，增强核心竞争力，并快速转化为产业竞争优势。政府则应进一步推进标准化管理与机制创新，形成政府引导、以企业为主体的标准化运行机制。2003年7月10日，联想、TCL、康佳、海信、长城等12

---

① 刘恕：“点击科技部人才、专利、标准三大战略”，《科技日报》，2006年1月9日。

② 《信息产业科技发展“十一五”规划和2020年中长期规划纲要》，见中国信息产业网。http://www.cnii.com.cn/20060808/ca369689.htm.

家国内有代表性的高科技信息企业发起成立“闪联”工作组。[①]“闪联”联盟成员正在不断发展壮大，涵盖了从核心软件、芯片到网络的运营商、终端设备提供商在内的初步完整的产业分工和产业链条。“闪联”的成立标志着中国信息技术标准的企业联盟机制已经建立。

尽管中国技术标准战略成绩斐然，但必须承认，国家和企业从技术标准战略中获益尚不明显。1. 中国许多企业受海外市场和在华跨国企业的影响，对已经成形的中国相关技术标准认同度不高；2. 中国企业向外国企业颁发标准生产许可证的情况基本上没有出现；3. 国外企业也没有以这些标准进行产品研发和申请知识产权；4. 国际经济的利益分配没有因为中国的标准战略发生实质性的变化。中国技术标准在争取国际承认方面明显受到了信息技术产品市场结构性权力的限制，也遭受技术标准国际组织和发达国家的阻断。[②]

二、中国启动技术标准战略的动因

中国启动技术标准战略的动因与中国改革开放的阶段有关，

① 艾静：“中国正在着力打造技术标准体系”，《中国创业投资与高科技》2005年7期。

② 2000年大唐电信的TD-SCDMA标准被国际电信联盟正式确立为3G标准之一。由于缺乏技术标准持续对动力和市场的占有率，该标准被美国高通公司垄断的市场排挤。2003年5月中国发起了两项无线电网络技术标准（WAPI）并决定对无线局域网（WLAN）产品实行强制性产品认证，但受到了英特尔等厂商的抵制。2004年在中美贸易会谈中，中国作出妥协，同意将WAPI标准无限期延长。在国际标准化组织和国际电工委员会上，由于美英等国利用其在国际组织中的地位和操纵会议程序，WAPI获得国际承认的努力以失败告终。

与中国在国际分工和国际贸易中的地位有关。改革开放后，一方面大量的新产品进入到中国，另一方面中国的出口加工型的发展方式决定了新兴工业品的主要市场在西方发达国家。这时中国政府和企业在技术标准方面的工作重点是标准化和与国际接轨的问题。而目前中国技术标准战略的核心任务开始转向增强中国技术标准国际竞争力，积极应对技术性贸易措施。

（一）改变被动的国际分工地位和贸易地位

欧美和日本的技术标准在全球市场占压倒性优势，很容易把中国锁定在世界车间的地位。举例说明：中国是 DVD（数字高密度影音光盘）播放机全球最大的生产地，品优价廉。然而中国 DVD 的生产厂家每生产一台 DVD 需交专利费近十美元给国外 6C、3C 等技术公司联盟，[①] 因为中国厂家按照它们的标准生产 DVD 产品，必须支付相关的费用。中国 CDMA 手机的生产厂要向美国高通公司交销售额的 2.6%作为选用 CDMA 的标准并使用相关专利的费用。尽管中国开始参与了所谓的高科技产品的生产，但由于没有自主的技术标准，这样的产业仍然是依附性的低附加值产业。这对于一个拥有大量人才，以及巨大而统一市场，同时又处于技术迅速发展期的国家来说是难以接受的。

（二）摆脱对西方技术的过度依赖

中国企业在政府的支持下启动的技术发展战略，其动机就是要摆脱对西方技术的依赖。美国学者用技术民族主义（techno-nationalism）来描述这一现象。当新兴技术国家发现市场的开放

① 6C 联盟包括松下、日立、三菱电机、时代华纳、东芝和 JVC；3C 联盟包括飞利浦、索尼和先锋。

却导致本国企业被锁定在技术追随者地位上，整个国家则变成技术领先者产品的消费国时，新兴技术国家必然会不断采取措施来保护国内市场和提升当地企业创新能力。[①] 中国技术标准战略也因此产生。中国目前正处于产业结构的调整期，信息产业是中国沿海地区经济主要的增长点。如果本国的企业不能走向价值链的上端，不能获得技术上的溢出效应，就可能更加依赖西方国家的技术。这必将促使新兴技术国家重新审视其开放政策。[②]

（三）技术标准决定了财富流向

在知识经济和信息社会的大环境中，自主制定技术标准并为世界市场所接受是增加财富的重要手段之一。国家间的经济摩擦越来越从贸易控制转向专利、标准和其他知识产权问题，转向对人才和创意的自由流动的控制。国际之间、企业之间的技术标准之争就是经济利益之争。

从企业的角度来看，当它拥有了某一项市场适应性好的技术标准后，就可以向使用这一标准的其他生产厂商收取高额的标准使用费。这样，它不仅可以坐收由技术标准带来的额外收入，而且可以通过许可证的发放来限制其他企业进入该产品制造领域，从而减轻市场的竞争压力。微软和英特尔两家公司的联合，通过标准许可证颁发策略迅速扩大了市场占有。通过许可证颁发，它们允许别的企业使用其标准进行生产，看似让出了部分市场份额，实际上却控制了未来市场的结构，并获取了巨大的标准使用

---

① Richard P. Suttmeier："A new technonationalism?：China and the development of technical standards" *Communications of the ACM*，Vol. 48，Issue 4，(April 2005)，pp. 35—37. Original Source：ACM：Digital Library.

② 参见“中国参与国际分工的多层次战略”，载张幼文等著：《新开放观——对外开放理论与战略在探索》，人民出版社，2007年版，第217—249页。

费，保证了自身在该产品领域的领先地位。[①]

从国家角度来看，如果占有众多国际标准并掌握未来技术标准的制定权，就确保了本国企业在全球同行业市场的份额，而且在知识产权名义下可以用收取的巨额标准使用费为其高新科技的研发补充资金，获得更大的技术标准垄断优势。技术标准的垄断还可以压制它国技术创新的突破，使它国的人才涌向技术标准拥有国。20 世纪 90 年代美国新经济近十年的持续增长，技术标准的贡献率极高。因此，技术标准是一种重要的国家财富，也是国民经济增长重要的推动力。

三、中国技术标准战略面临的权力限制

从国际政治经济学（IPE）角度看，技术标准的全球竞争也是一场国际范围内的权力游戏。

(一) 标准、编码与权力

所谓技术标准，从形式上讲就是关于产品技术要素的一些成文规定。标准的建立，提高了关于产品和工艺信息的编码化。当技术标准作为一个社会的公共产品出现时，它使不同要素或系统之间通过遵守共同的标准体系而实现兼容互通，且构成设备系统有效运行的前提，有助于降低厂商之间、消费者和厂商之间的信息成本，起到了规范技术发展和提高经济活动效率的作用。但当

① Sangbac Kim and Jeffrey A. Hart: “The Global Political Economy of Wintelism”, In Information Technologies and Global Politics: The Changing Scope of Power and Governance, edited by James N. Rosenau, and J. P. Singh, p. 151. Albany, NY: SUNY Press. 2002.

技术标准是以产权面目出现和以竞争的方式出现时，其权力的内涵便更加浓厚。

权力是人类社会间的关系形式。它在生产和经验的基础上，通过潜在与实际运用的（实质的与象征的）暴力，将某些主体的意志强加他人。曼纽尔·卡斯特（Maunel Castells）在《网络社会的崛起》一书中阐述了编码与权力的关系。他说，真正的社会支配源自下列事实：即文化编码已经嵌入社会结构里的方式，使得持有这些编码便形同开启了通往权力结构的道路。① 德国哲学家尼克拉斯·卢曼（Von Niklas Luhmann）在其《权力》一书中用交往媒介理论来阐述权力的含义。他说，权力是编码指导下的交往。编码体系必须理解为以简化形式表达的非常复杂的结构的互动场景。编码体系本身就是权力形成的至关重要的先决条件。② 技术标准就是一种技术体系中的体现权力的编码。技术标准是人类生产和消费关系从工业时代发展到网络时代的一种权力关系。这种关系包括了控制和限制，是人类权力斗争达成的契约。这种契约有助于巩固存在于技术领域中的权力关系。

观察全球市场竞争，技术标准对竞争优势的影响力是显著的。仅靠创新、设计领先和价廉物美都无法保证一个企业或经济体的国际竞争力。占优势者属于那些能够创建技术标准并获得市场认可者。那些能够创建产品生产技术标准的经济行为体控制着广大的、快速流动的竞争性生产市场，占据着游戏规则制定和资源利益分配的权力优势。

---

① 曼纽尔·卡斯特著，夏铸九、王志弘等译：《网络社会的崛起》，社会科学文献出版社，2003 年版，第 18 页。

② ［德］尼克拉斯·卢曼，瞿铁鹏译：《权力》，上海世纪出版集团，2005 年版，第 36 页。

(二) 微观权力视角下的技术标准竞争

全球技术标准竞争的主要战场在信息产业。一方面信息技术产业是高附加值产业，是当今发达国家经济发展的重要引擎；另一方面信息技术及其产品有一些权力结构特质的技术特性和经济特性，它们使得技术标准的权力特征更加突出。

信息网络时代对技术标准中所体现的兼容互通性提出更高要求。信息技术产业大多数产品具有显著的网络效应和技术锁定效应。标准作为共同的编码使无数一致化的单元构成了庞大的网络系统。信息产品存在着互联的内在需要，因为人们生产和使用它们的目的就是为了更好地收集和交流信息。这种需求的满足程度与网络的规模密切相关。用户增加，每名用户承担的成本就会持续下降，导致信息交流范围扩大，用户获得信息的价值也增大。此时网络的价值呈几何级数增长。某种产品对一名用户的价值取决于使用该产品的其他用户的数量，这在经济学中称为网络的外部性或称为网络效应。网络效应包含着兼容和互补的需求。经济学分析表明，信息技术表现出明显的公共产品特性。[①] 以知识产权为基础的技术标准使利益分配的砝码从公共利益的一端向标准产权拥有者个体利益移动。

根据熊彼特（Schumpeter）竞争理论，创新来自于个人的企业家精神和厂商的研发投入，能鼓励他们继续下去的是超额利润的激励。如果模仿使技术得以扩散，超额利润就会下降。据此我们可以做这样的推论：技术的拥有者如果有能力提高模仿者的模仿成本，获取超额利润可持续时间拉长。一些跨国企业的技术标

① 参见马费成、靖继鹏著：《信息经济分析》，科学技术文献出版社，2005年版，第68—69页。

准战略就是要提高模仿的成本。技术标准的首创者让技术投入并不大的标准扮演重要的角色，在早期通过较低的价格和市场占有策略吸引更多的消费者采用其标准的系列技术产品，从而建立了安装规模。路径依赖可以使用户的转化成本提高，因而被锁定在永久消费者的位置上。技术标准知识产权化提高了模仿的成本，让其他的竞争者很难从他们手上获得市场份额。

知识产权化的编码保证了技术优势可以获取暴利。网络基础设备中接口的规格并不需要很高的资金和智力的投入，一旦它成为标准，同它所依附的核心技术创新，都可以在所谓的智慧产品交易中获得高额利润。标准相对于核心技术创新实际上是一个载体。对技术标准的控制就是对载体的控制。实际上在通用的科学知识和个人掌握的知识之间并不存在一个明显的边界，但知识的拥有者一定要控制这个边界。[①] 拥有知识产权的技术标准实际上为其核心创新划出了一个控制利益溢出的边界。“专利标准化、标准许可化”反映出这样一种权力结构。跨国公司通过技术创新和市场争夺在信息技术领域形成了许多事实标准（standard de facto）。跨国公司不愿将其公共产品化，反而将技术标准和专利紧密相连，让其成为具有明确产权特征的商品性的代码，技术标准变成跨国公司拓展权力和财富的新工具。

（三）宏观权力视角下的技术标准竞争

技术标准属于国际政治经济关系中的结构性权力（structural power）。结构性权力是指能够决定事情如何完成的权力，决定框架内游戏规则的权力。也就是说这样一种权力并不直接决定

① 马克斯·H. 博伊索特：《信息空间—认识组织、制度和文化的一种框架》，王寅通译，上海译文出版社，2005 年版。

物质权力的多寡，而是决定财富和物质权力汇聚的方式。[①] 技术标准不仅是世界高新技术产业竞争的制高点，而且是高新技术产业经营的高级形态。技术标准成为一个国家实行贸易保护的重要壁垒和非关税壁垒的主要形式。谁控制国际技术标准，谁就控制了国际市场和国际贸易利益的流向，这在高端技术产品的贸易中表现得尤其突出。对于制定者来说技术标准是获取并占有市场的工具，对于非制定者来说就是进入市场的壁垒。技术标准一旦确定，就具有事实上的强制性，就成为其他生产厂家进入市场的必要条件。

新技术领域技术标准的形成和确立，涉及到市场主体间技术、经济和政治的动态博弈过程。谁掌握了标准制定权，谁的技术就很有可能成为国际技术标准，谁就掌握了国际市场上的操纵权。为此，发达国家始终把国际技术标准战略作为经贸战略的核心，把领导、参与国际标准化组织的运作作为实施自身技术标准战略的重要组成部分。欧洲、美国、日本千方百计地在国际标准化活动中争取主动权和发言权，竭力在国际标准中体现本国利益。欧洲一直企图长期控制国际标准化组织，并不遗余力地将本国标准变成国际标准。美国在几个主要的技术领域承担或参与ISO、IEC秘书处的工作，努力使国际标准体现美国技术。[②] 美国国家标准与技术研究院（NIST）的专家认为："如果美国公司不参与国际标准的制定，他们就有可能发现国际标准的编写是为了符合他们竞争对手的产品规范。"[③]

---

① Strange, Susan (1988) State and Markets. London: Pinter Publishers. p. 25.

② 韩可卫："欧、美、日标准化战略分析"，《国际技术经济研究》，2006年第3期1—6页。

③ Jancsurak J: "The World of Standards", *Appliance Manufacturer*, Chicago (USA): Business News Publishing company, 1999.

当今世界发达国家依靠其科学技术优势制定出的技术标准数量越来越多，系统越来越复杂，控制市场的范围也越来越大，结果迫使相对技术弱国只能在其制定的标准下从事“委托生产和委托设计”。国际技术标准体系在帮助发达国家巩固优势地位的同时，进一步限制了其他国家创新的可能，增加其技术和经济上的依赖度和依附性。从权力意义上来说，技术标准所构成的技术依赖可以衍生出经济依赖，并扩展到政治依赖。所以，技术标准可以说是一种国际间的权力。

从国家和地区关系看，技术标准问题并不是一个单纯的技术问题或经济问题。在技术时代，它是影响一个国家或地区在全球权力和财富分配体系中地位的重要问题。一个国家或地区在一些重要行业是否具有制定技术标准和推行技术标准的能力，决定了它在国际经济格局中的地位和讨价还价的能力。

（四）中国技术标准战略面临的权力结构限制

无论是企业为争夺市场划分，还是国家为争夺技术经济的战略优势，技术标准都是一种权力。拥有者可以限制对手，使优势和财富向自已积聚。而尚未拥有者则始终是处于竞争的劣势一方。对于中国企业和企业集团来讲，能在世界主要市场上占有某个系列的技术标准，也就意味着中国在国际经济领域中的权力和财富的扩充。尽管中国在技术标准体系中处于竞争的相对弱势，面临着巨大的权力结构限制，但中国不愿意主动放弃竞争。

在信息技术领域，“先入为主、先行为法”是一条准则。中心国家和处于产业垄断地位的跨国企业往往是主导者和首创者(first mover)，掌握着标准制定、信息资源分配、利益保护等多方面的权力，并通过知识产权制度建立其在信息技术领域中的权力和财富占有的合法性。信息技术的基础设施是由技术元件构成，而中心国家是技术产品和技术标准的主要提供者和技术平台的拥有者。新兴技术国家和企业的发展受到了上述权力结构的限制，在全球新财富的分配格局中处于弱势。

相关技术标准的国际组织，是信息技术时代全球技术秩序的维护者，维持着全球信息技术设备兼容和信息交流的畅通。以发达国家为主体的技术标准国际组织在相当大的程度上也在维护发达国家及其技术企业的利益，对于技术落后国家和技术新兴国家的利益和正当要求则加以限制。

除了相关国际组织的限制外，现行的国际贸易体制也压制了新兴技术国家的技术标准战略的实施。1995 年 WTO/TBT 协议规定：各国制定技术法规、标准和合格评定程序时，应以已有的国际标准为基础，各国制定的技术法规、标准和合格评定程序不得对国际贸易形成壁垒。这样一个协议规定的指向是全球化，是贸易的自由化。但是，它也十分明确地表明了对已经形成的技术标准的权力结构的确认和保护。协议中规定的已有国际标准大多为欧、美、日的企业或企业集团所拥有，而新兴技术国家任何技术标准的出台都难免与现行的标准或发达国家正在研发的标准相抵触，国际贸易体系的规则都有可能以限制贸易自由化为由加以处罚。

四、以拥有技术标准的基本能力衡量中国技术标准战略

（一）拥有技术标准的四个基本能力

1. 规模生产能力。巨大的产业规模决定了快速打开并占据市场（fast-marketing）的能力。生产者在创建技术标准时要一

次性打开市场，而且有能力建立系列标准，并通过几次更新换代占领市场。

2. 技术创新能力。事实标准要通过技术创新和市场竞争赢得。技术标准并不独立存在，而是一定依附于某一系列技术产品之上的。技术标准的制定一定要与技术开发、自主创新相结合，要以自主的知识产权作支撑。离开自主知识产权的技术标准就起不到它应有的作用。

3. 巨大的市场容量。一个标准的被接受程度取决于市场的大小和容量。市场对于标准来说就好像是一个巨大的托盘，只有符合市场的标准才能被托起，只有被巨大市场托起的标准才具备与其他标准竞争、抗衡和谈判的能力。

4. 国际上讨价还价的能力。在政治经济一体化的时代，技术标准能否在国际市场上立足，往往要看有没有坚强的政治支撑。美国拥有自主技术标准的企业需要美国政府为其在全球进行服务。一方面许多美国大公司依靠技术标准开放与许可证颁发来获取利益；另一方面美国总统出访时常为本国新跨国公司与到访国进行所谓知识产权的谈判，要求对方国家让步。没有这样的能力，即使拥有了市场和制定标准的能力，在它国的压力下也得放弃，而且对其他无偿盗用标准者也束手无策。

（二）中国技术标准突破权力结构限制的策略

以上述四个能力来考察中国技术标准战略，可以说中国都具备，但都不充分。中国信息产业的产业规模和技术创新能力有很大增长，但还不足以维持一系列标准在市场的长期生存。中国拥有一个巨大且统一的市场，但全球化时代市场已经连成一片。而且中国技术标准战略的最终目的并不是仅仅保住中国国内市场，而是要获得国际市场的份额。经济发展、国力提升，致使中国在国家间贸易关系中的影响力日益增加。这些有助于提升中国在国际技术体系中讨价还价的能力，但国际技术体系中固有的结构还制约着中国的博弈能力。技术创新以练内功为主，市场竞争力和参与国际技术标准制定都是在与国际现行权力结构做博弈。中国企业在国际技术标准体系中的地位只能通过符合权力结构的长期博弈逐渐得到改善。在这个长期博弈的过程中，应当注意合理地运用策略。

技术标准战略的成功必定是经过长期的“努力—失败—再努力”的过程而取得的。博弈的过程也就是国际体系接受中国标准的过程。申请技术标准的国际认证本身是能力的象征。技术标准战略的重点不是取代现在通行的技术标准，而是使自己的标准在未来的新技术系统中为世界所接受。此前一切失败的博弈都可视作生存能力的训练。在全球技术标准界中，中国是一个新来者。站在技术先导国家的立场上看，这样一种战略是对原有权力核心的挑战，意味着在原来权力结构下的利益会出现重新分配。中国的技术标准战略是因制约而产生动力，而战略的实施必将遇到更大的制约。原有体系中几乎所有的权力掌握者都会对中国参加竞争产生排异反应。中国技术标准战略会引发外国以及国际组织联合对中国施压。当然中国政府也可以通过法律和行政手段进行反制。中国政府通过使用附加值税、政府采购和限制外国技术标准等手段在中国市场博弈，但这些仅仅是讨价还价的手段，而不是目的。

美国有学者看好中国在技术标准制定界的未来角色，认定中国已经开始学习在技术标准制定的国际机制中扮演一个成熟的角色。而且，国际社会也开始承认中国是一个合法的角色。未来几年发生在现行技术标准圈内的场景应当是：中国等一批新的竞争者不仅通过谈判影响技术标准的结果，同时也通过谈判的过程影响标准化的含义。[①] 其实这种讲法是给西方技术标准的优势企业和国家一个警讯，也给中国的技术标准指出了一个努力方向。

中国技术标准战略有突破重围的含义，但绝不是藐视游戏规则，而是在学习并利用游戏规则为全球化时代的中国经济服务。权力结构的不合理不是短时期内可以改变的。中国需要承认现行技术标准体系存在的合理性的一面，通过有效采用国际标准，提高中国产品和技术进入国际市场的能力。与此同时，通过参与国际标准的制定，特别是未来新的技术系统和针对华人消费市场的技术标准，使国际标准更多地反映中国企业的利益要求和技术特长。也就是说，对于目前已经成型的技术系统，中国要从规则的遵守者做起；而对于未来技术系统，特别是以中国为主要消费市场的系统，中国的企业就要成为规则和标准的制定者。

中国的技术标准可以以本国企业为核心，但不能以企业的国家归属作为边界。中国市场是开放的，也是与全球市场连通的，不能要求所有的国内企业拒绝采用已经获得认可的国际标准进行生产和销售。只有开放的标准才可能避免技术民族主义之嫌，避免出现西方企业和国家群起而攻之的局面。中国的技术标准战略不能以民族企业为"我群"而以西方企业为"它群"。市场接受度是技术标准成功与否的重要指标。西方的厂商中也有反垄断的竞争者，应当鼓励西方的一些企业从采纳中国技术标准中获得利益。当他们将与中国技术标准联合作为他们的市场开发战略时，中国技术标准战略就打破了所谓的技术民族主义的魔咒。而且如果西方企业采用中国制订的国际技术标准，也有助于中国企业获

---

① D. Linda Garcia and Kelsey Burns："Globalization，Developing Countries，and the Evolution of International Standard Setting communities of Practice"，China's Technology Standards Policy Workshop，Tsinghua University，Beijing，China，January 6，2005.

得中国以外的市场份额。中国政府也应当运用技术法规、标准认定等手段，扩大标准的使用范围，鼓励国外企业采用中国企业起草的新系统标准，减少标准的国家界限。

中国技术标准战略一定要重视企业的角色。企业除了依靠政府的支持外，一定要培养自身参与全球技术标准竞争的能力。企业是技术标准战略的主要收益者，也应当成为主要的起草者和推广力量。中国企业必须发展大规模生产能力和市场占有能力，技术标准中的独立技术含量应当逐步增加，而且不能将标准只停留在科研能力阶段。企业要学会利用信息技术的网络效应锁定广大的用户，并使技术后来者必须以此为标准进行相关生产。在扩大市场的基础上，政府积极配合提供公共服务，这样的技术标准战略才可能有很好的市场适用性。

马来西亚华人社会的发展

——建国以来华人领袖和华人社会的和谐理念与实践

吴前进*

内容提要：马来西亚华人社会是一个多层次、多侧面的社会，并不具有一种"集体人格"的一致性。然而建国以来，马来西亚的华社领袖和华人精英，在和马来族与印度族的共处与发展中，在多元文化的交汇中，不断致力于维护国家利益、民族团结与社会和经济的发展。文章认为，作为海外华人社会中一个独特的群体，马来西亚华人社会所选择的道路，不仅代表了一种中华文化和当地文化结合的努力，更代表着在全球化时代，华人群体于不断的跨国实践之后所采取的一种致力于本

* 吴前进，上海社会科学院亚洲太平洋研究所研究员。

土化方向的努力：和谐与共，务实开拓*。

一

马来西亚[①]是一个拥有2500万人口（2006年数据）的多种族、多文化、多语言和多宗教的发展中国家。独立初期，马来西亚面临着经济、政治和安全等多方面的问题和挑战。[②] 然而，50年后的今天，马来西亚国内生产总值已达1000亿美元，人均收入为4800美元，进入了发展中国家行列。[③] 建国以来，马来西

---

* 本项研究受上海市“浦江人才计划资助”。本文亦为提交厦门大学南洋研究院于2007年4月20—22日召开的“中马关系与马来西亚华人”国际学术研讨会的修改稿。

① 1957年8月31日，英国同意“马来亚联合邦”在英联邦内独立。1963年7月9日，英国、马来亚、新加坡、沙捞越和沙巴在伦敦签署关于成立马来西亚的协定。1965年8月，新加坡退出马来西亚，成立了新加坡共和国，同年9月16日马来西亚宣告成立。

② 其时，马来西亚人均收入仅227美元，大多数人受教育程度低，人口出生率超过3.5%，国家经济增长速度缓慢，年均增长率不到3.5%。参见马来西亚驻华大使达图·阿卜杜勒·马吉德：《中马关系与马来西亚的对外政策》，2003年7月17日在中国社科院亚太研究所“亚太论坛”所做的讲演。

③ 马来西亚驻华大使达图·阿卜杜勒·马吉德：《中马关系与马来西亚的对外政策》，2003年7月17日在中国社科院亚太研究所“亚太论坛”所做的讲演。值得指出的是，1997年的金融危机曾经给予马来西亚经济以沉重打击，但危机后，马来西亚经济很快恢复了积极平稳的增长。在1996年到2005年的10年间，马来西亚经济年均增长率为4.6%。2006年8月18日，马来西亚政府于公布的一份长期经济发展规划提出：在2006年到2020年的15年内，马来西亚经济年均增长率要达到6.3%，从而使马来西亚到2020年时跨入发达国家行列。新华社吉隆坡2006年8月18日报道。

亚国家建设所走过的道路，特别是政府团结多种族社会的成功经验，[①] 以及占本地总人口约三分之一的第二大族群华人给予政府的广泛支持与多方合作——此种相辅相成的过程，均令政府、学界、民众和媒体认真审视和评估国家政策之于华人族群的意义，以及华人族群之于国家建设和社会发展的作用。本文关心和论述的重点在后者，即马来西亚华人社会的发展经验，虽然它在世界各地是独特而难以模仿的，但终究显示了华人族群致力于把地方传统[②]（华人的民族文化）弘扬和贯穿到居住国历史和现实中的文化自觉和身体力行。马来西亚华人社会的发展，不仅取决于居住国政府施行多元包容的民族种族政策的结果，而且有赖于当地不同华人社群的主动适应与积极融入。其中，华人领袖和华人精英人物的思想和实践，对于华人社会方方面面的推动，无疑具有特别重要的意义。本文从政治、经济和文化三个层面简略考察建国以来，马来西亚华人社会之于政府政策的有效配合与主动作为，以显示全球化时代，华人社会在加强跨国性、[③] 实现政治作

---

① 马来西亚驻华大使达图·阿卜杜勒·马吉德《中马关系与马来西亚的对外政策》，2003 年 7 月 17 日在中国社科院亚太研究所“亚太论坛”所做的讲演。

② 王赓武教授在谈及马华社会的地方传统时，曾指出：“二次大战以后的马来亚，马来民族建立‘马来联邦’新兴国家后，他们的传统就被当作是国家传统的机制。马华社会的反应是，不再坚持‘华侨’概念，也不再认同中国的国家传统，而是以华人的民族文化，来争取平等待遇，标志认同马华的地方传统。”他认为，马华社会有很强的地方传统，如新山、槟城、霹雳、吉兰丹或东马等地，各自拥有不同的地方传统，他称之为“小传统”(Little Tradition)。这些传统有些是从中国传统中发展出来，有些则是从地方文化形成。见“政治体系差异所致新马华人传统不同”一文，摘自“新马华人：传统与现代的对话”国际学术研讨会，《星洲日报》，2001 年 7 月 3 日。

③ “跨国性”是指全球经济以及与经济相关的社会、政治、文化和阶级开始超越民族国家的界限。它是全球化的结果，也是世界资本主义体系发展中的“划时代变化”，代表着从资本主义的民族国家阶段向资本主义新的跨国阶段的过渡（参见：http：//define. cnki. net)。本文所谓的“跨国性”，指的是以华人为载体的一系列跨国行为、关系和制度的活动与安排，从而把相关国家连接起来的内容特征。

为、经济努力和文化交汇的同时，致力于本土社会改造的决心和努力。换言之，马来西亚华人的跨国性是以本土性为根本的，这是马来西亚华人社会的根本发展之所在。

二

二战结束以来，在东南亚国家中（除新加坡为华族执政外），马来西亚政府经过不断的经验总结，逐渐与当地的华人社会展开多层次、全方位的互动与合作。这些合作既是马来西亚政府团结多元种族社会的诚意，也是本地华族，特别是华社领袖和知识精英，致力于社会和谐的思想与实践。所谓“和谐”理念，对于大多数海外华人来说，属于一种海外中国人生存的处世哲学和生活态度。即通过自身的文化修养和行为方式，来处理与外部世界各个方面的关系，从而达到各自相安、互为协调、共同发展的双赢目的。儒家思想体系中的核心观念，人与人的和谐、人与社会的和谐以及人与自然的和谐，成为身处异地或陌生环境中华人的理想追求和生活目标。在儒家的思想体系中，“仁”是核心，“德”为基础，“礼”属规范。其中，“人和”是关键，是社会稳定和发展的基础。当然，“和”的观念并不是回避矛盾、不分是非，而是把矛盾冲突降低到最低层次，要求“己所不欲，勿施于人”，以及“求同存异”、“将心比心”，以争取广泛的社会团结。有史以来，和谐目标的达成，既需要有容乃大的胸怀，又需要有礼有节的斗争。[①]

---

① 萧栋梁：“论‘和谐社会’的思想渊源与国际意义”，http://hepingwenhua.com，2005年7月20日。

（一）以国家利益为重，寻求政治合作

就政治合作进程而言，马来西亚政府为本国华人提供了较为宽松的政策环境，这不仅令华人政党能够参与到政府组成的联盟之中，分享权力，而且能够在经济、文化和社会事务等诸方面赢得一定权益和地位。尽管这种政策是以“马来人优先为原则”和前提的，并遭致其他华人政党和一些社团的批评与非议，如：有关马、华两族长期存在的不平等法律地位，以及华人政党政治日趋边缘化的局面。然而无可否认，建国以来的马来西亚华人社会，虽然贫富有别，政治倾向和受教育程度不同，职业身份各异。但一个共同趋向是，他们都积极主动适应马来西亚的社会现实，融入和参与到这个大变革的时代背景中，成为多元种族社会的一分子。也就是说，对于马来西亚的政治认同和社会认同成为本地华人致力于社会和谐的价值基础。

马来西亚独立初期，华人社会面对种族主义势力，政治、经济、文化和社会均面临很大压力。但本地华人不屈不挠，以刚柔相济的方式应对难题。作为华人政党，马华公会[①]在与政府的合

① 马来西亚华人公会（Malaysian Chinese Association），简称马华公会（Party MCA），或马华（MCA）。马华公会是代表马来西亚华人的单一种族政党。因该党所有党员皆是由马来西亚华人和具有华人血统的公民组成，故定名为马来西亚华人公会。该党为马来西亚第二大党，党员有103万人。马华公会成立于1949年2月，起初为一个福利性组织，领导人为接受过英式教育的华商精英，故而常被视作是一个由华商组成的政党，但二十世纪七八十年代以来，接受过良好教育的专业人士进入领导层。一些华人把马华公会视为沟通华人与政府的渠道，相信华人的诉求可通过马华公会传达。另一些华人则乐于同华人反对党合作。马华公会视自己为政府内华人社会的喉舌、代言人，并积极妥善处理与另一个华人政党民主行动党的关系，争取共同为华人社会谋利益，避免内耗。参见朱陆民：“从制度视角看马来西亚华人的参政空间”，北京《世界民族》2005年第2期；黄家定：“马来西亚多元族群的政治——在厦门大学的演讲”，《南洋问题研究》2006年第2期，第4—12页。

作中，一方面根据宪法规定，坚持不懈地争取保存华人文化和华文教育的权利；另一方面采取中庸的思想和态度，接受政府在1970年以后实行的国家新经济政策。[①]因为这些华人领袖相信，社会公平是和谐的基础，调整贫富差距和收入分配制度，不仅是政府在社会公共事务中的作用和责任，也是马来西亚华人的社会道德和责任。因此，协助和配合政府解决社会不公，提高马来人的经济竞争力和生活水平，有助于华人和马来人关系的改善。对此，马哈迪肯定：马华支持政府新经济政策，使经济能力落后的土著得以分配到较多的财富，大大缓解了社会矛盾和种族关系的紧张。[②] 正因此，1997年经济风暴发生时，马来西亚没有发生邻国那样大规模的种族骚乱事件。国家稳定有助于经济复苏，而稳定来自巫统[③]和马华两个政党的合作。[④] 这种合作既是国家利益的重要内容，也是族群利益的组成部分。今日马来西亚是中国大

---

① “新经济政策”的提出是基于1969年“5·13”种族流血冲突事件。马来西亚政府认为那场悲剧的原因在于马来人对华人在经济上享有巨大利益不满所致。为了使马来人享有与华人同等的经济地位，打破马来人从事落后的农业经济、非马来人从事现代化的工商业经济的旧经济格局，使马来人逐步向工商业部门转移并在现代经济部门中所占的比重与其人口相适应。1970年起马来西亚政府推出为期20年的“新经济政策”。对于该项政策，历来褒贬不一。当时，马华公会支持政府的新经济政策，曾遭到华人社会的强烈批评，华人社会指责马华公会出卖华人利益。1969年“5·13”种族骚乱事件后，华人在马来西亚政府中的地位和作用不断消损，马华公会在华人社会中的威信一度降到历史最低点。然而，以历史眼光来看，“新经济政策”的确有助于实现种族团结，提高所有马来西亚人（不论何种族）的收入水平，以达到增加就业机会、消除贫困的目的。

② 关于马来西亚各个族群的经济地位的阶级性和种族关系，有不同观点。究竟是政府以种族关系替代事实上存在的阶级矛盾呢，还是阶级矛盾以种族关系的方式表现出来？由于缺乏更多的事实依据，此处暂不做讨论和分析。

③ 马来民族统一机构（The United Malays National Organization，简称巫统，UMNO），马来人政党，成立于1946年5月。马来西亚独立后，一直是该国执政党，亦是执政联盟“国民阵线”的领导党派。

④ “马首相盛赞华人经济表现”，（新加坡）《联合早报》2001年8月5日。

陆、香港和台湾之外，保存了最为完整的华人文化和华文教育的地方。当中国和平发展之际，马来西亚华人凭借其独特的文化优势，带动土著共同搭乘中国经济快车，无疑具有比其他国家和族群具有更多的优势和竞争力。[①]

马来西亚第二代华人社团领导人在总结过去 40 多年发展经验时特别强调："争取"、"包容"和"主动"是华人融入马来西亚社会的三个主题词。"争取"指的是在危机时期克服困难，尽力维护族群权益；"包容"是共生共荣，也是各民族之间友好相处的基本道理；"主动"则是直接向政府领导人和高层反映或交换意见，从国家利益角度说服政府领导人倾听和接纳华人的意见。[②] 2004 年，马华公会总会长黄家定在华人政坛刮起"儒雅之风"，建议党内领导层多读《论语》。他认为，孔子宣扬的"中庸之道、社会秩序、仁爱、君子的态度与生活方式"，适用日常生活，有助于社会稳定。所谓"修身、齐家、治国、平天下"意义深远。上任伊始，他就组织马来西亚 1200 所华文小学的所有中文教师及校长学习孔子学说，聘请中国大陆和台湾学者前来讲学，希望儒家学说能够在马来西亚华人中代代相传。至于马华公会在马来西亚国内的政治定位，他主张身段要柔软，做什么事都要考虑双赢和整体利益，且要扮演稳定角色，并成为经济建设的助力。他强调，马华公会一定要认清现实：马来民族是最大民族。一旦代表马来人利益的政党巫统发生分裂，那么对占人口第二位的华人社会就会构成威胁。在这

---

① 根据马来西亚官方资料，自 2003 年起，马来西亚已经取代新加坡，成为中国在东南亚地区的最大贸易伙伴国。顾长永："从区域的观点看中国与马来西亚政治经济关系的变化"，厦门大学《南洋问题研究》2006 年第 2 期，第 24 页。

② （马来西亚）钟来福："提升华侨华人生存发展能力 更好地融入当地主流社会"，广东侨网，2006 年 3 月 30 日。

种政治现实下，消除马来人的疑虑和猜忌，自然成为马华公会的努力目标之一。黄家定坚持认为：“要维持一种信任，让人知道我们是可以信赖的伙伴。”[①]

半个世纪以来，马来西亚华人社会正是在精英人物的推动下，秉持上述理念，积极参与政党合作，维护社会稳定，从而为华人族群赢得权益、地位和尊重。如今，马来西亚华人参政已形成一定规模，华人社会中既产生了代表自身族群利益的华人执政党（马华公会），也出现了为华人平等权利据理力争的华人反对党（民主行动党），[②] 还有代表华人社会各种诉求的社团组织（如马来西亚中华工商联合会、[③]“董教总”[④] 以及马来西亚中华大会堂联合会[⑤]）。它们共同构成马来西亚政坛的重要政治和社会力量。可以肯定的是，在东南亚国家中（除新加坡为华人执政外），马来西亚华人参政的

---

① 汪峰：“黄家定：用儒家文化与〈论语〉治党的马华公会总会会长”，北京《华声报》，2004年7月9日。

② 民主行动党（The Democratic Action Party），以华人为主的多民族政党。1966年3月成立，前身是新加坡人民行动党在马来半岛的分部。本届国会最大反对党。主席卡巴星（Karpal Singh）。民主行动党是温和的社会改革党，倡导建设一个社会公正、保障人权以及政治体制更民主、更开放的马来西亚。较之其他华人政党，民政党对马来西亚政治的多元种族融合的追求更执着。1969年种族骚乱爆发后，民政党加入“国阵”，对自称为执政联盟中华人社会代言人的马华公会的传统地位提出了挑战。在执政党联盟之外，民主行动党也获得马来西亚华人相当大的支持。估计约有一半华人选民投票支持该政党。引自中华人民共和国外交部网站，朱陆民：“从制度视角看马来西亚华人的参政空间”，北京《世界民族》，2005年第2期。

③ 1947年成立，主要由华人商会和业缘团体组成，在经济领域内代表华人族群。

④ 代表并领导华文学校的两个非营利民间文教组织的统称：(1) 马来西亚华校董事联合会总会（简称“董总”，1954年成立）、(2) 马来西亚华校教师会联合会（简称“教总”，1951年成立）。由于这两个组织长期在教育领域并肩奋斗，一般统称为“董教总”。

⑤ 1991年成立，在社会领域内代表华人族群。

成就和贡献显著而突出。

（二）以国家建设为本，促进经济发展

世界各国华人在经济上的作用，尤以东南亚国家的华人最为彰显。马来西亚是一个华商表现非常出色的国家，也是华人占总人口比例较高的国家。在这里，马来人提供了较好的环境，华人则提供了创业才能和经商技巧，这种共生互补关系，加强了马来西亚国家的繁荣、稳定与富裕。建国以来，马来西亚实行市场经济。政府的角色是制定战略目标和宏观经济计划，制定实现收入公正分配和消除贫困的社会经济行动计划，并为招商引资创造有利条件。在这种具有稳定预期的大环境下，马来西亚的外国直接投资迅速增长，本国的华族和非华族经济也得到长足发展。所有这一切不仅创造了国内就业机会，提高了人民的生活水平，而且减轻了世界经济不景对马来西亚的影响。[①] 此外，华族投资者在制造业方面取得的突出成就和贡献，令马来西亚从依赖原产品的农业国成功转型为工业国。他们把各类制造业产品出口到美国、日本和欧洲以外的新市场，大大加快了马来西亚工业化的步伐。与此同时，华人创办的中小工业以及开拓的出口贸易网，为国家创造了大量财富。马哈迪在盛赞华人经济成就时指出，“难得的是，马来西亚华人并不贪心，他们甘心同其他族群分享经济成果”，积极配合政府的经济政策，共同致力于国家的经济发展。马哈迪首相于1990 年正式提出“2020 年宏愿”之后，马来西亚中华工商联合会便在 1992 年 8 月召开的第二届马来西亚全国华人经济大

---

① 马来西亚驻华大使达图·阿卜杜勒·马吉德：“中马关系与马来西亚的对外政策”，中国社会科学院亚洲太平洋研究所“亚太论坛”讲演，2003 年 7 月 17 日。

会时响应建议，通过了加速改革华人经济管理制度、加强发展人力资源及促进与国内土著联营合作等10项重要决议案。许多商会带头人，更是为建设大马华商商会、促进华人团结、维护华族经济权益及推动与马来族的经济合作等事宜作出努力。他们主张，个人和企业应该在社会事务中扮演积极的角色，解决社会公平问题，也就是从根本上改善了人与人之间的关系问题。华人在经济领域与马来族的真诚合作，被政府视为是国家稳定、繁荣与富裕的一个重要途径。

2003年第七届世界华商大会[①]在马来西亚举行，得到了联邦政府的大力支持。主办单位马华工商联合总会认为：此举不仅有助于提示华人在马来西亚国家中的地位，更有助于加强马来西亚的国际形象，以利于吸引外资。马来西亚总理在主持开模式时坦言：今日东南亚各国和地区的经济活力，在很大程度上来自华人的奋斗与经营。东南亚近现代史中，华人虽然非政治上的主导者，但对发展工、农、商等经济活动、促进东南亚各国经济与西方工业国家接轨、融入世界资本主义经济体系和商品市场方面功不可没。

如今，跨国界的全球华商经贸网络，正在逐渐把华人族群和非华人族群有效地结合起来，共同致力于全球经济的发展与繁荣。在这方面，马来西亚华人积极利用民间社团的人际关系，编织了马来西亚与中国共同受益的经济网络。[②] 如中华商会已故会长王文彬先生和现任中马友好协会会长陈凯希先生，[③]

① 世界华商大会自1991年始，每两年召开一次，是全球各地华商促进交流合作的重要跨国平台。

② 唐玲玲："大马华社历史发展各阶段的功过评价"，2002年6月20日—7月4日在吉隆坡举行"马来西亚华社的回顾与前瞻"国际学术研讨会的论文。

③ 亦为马来西亚中国经济贸易总商会名誉会长、马中商务理事会贸易组主任。

以及马来西亚中国经济贸易总商会会长颜清文先生，[1] 均是致力于促进两国经济交流与合作的力行者。他们的一个共同观点是：中国与东南亚国家应尽量发挥彼此之间的互补性，华人在这方面的工作中可以发挥举足轻重的作用，因为马来西亚华人与中国的历史渊源决定了彼此之间关系容易沟通，也容易相互信赖。[2] 许多马来西亚华人及其社团正在成为架构中、马之间经贸往来、经济互补的有益桥梁。而包括马来西亚政府在内的东南亚各国政府，也已经把本国华人视为与北京、上海、广州和厦门之间商业往来的重要纽带。金狮集团是20世纪90年代第一批响应中国改革开放号召的马来西亚企业之一。1985年，钟廷森就随同前首相马哈迪访问中国，1986年、1992年，他又多次到中国实地考察投资情况，直到1993年正式在汽车、摩托车、轮胎、零售业等领域投资。同时，他鼓励中国民营企业“走出去”，投资马来西亚，加强两国的经贸合作。[3] 在马来西亚，政府不断寻求加强与北京的经济、政治关系。华裔马来人已经被本土马来人奉为企业家典范。2004年，为纪念两国建交30周年，阿卜杜拉·巴达维首相在访问北京时带去了一个庞大的代表团，政府希望借此加强与中国的经济联系。[4] 与此同时，越来越多有实力的中国企业已开始到马来西亚投资，并

---

① 颜清文，祖籍福建古田县，1932年生于马来西亚霹雳州，南洋大学文学士、新加坡大学法学士；1968年投资油棕种植业，历任第五届世界福州十邑同乡总会主席、马来西亚社团联合会总会主席、中国国家经济发展委员会顾问，获马来西亚最高元首赐JSM及丹斯理勋衔。

② 颜清文：“感悟苦难 成就事业”，中国侨网，2003年7月24日。

③ http：//www.chinaqw.com.cn/news/2006/0622/68/33455.shtml，中国侨网。

④ “华侨连接中国和东盟”，《日本时报》，http：//www.chinaasean.org，2005年3月1日。

受到当地欢迎。中、马双方都希望通过共同努力，使两国在贸易、投资、信息通信、金融保险及旅游等领域的合作不断扩大，实现两国领导人确定的2010年双边贸易额达到500亿美元的目标。[①] 目前，两国都在“东盟—中国”和“东盟—中日韩”框架内，探索有利于加强双边和地区性合作的新途径。马来西亚华人经济发展所走过的道路，表明族群经济作为居住国国家经济的一部分，正在成为居住国和祖籍国致力于经济合作与互补的共同期待和地区经济关系发展的特殊纽带。

（三）以民族教育为本，倡导多元文化

长期以来，马来西亚华人社会就有维护和重视华文教育的传统，[②] 并以此团结和凝聚各个阶层的华人族群，不忘中华文化的根本。正因为此，马来西亚华人的汉语水平，在中国大陆、香港和台湾之外，整体水平最为优异。

所谓“华文教育”，指的是由华文学校提供的以华语为主要教学媒介用语的学校教育。[③] 在马来西亚，97%的华人家长都会把孩子送到华文学校就读。目前，马来西亚有1290所华文小学（约63万学生）、60所华文中学（又称“华文独立中学”，约5.3万学生）、3所民办学院（设有中文系，约4000学生）。华文小学虽已纳入国家教育体系，但政府拨款不足，仍需靠华社筹款建设。至于60所华文独立中学及3所

① “中马经贸联委会举行第七次会议”，《国际商报》2006年12月20日。

② 马来西亚第一所华文学校创办于1819年，至今已有188年的历史。这是一部马来西亚华人经过几代人努力，仍然保有完整的从幼儿园、小学、中学到大专学院完整母语教育体系的奋斗史。

③ 在华文学校，华文为第一语文，而国文（马来文）和英文则为第二语文。对马来西亚的华裔子弟而言，华文教育就是他们的母语教育。

学院（分别为南方学院、新纪元学院及韩江学院），则属完全由华人社会出资创办、维持和发展的非营利教育机构。[①]许多人承认，马来西亚华文教育有今天的发展成果，主要由于华人政党马华公会的不懈坚持，以及“董教总”为代表的华人社会的全力以赴。几十年来，他们活用儒家学说、孙子兵法等先贤智慧，在国家政策许可范围内，努力为华文学校的生存和发展营造有利条件。可以说，中华传统文明以及儒家思想的源头活水正在通过华人族群的使命承担，传承和传播到马来西亚华族社会的方方面面，并成为居住国多元文化的一个有益组成部分。然而，基于马来西亚政府的语言文化与教育政策一直没有放弃贯彻“最后目标”的努力，[②]导致马来西亚华人社会仍面临着为争取华族语文、教育和文化等方面的权益，促进多元文化发展而持续努力的问题。同时，这种持续的努力也带来了另一个质疑，即华人是否“走不出华文社会”，缺乏主动了解本土文明的心态而“自绝于大马社会”的疑问。[③]换言之，本地华人如何融入马来西亚的历史，关注马来西亚当下的政治与文化问题，在新世纪通过华

① 目前，马来西亚的华人社会，每年至少要捐2亿马币，方可维持所有华文学校（小学、中学及学院）的办学经费。莫泰熙：“英文教育回流对马来西亚华文教育的挑战”，http://www.djz.edu.my，2005年8月26日。

② 所谓“最后目标”，指马来西亚国家最后只有一种源流的学校——“国民学校”，以马来语（国语）作为主要的教学媒介语。其他族群的语文，如华语和淡米尔语等只能作为一种外语来学习。官方理由是，华文小学和淡米尔文小学的存在是国内种族两极化的根源。为了“国民团结”，除了国民学校，其他源流的学校应被限制发展，最后与国民学校合并。2000年提出“宏愿学校计划”，即三种源流学校置于同一个校园，以逐步实现“最后目标”。参见：梁俊琳：“马来西亚华社的华教精神”，（马来西亚）《光华日报》，2001年9月13日。

③ 郑文泉：“华文社会 自绝于大马社会?”（马来西亚）《南洋商报》2001年12月1日。

人精英的自省重新提上了议事日程。

事实上，马来西亚华人文化的发展也走过了一段从突出族群文化到重视多元文化的道路。1983年，马来西亚华团领导机构召开文化大会，发表宣言，提出建设国家文化的六大基本观点，探讨华人文化在国家文化上的发展空间，推动各州的华团领导机构每年轮流举办“全国华团文化节”，促进相互团结。1991年马来西亚中华大会堂联合会成立，承担起推动发展华人文化的大任。1993年华人社团在对华族文化发展方向做出新的总结时提出：“创造大马华族文化的独特性，提升华族文化内涵，促进文化交流，贯彻开放、多元化、国际化的文化概念，致力于使华族文化为国人所接受及认同，并引以为荣”的主张。1996年3月，马来西亚首次举办具有重大影响的“回儒对话国际研讨会”，来自中、美、日以及本土的11名专家学者发表了专题演讲，探索回、儒两大世界文明在过去和现在的共同点、面临的问题和解决途径。马来专栏作家加化·拉欣在总结多种文明时特别指出：孔子的思想和哲学是世界的，完全不受种族和国界的限制。[①] 2001年，马来西亚华人文化协会出版《当代马华文存》10巨册，收录了自1980年至1999年共20年有关政治、经济、文化、教育、社会五大领域的评论佳作，为马来西亚华人社会留下珍贵的历史记录。[②] 所有这一切文化努力，都显示了在全球化的背景下，华人立足本土、致力于不同文明对话，以及多种文明交汇的“马华文化”特性的形成。马来西亚华人在争取

① 吴文华：“中华传统美德在东南亚华人中的传承和弘扬”，中国致公党福建省委会《福建致公》，http://www.fjzg.org/jyjl/2004/chuantonghunyan.htm.

② “大马华族发扬中华文化的点滴经验”，光明网，2006年3月21日。

自身文化权益和凝聚华人社会力量同时，也致力于把华人文化的地方传统凝聚到国家文化的大传统中，从而从根本上促进了马来西亚多元种族社会的持续繁荣和文化发展，令华人族群真正成为马来西亚文化的共同缔造者之一。

马来西亚华人文化的发展，有助于中马两国在文化、教育和旅游等方面的民间交往和交流。近年来，“中国热”（普通话班、中餐、华文报纸、华语广播和电视、中国音乐、电视连续剧在当地越来越受欢迎）在东南亚社会和华人中持续升温，令马来西亚的华人文化更加多姿多彩。如今，每周往返两国间的航班达100多架次。2004年，中马双向游客约130万人。在马来西亚留学的中国人约有1.2万人，[①]另有约800名的马来西亚人在中国大陆各大学学习。这些年轻人通过相互学习和文化交流，胸襟不断开阔，他们会在两国关系的未来发展中发挥特殊作用。

综上而言，建国以来的马来西亚华人虽然历经风雨、时有忧虑，[②]但作为华族公民，他们认同马来西亚，并以其政治适应、经济发展和文化融入的不断实践，体现马来西亚华人之于国家发展的意义——融入主流、贡献社会，为自己心

---

① “新一届马来西亚中国留学生联合会成立”，中国驻马来西亚大使馆网页消息，2007年3月21日。

② 忧虑之一在于：马来西亚华族人口持续下降。华族人口比例从1957年的37.2%减少至2000年的25.5%，而且还在下降。有估计，到2100年，华族将只占5.5%；除非华人以聚集型的社会存在，否则华语将逐步消失。忧虑之二在于：种族主义阴影挥之不去，阻碍华人社会发展，马来西亚是一个多元种族的社会，但华族还是生活在自己的圈子里，不能冲破种族的隔膜。忧虑之三在于：华族对国家政治的参与被日益边缘化。马来西亚多元种族政体的发展，令国家权力日益集中在马来人政党巫统所主导的少数精英手中，华人政党的地位逐渐被削弱。上述评论，散见于各类论文和新闻报道中。

目中理想的马来西亚国家而奋斗。

三

马来西亚华人占本国人口比例较高（26%），而且拥有一定的政治、经济和社会文化权利。尽管如此，他们仍有一个与主体民族——马来族的长期磨合过程。故此，马来西亚华人社会的发展经验可概括为：政治协商，互利合作；和谐公正，共同繁荣；多元包容，相互欣赏。韩方明博士在研究马来西亚华人特性时，提出了“华人三重性”[①]的观点。笔者以为，华人三重性的复合特征，准确地刻画了马来西亚华人在东南亚地区的独特性和历史性。华人社会始终面临自我和他者关系的认定与被认定。从东南亚视野看：马来西亚华人社会的发展，为区域内各国民族种族关

① “华人三重性”指的是马来西亚华人在历史上形成并不断演变至今的中华性、本地性和国际性。作者认为：马来西亚华人是这三种属性的统一体，忽视或者突出某个属性以及对不同属性的误解都是造成华人困境的根源。中华性是指马国华人具有的与中华民族之间存在的多层次关系的属性，它随历史发展而变化，总的趋势是逐渐减弱。但是，这种属性有时被马来人以及政府过度重视，甚至认为中华性一直占主导地位；本地性是指华人具有的与本地民族之间存在的多层次关系的属性，总的趋势是不断增强。但是，这种属性有时被马来人以及政府所忽视；国际性是指马来西亚华人由于自身的多国经历而形成的属性，总的趋势是不断增强。但是，这种属性有时被马来人以及政府误认为是中华性。详见韩方明著：《华人与马来西亚现代化进程》，商务印书馆，2002 年版。

系的和谐发展做出了示范；[①] 从中国视野看，马来西亚华人作为跨国社会经济力量的组成部分，是国家关系发展的民间友好力量之所在；从本土视野看，马来西亚是一个旨在促进多元种族巩固、稳定与发展的社会，本国华族毫无例外地认同马来西亚的建国历史，并为此奋斗！

值得指出的是，马来西亚华人的和谐理念不是与生俱来的，而是在参与马来西亚建国的历程中磨炼出来的。换言之，本地华人的斗争哲学有历史，也有传统。但马来西亚建国后，他们中的大多数人开始意识到国家和平发展的重要性，认识到现实环境的改变所导致的个人信念和生活方式的必然转变。尽管马来西亚华族政党对于政府和社会有种种批评和不满，甚至有不合作的历

① 然而，对于马来西亚社会种族关系现状，著名学者林德宜给予了尖锐批评。他指出，必须将种族从政治制度里分割出来，解散国阵，成立非种族政党。因为政治人物巧妙地把国内的阶级问题包装成种族问题来谋取自己的政治筹码。而令他感到尤为失望的是，政府一边禁止跨种族与宗教对话，另一边却默许极端的政治人物和公务员肆无忌惮地发出沙文主义言论，毫无顾忌。政府狭隘的建国宏愿，如单一国家语文、文化与服装等，都是改善种族关系的绊脚石。同样，对于马来西亚种族政治的现实，国民大学马来西亚与国际研究所（IKMAS）高级研究员苏米（Sumit Mandal）认为，倘若人民对历史和社会现实具有更深入的了解，就有助于打破目前以“马、华、印三大民族”为框架、族群界限分明的僵硬社会认知。而要做到这一点，就必须重新编写国家历史，重组长期以来以种族利益为基础的历史视野。但是，政府的意图却与人民的愿望、现实的需要背道而驰。这是非常悲哀的事实。（详见人民公正党中文网 http：//cn.keadilanrakyat.org，2007 年 3 月 31 日）。尽管学者以种族问题直指批评政府政策，但 2006 年 9 月针对李光耀有关“华人被有系统地边缘化”的言论，他们还是认为，虽然这种情况存在，但整体现状其实并不是很严重。有一些人士肯定，和东南亚其他地区散居的华人比较而言，马来西亚华人的处境真的不错。另外，人民公正党（National Justice Party），1999 年 4 月成立，其前身是 1990 年注册的伊斯兰教社会联盟，旨在联合各政党和非政府组织力量，抗衡政府，争取公正。2003 年 7 月，国民公正党决定与反对党人民党合并为人民公正党。党主席为原公正党主席、前副总理安瓦尔夫人旺·阿兹莎（Wan Azizah），署理主席为原人民党主席赛义德·侯赛因（Syed Hussin）。

史，但最后他们都不约而同地承认，在一个逐渐迈向民主的社会中，在一个比较开明的国家中，马来西亚华人的处境不能说十分理想，却是令人珍惜的。这是马来西亚华人历经半个世纪奋斗争取来的，也是马来西亚历届政府领导人所秉持的宗教宽容与和谐精神促成的。进而言之，和谐的理念和实践，不仅仅存在于马来西亚华人领袖人物、各个政党和不同社群的共同意识和行为方式中，也存在于整个东南亚的华人社会中——只是这种文化的普遍性没有能够在各种特殊性的环境中找到合适的土壤，马来西亚社会的独特性在于政府领导人[①]经过不断的经验总结之后所采取的较为务实而有效的族群团结目标。[②]

当人们寻求和谐理念及其实践效果时，马来西亚华人社会所具有的典型意义在于经过族群矛盾的冲撞与冲突所造成的流血和牺牲之后，和谐共处的愿望与行为成为共识。虽然马来西亚社会仍然面临许多问题，华人政党和社团也有激烈批评。但令人鼓舞的是，人类普遍理想的历史脉动和永恒追求仍然可以从地区社会的局部发展中得到生命力的呈现和跃动——马来西

① “建国以来，马来西亚一直实行稳定而有效的民主制度，并且已进行了10多次党派选举。各党派虽然在一些问题上存在不同看法，但都能在一个富有成效、且具有容忍精神与相处融洽的政府中顺利地工作。马来西亚政府历任领导人的行动已为包容的、权力共享的政治文化的形成奠定了基础。这种权力分享机制，也是马来西亚政府的‘联盟’概念（独立后长期执政的国民阵线目前是由15个成员组成的政党联盟），它对于维护政治的稳定性和战略规划的连贯性发挥了重要作用。”详见马来西亚驻华大使达图·阿卜杜勒·马吉德：“中马关系与马来西亚的对外政策”，2003年7月17日在中国社科院亚太研究所“亚太论坛”所做的讲演。

② 2006年9月15日在莱佛士论坛上，新加坡资政李光耀说：“马来西亚和印尼的华人被有系统地边缘化了。”对此，马来西亚前首相哈迪虽然做出了强烈的反应，但同时也表示了理性的一面。他说：“李光耀的谈话让我们警惕，即我们一起治理和推动国家发展时，需确保没有族群感受到被边缘化。”北京《环球时报》2006年9月28日第3版。

亚华人社会的发展经验，在于华人领袖、精英人物和华人社会不同群体致力于社会和谐理念目标的共同实践——而这正是地区内国家关系长期发展、友好深入的基础所在。

负责任大国的理论探索

安全困境与集体安全困境

周士新*

内容提要： 安全困境的产生和持续存在是国家之间对对方实力和意图不确定性和将对手威胁最大化以及自身安全最小化的一种恶性反应。经典与主流国际关系理论从各种视角对安全困境进行了有力的阐释。集体安全作为减弱安全困境的重要理念，仍然难以摆脱安全困境的桎梏，在维持国际和平与稳定等方面仍然存在着极大的局限性和脆弱性。只有健全集体安全机制，减弱或消除产生安全困境的因素，才能够促进集体安全的效能，缓解国家之间的安全困境。

国际关系现象和理论始终存在着诸多难以解决的矛盾。许多理论只是对某一特定现象的特定解释，并尝试性地提出一些解决的建议和方案。问题的提出和解决似乎成为国际关系理论的两个基本功能。然而，纵观国际关系发展史，至今仍然存在着与历史上极为相似的甚至相同的政治悲喜剧。历史不可以重演，但诸多

* 周士新，上海外国语大学国际关系专业2005级博士生。

历史现象的实质却极为相似，这势必应该引起人们的深刻反思。同时，国际关系新现象层出不穷，从而促进了国际关系理论的深入发展。（新）现实主义、（新）自由主义、建构主义等等所谓的理论或理论范式的提出证明了人们对国际关系认识的逐渐深刻。

安全困境既是国际关系中学界普遍存在的一种现象，也是国际关系理论研究的一个重要范式。自从约翰·赫兹于1951年提出该概念以来，对此范式的研究逐渐深入和深刻。学界普遍认为：由于国际体系无政府状态的存在以及对自身安全的担心，国家之间往往陷入互信缺失之中，对其他国家发展实力的意图和不确定性使得国家之间竞相发展自以为防御性的实力以寻求自保。由此，国家之间陷入了维护自身安全利益的困境。这种困境因国际体系无政府状态的无法改变而难以消除。作为希望减弱甚至消除安全困境的一种重要途径和手段，集体安全已经成为国际社会众望所归的国际机制。本文拟从安全困境和集体安全的概念出发，力图阐明二者之间的关系以及发展趋势。

一、安全困境的经典性诠释

安全困境并不是现代国际关系的产物。伯罗奔尼撒战争的发生就是斯巴达出于对雅典不断壮大实力的一种恐惧，将雅典视为对自身安全的威胁。尽管雅典可能对斯巴达并无恶意，但是斯巴达已经陷入了一种对如何保障自身安全的困境。为了消除安全威胁，斯巴达率先发起了战争。[①] 这是一个经典的安全

① （古希腊）修昔底德，徐松岩、黄贤全译：《伯罗奔尼撒战争史》，广西师范大学出版社，2004年版。

困境导致国家之间发生战争的事例。然而，这种对安全困境的体验一直影响着各个时期每个国家领导人对内对外的政策决策。

按照国内外学术界普遍认同的观点，“安全困境”一词的首创者为美国政治学家约翰·赫兹（John Herz）以及英国历史学家赫伯特·巴特费尔德（Hebert Butterfield）。赫兹认为，国际体系的无政府状态是导致国际关系中安全困境的主要原因。在这种情况下，国家在功能上的相似性使得国际体系中缺乏超越国家权力之上的、能规范国家行为和保护国家安全的权威。这导致国家之间的相互怀疑和恐惧，迫使国家之间为寻求更多的安全而进行激烈的权力竞争。也就是说，对他国意图不确定的猜疑以及由此而产生的焦虑使得国家始终处于困境之中，为了摆脱这种困境，国家陷入了对自身安全的不懈追求之中，不得不寻求更多的权力和增强自身的安全系数以避免他国的影响。这反过来又给他国带来更大的不安全感，迫使他国做最坏的打算。由于没有任何国家能够获得绝对的安全，权力和安全利益的竞争难以避免与消除。因此，恶意的安全和权力积累就会持续不断，安全困境层层递进。[①]

罗伯特·巴特菲尔德更多地是从人类学和生物学的角度来诠释安全困境。他认为：安全困境来自于人们对于一种“霍布斯主义的恐惧”，在国际关系中，每一个国家都不希望发生战争。但是相互之间难以准确判断对方行为意图，由此每一个国家对其他国家都有一种难以摆脱的恐惧心理。你知道自己对其他国家并无

① John H. Herz, Political Realism and Political Idealism, Chicago: Chicago University Press, 1951, p. 3; International Politics in the Atomic Age, Columbia University Press, 1959, p. 231.

恶意，除了寻求保障自身安全利益外，你并无他求。然而，对方无法准确地了解你的意图，因此绝对不会像你一样对这种意图感到放心。[①]

英国学派的代表人物之一的里·布赞认为："当国家为自身寻求权力与安全时，很容易威胁到其他国家同样对权力与安全的诉求。"[②] 布赞认为：对威胁、脆弱性以及安全的感觉与其说是存在，倒不如说它们是被社会建构而成的。某一国家行为体被其他国家行为体界定为敌人、竞争者还是朋友，或者该国家将其他国家界定为敌人、竞争者还是朋友，都直接影响着一个地区的安全态势。[③] 布赞曾提出"成熟的无政府"（mature anarchy）的概念，认为一个"成熟的无政府"将是一个高度有序和稳定的体系。在这一体系中，国家将能够享有更大的安全感，这种安全感不仅来自于国家内部的力量和成熟，也来自于规范它们之间关系的制度化规则的力量。[④] 布赞思想的核心就是用制度和规范改良国际关系的无政府状态，减弱国家间对相互意图的不确定性，从而达到缓解安全困境的目的。

罗伯特·杰维斯（Robert Jervis）认为，安全困境是无政府国际体系的固有特征。当一国寻求增加自身安全而采取的大多数

① Robert Butterfield, History and Human Relation, London: Collions, 1951, p. 21.

② Barry Buzan, People, States and Fear: an Agenda for International Security Studies in the Post - Cold War Era, Hemel Hempstead: Harvester Wheatsheaf, 1991, p. 295.

③ （美）巴里·布赞著，朱宁译：《新安全论》，浙江人民出版社，2003年版，第78页。

④ Barry Buzan, People, States and Fear: an Agenda for International Security Studies in the Post - Cold War Era, p. 177.

手段具有不经意间损害他国安全的效果时，安全困境就会发生。[①] 安全困境存在两种模式：威慑模式（deterrence model）和螺旋模式（ spiral model），两种模式的不同之处在于对手的意图。在威慑模式中，对手的意图是恶意的，只有威慑对手，自己才可能保证自己的安全。这种模式强调这样一种观念：一个国家在所有问题上都应该表示出一种能够解决问题的信心，因为在与其他国家打交道时任何的弱势都可能被对手所利用。而螺旋模式强调的是政治家做出决策的环境，国际关系中的无政府状态迫使政治家为自己的国家提供安全保证。决策者如果相信对手的行为是出于自我考虑，就会认为没有必要采取针锋相对的态度对待对手的军备和敌意。[②] 对对手意图的不确定性和由此引起的恐惧使得双方都想获得更多的武器，导致了军备竞赛。

罗伯特·杰维斯和肯·布斯（Ken Booth）试图从进攻—防御的视角解读安全困境产生的原因。他们认为，防御性武器和政策能否与进攻性武器和政策区分开以及哪一方拥有防御或者进攻优势是决定安全困境存在与否的重要决定因素。经过缜密的论证和分析，杰维斯认为如果能满足以下两个条件，那么特定的均势态势将能够缓解安全困境：1. 在战争即将爆发时，防御力量必须被认为拥有优势；2. 一个进攻性态势必须能与一个防御性态势区分开来。[③] 问题在于，进攻性与防御性力量难以区分。即使各个国家都认为自己寻求的是一种防御性力量，表示没有进攻的

---

① Robert Jervis, "Realism, Game Theory, and Cooperation," World Politics, April 1988, p. 317.

② （美）罗伯特·杰维斯著，秦亚青译：《国际政治中的知觉与错误知觉》，世界知识出版社，2003 年版，第 83 页。

③ Robert Jervis, "Offence, Defense, and the Security Dilemma", World Politics, January, 1978, pp. 186—214.

意图，也可能会被别国认为是进攻性和侵略性的，从而加剧了各方的“安全困境”。

罗伯特·杰维斯还认为：由于无政府状态是国际关系的永久特征，“安全困境不能消除，而只能加以改良”。[1] 国家不必发展多种形式的有利于缓解政治冲突的合作性谅解，即“安全困境下的合作”，也有可能摆脱安全困境。[2] 他主张建立一种安全机制（security regime），对国家间的权力竞争施加某种规范性限制。在这个机制中，各个国家都认同一定的准则、规则和原则。[3]

二、安全困境的主流理论诠释

（新）现实主义认为，国家之间的安全困境是国际体系的无政府状态决定的。无政府状态导致了国家之间对对方实力和意图不确定性的猜疑和恐惧。新现实主义的代表人物肯尼思·沃尔兹（Kenneth N. Waltz）从体系的结构与单元的关系出发进一步探讨了安全困境。在沃尔兹看来，国际体系的基本特征是无政府状态。也就是说，在主权国家之上没有共同的最高权力，政府之上无政府，国家与国家之间是平行关系。在一个无政府状态的国际体系中，国家行为受到体系结构的约束。安全成为国家关注的中心，只有在生存得到保障后，各国才可能放心地追求安宁、利润

① Robert Jervis, “The Security Regimes,” International Organization, Spring 1982, p. 178.

② Robert Jervis, “The Security Regimes,” International Organization, Spring 1982, p. 174.

③ Robert Jervis, “The Security Regimes,” International Organization, Spring 1982, p. 178.

和权力等目标。[①]在安全困境状态中，各国都无法确知彼此的意图，每个国家都是自己事业的最后评判者，任何国家都可能在任何时候运用武力推行自己的政策。[②]为了安全，各国便将自己武装起来，而在这样做时，恶性循环便形成了。各国出于安全考虑将自己武装起来以后，感到更加不安全，因为保护任何一国安全的手段都对其他国家构成了威胁，而后者又转而武装起来作为对前者的反应。[③]

结构现实主义认为：国际关系的无政府状态决定了国际体系是一个自助体系，在自助体系中，国家之间的互相疑惧是不可避免的。即使在核时代，国际政治仍然处于自助的角斗场，核武器决定性地改变了一些国家如何为自己和他国的安全作出选择，但是核武器并没有决定性地改变国际政治体系的无政府结构。[④]

进攻性现实主义的代表人物、美国国际政治学家约翰·米尔斯海默（John J . Mearsheimer）认为：安全困境的实质是一个国家用来增加自己安全的测度标准常常会减少他国的安全。在"无政府状态下，一个国家的最佳生存之道是利用其他国家，牺牲他国之利，为自己获取权力。最好的防御就是一种有效的进攻"。[⑤]由于这一信息被普遍认同，无休止的安全竞争连绵不断。

---

① （美）肯尼思·沃尔兹著，胡少华、王红缨译：《国际政治理论》，中国人民公安大学出版社，1992年版，序言第2页。

② （美）肯尼思·华尔兹著，倪世雄、林至敏、王建伟译：《人、国家与战争——一种理论分析》，上海译文出版社，1991年版，第138页。

③ （美）肯尼思·沃尔兹著，胡少华、王红缨译：《国际政治理论》，中国人民公安大学出版社，1992年版，第225页。

④ Kenneth N. Waltz, "Structural Realism after the Cold War", International Security, Vol. 25 Issue 1, Summer 2000, p. 5; Nuclear Myths and Political Realities, The American Political Science Review, Vol. 84, No. 3, Sep. , 1990, pp. 731—745.

⑤ （美）约翰·米尔斯海默著，王义桅、唐小松译：《大国政治的悲剧》，上海人民出版社，2003年版，第48—49页。

进攻性现实主义否认大国有建立世界霸权或世界帝国的可能，坚持“安全困境”是无政府国际体系中的一种常态，任何大国即使是霸主国都只能始终在“安全困境”的环境中通过追求权力和进攻来求得安全。[①]

新自由主义也认为：安全困境的产生，同国际政治的基本特征，即无政府状态，或国家之上缺少一个政府，是密不可分的。在无政府状态之下，一个国家追求安全的个体行为可能导致所有的国家更不安全。如果一个国家增强其势力以确保自身的安全不受另外一个国家的侵害，那么第二个国家在看到第一个国家变得更加强大后，可能也会增强自己的实力，以防备第一个国家。这样一来，每一方增强自己的实力，以确保自身安全的独立行为，都会使得双方更不安全。然而，新自由主义特别强调，国家之间可以通过合作，“来避免出现这样的安全困境，也就是说，它们可以达成一个共识，即双方都不增强国防力量，这对大家都有好处”。[②]

根据新自由主义的逻辑，安全困境只能缓解而不能消除。国家在制定安全战略时，会受到国际社会环境和国际制度的影响。[③] 各种国际制度的存在和国家间的各种交往，为国家之间的相互理解提供了可能、机会与平台，减少了国家间对对方意图的不确定性，因此安全困境是可以缓解的。对对方意图的不确定性是安全困境的最主要的构成要素，但随着各种国际制度的建立和

---

① 叶江：“‘安全困境’析论——兼谈‘先发制人战略’与进攻性现实主义的关系”，《美国研究》，2003 年第 4 期，第 20 页。

② （美）小约瑟夫·奈著，张小明译：《理解国际冲突：理论与历史》，上海人民出版社，2002 年版，第 23 页。

③ （美）罗伯特·O. 基欧汉著，郭树勇译，秦亚青校：《新现实主义及其批判》，北京大学出版社，2002 年版，第 169—186 页。

不断完善，安全困境总的来说趋于减弱与和缓。[①]

建构主义认为：安全困境是一个自我实现的预言。安全困境问题只不过是各个国家领导人心中的一个"魔障"，你认为它存在，它就存在；你认为它不存在，它就不存在。安全困境并不像现实主义所理解的那样，是国际政治的固有特征和物质事实，而是一种具有主体互动性的社会规则结构，且这种结构是由行动体之间通过社会互动建构起来的。行动体在这种互动过程中建立起不同的规范、认同和共有知识（shared knowledge)，它们共同塑造了行动体之间的相互关系。

在建构主义看来，安全困境就是行为体之间共有知识的缺失。所谓共有知识，指的是行为体在一个特定的社会环境中共同具有的理解与期望。共有知识决定了行为体的角色和身份，角色和身份又决定了其利益和行为。"无政府体系的结构和趋势将取决于自我的三种角色——敌人、对手、朋友——中哪一个在体系中占主导地位，国家会处于相应的压力之下，将这种角色内化为它们的身份和利益之中。"[②] 如果自我认为敌人是真实的，那么从结果方面来看，敌人就是真实的。自我是发动攻击还是保持警觉取决于对对方意图的理解。如果他者发出的信号是威胁性的，自我经过接收、解读和赋予意义后，也被理解为威胁，那么威胁感就会产生；如果自我采取一种针对他者的威胁行为，他者也感觉受到了这种威胁，安全困境就会孕育而生，并不断地加以强化。如果他者发出的信号是友好的，自我经过认知的解读过程后，也把他者发出的信号理解为友好，那么他者和自我就不会将

---

① 王子昌："不确定性与安全困境"，《东南亚研究》，2002年第6期，第16页。

② Alexander Wendt, Social Theory of International Politics, Cambridge: Cambridge University Press, 1999, p. 259.

对方发出的信息解读为威胁。[①]

国家之间敌意的文化构建了安全困境。这种敌意文化就是建构主义所宣称的“霍布斯文化”状态，形成了国际冲突的不可避免性，人类所能做的只能是缩小冲突的范围和减少冲突的恶果，并进行自我保护。在国际关系中普遍存在着弱肉强食的“丛林法则”（Doctrine of Jungle）和一切国家反对一切国家（All Against All）的自然状态。在霍布斯文化中，国家至少存在着三个方面的共有知识：1. 与它们打交道的是与它们在功能上一样的国家；2. 这些国家是它们的敌人，因此威胁它们的生存和自由；3. 如何应对这些敌人。[②] 正是这种共有知识建构了国家间的角色身份，从而决定了国家的利益及其对外行为。以霍布斯文化为突出特征的共有知识导致了各力量之间安全意识的错位，主要体现在对自身安全环境的评估与判断产生偏差，同时对对方关于安全的政策和措施产生误解或做出错误判断，最终导致安全困境的产生。

三、集体安全困境的产生

集体安全是人们在为寻求解决安全困境途径的过程中产生的。现实主义认为：解决安全困境的最佳方式是建立和维持一种均势态势，而理想主义认为建立世界政府或者集体安全是减弱安全困境的最佳选择。鉴于国际体系的无政府状态难以彻底改变，

① 袁正清：“无政府状态的建构主义审视”，《太平洋学报》，2003年第2期，第40页。

② Alexander Wendt, Social Theory of International Politics, p. 268.

世界政府的构想只能成为一种令人向往的“乌托邦”。因此，集体安全就成为理想主义追求世界政府退而求其次的答案。[①] 经典现实主义大师汉斯·摩根索（Hans J. Morgenthau）认为：集体安全作为一种理想是毫无瑕疵的，它确实为在一个主权国家的共同体中执行法律提供了理想的解决办法，其逻辑性也是无懈可击的。[②] 集体安全自产生以来，一直受到许多主权国家的尊重和向往。

集体安全贯彻的是一种“人人为我、我为人人”（all for one and one for all）的相互保护的原则。集体安全要求在机制中在任何时候、任何地点反对任何国家的侵略行为。集体安全是一种理想化的多边主义，其目标是为了避免出现任何的国际侵略和领土征服。它需要各国彼此间无限合作，将战争从它们的关系中清除出去。[③] 集体安全意味着所有国家之间的共同行动，也意味着所有国家都存在着一种类似结盟，所有国家防御和保护所有国家的关系。任何国家决不能仅仅考虑自己，而应考虑所有国家的利益关切，[④] 否则其他国家只能视其为破坏总体稳定的离经叛道者，从而可能受到其他所有国家的抵制、反对甚至制裁。

然而，集体安全存在着诸多缺陷，使其难以发挥预期的作用。首先，集体安全机制的产生和建立应该是以国家之间相互信任为前提的，强调国家之间必须无条件地相信机制中所有其他成

---

① 门洪华：“集体安全辨析”，《欧洲》2001年第5期，第10—17页。

② （美）汉斯·摩根索著，时殷弘等译：《国际纵横策论——争强权，求和平》，上海译文出版社1995年版，第375页、第533页。

③ （美）罗伯特·阿特著，郭树勇译：《美国大战略》，北京大学出版社，2005年版，第18页。

④ 这类似于“猎鹿博弈”中的逃逸者，一个行为体为私利而舍集体去追求额外利益，从而可能导致集体行动获利失败。Robert Jervis,“Cooperation under the Security Dilemma,” World Politics, January, 1978, pp. 167—186.

员，即使这个成员是自己的夙敌。然而，集体安全并不意味着国际体系无政府状态的消逝，国家之间多年已经建构起来的敌对或友好的认知难以轻易改变。国家难以为建立和维护集体安全而“不惜与本国最直接的对手携手合作或者得罪一个可靠的盟友”。[①] 要相信自己的夙敌与得罪自己的盟友都不是一个国家行为体轻易能够理解和做到的事情。

其次，一个健全的集体安全必须具有以下主要特征：1. 一切争端俱应诉诸和平解决，以和平的手段保护国家利益；2. 集体保证安全，和平是不可分割的，任何战争都不仅仅是双边关系，都可能牵一发而动全身；3. 集中优势力量威慑或制裁潜在或显在的侵略者；4. 一旦发生侵略行为，集体行动能够自动生效；5. 对任何侵略行为都必须一视同仁；6. 要有能够被普遍接受的认定侵略行为的标准，确定侵略者和被侵略者；7. 应该成为一种永久的和普遍性的制度化安排。[②] 理想化、机制化的集体安全必须符合国际关系行为体功能相似性的特点，然而功能的相似性并不代表实力和利益的相似性。集体安全在实际的操作中容易成为小国保护自己国家利益的护身符，而这个护身符又往往会因大国不愿受集体安全机制的约束而被击得粉碎。

再次，集体安全并不否认武力的使用，这与其主张使用和平的手段解决争端是自相矛盾的。尽管集体安全在本质上是反现实主义的，它表明了对均势和传统联盟的厌恶，期望创造一个现实

---

① Arnold Wolfers, Discord and Collaboration: Essays on International Politics, Baltimore: the John Hopkins Press, 1962, pp. 182—183. 转引自门洪华：“集体安全辨析”，《欧洲》2001年第5期，第10—17页。

② 俞新天：“论集体安全的演变及其前景”，载《国际关系理论初探》，上海外语教育出版社，1991年版，第225页。

主义观念没有用武之地的世界，[①] 然而集体安全仍然承认军事力量是国际政治生活的核心，而增进国际安全的关键在于恰当地管理军事力量。[②] 由此令人难以理解的是：武力使用的界线如何确定？如何判定以及在何种情况下才能够实施武力？使用武力的主体又应是谁？

最后，集体安全作为一种国际机制保障下的安全，自身存在着诸多弊端。国际机制（International Regime）指的是“在国际关系中的某一特定领域中各行为体共同愿望所形成的一系列清晰或模糊的原则、规范、规则和决策程序”，[③] 或“规定行为角色、制约行为、影响期望的持久与相互关系的（正式或非正式的）成套规则”。[④] 国际安全机制可以维护和保障国家之间减弱对自身安全的担忧，为促进地区稳定奠定基础；然而，国际安全机制也意味着机制中的各成员国将受到机制的约束。集体安全既强调相互保障安全不受损害，也强调对机制中的任何国家具有极强的约束力，这种约束力甚至可能会触及和干预一些国家的主权。集体安全机制可能难以保障大多数国家享受到机制为它们带来的益处。作为一种公共物品（public goods），机制必定需要一些大国或强国提供保障，这必然为一些大国控制和主导机制的话语权提

---

① Inis L. Claude, Jr., *Power and International Relations*, New York: Random House, 1962, p. 81; John Mearsheimer, “The False Promise of International Institutions”, International Security, Vol. 19, No. 3 (Winter, 1994—1995), pp. 5—49.

② John Mearsheimer, “The False Promise of International Institutions”, International Security, Vol. 19, No. 3 (Winter, 1994—1995), pp. 5—49.

③ Stephen Krasner, “Structural Causes and Regime Consequences: Regimes As Intervening Variables”, International Organization, Spring 1982, p. 186.

④ Robert Keohane, “Multilateralism: Agenda for Research”, International Journal, Autumn 1990. 转引自张小明：“第二次世界大战与国际体系的变迁”，《世界经济与政治》，2005 年第 9 期，第 9 页。

供了可能性，机制甚至可能成为大国蚕食小国权力的工具。

四、安全困境与集体安全的困境

安全困境产生的主要原因在于：首先，国际体系的无政府状态导致了国家为了维护自身的安全利益而寻求自保；其次，国家之间对对方实力和意图的不确定性而产生的猜疑心理，这种心理的累积就成为安全困境；最后，安全困境与国家之间相互不信任相关。由于没有一个超越主权国家之上的组织或机制的存在，国家之间难以形成一种共有知识，并在缺乏互动的情况下将对方视为自己的对手，甚至敌人。

集体安全的目的是为了减弱甚至消除国家之间的安全困境状态。然而，集体安全在尽量保障所有国家安全的情况下存在着诸多难以克服的弊端。它太理想化了，脱离了国际关系的现实，成为一种国家之间难以真正实现的渴求。集体安全是一种超现实的产物。究其真正原因，实际上可以归结为安全困境的仍然存在，也就是说，由于集体安全机制仍然难以消除安全困境，导致集体安全困境难以发挥其所预期的作用，集体安全仍然在为如何减弱和消除安全困境而不断探索和完善。但迄今为止，似乎还没有一个令人满意的结果。

第一，集体安全困境并不能消除产生安全困境的国际体系无政府状态。国家之间首先考虑的仍然是如何自保，如何使自己不受外来威胁的伤害，其次才能够考虑与其他国家是否进行合作。与其他国家的合作可以采取联盟的形式，也可以采取集体安全的形式。联盟实际上是一种应对机制外威胁的，而集体安全是应对机制内任何侵略行为的。从这方面看，无论是联盟还是集体安全，实际上都似乎是均势的一种特殊表现形式，通过应对外部或者内部威胁而采取的措施。[①]

第二，集体安全仍然难以消除国际体系中的不确定性。现实主义的某些特征阻碍了集体安全的发展。集体安全的建立实际上就是以消除国家行为体之间相互的猜疑而设立的，但是集体安全要求每一个成员国都毫无保留地将自己的安全交给一个由主权国家组成的国际安全机制。集体安全要求所有国家不计成本和收益地支持整个机制的正常运转，这在国际社会中各成员国实力均等的理想状态下也许可以实现。然而，国家之间毕竟存在着实际上的不平等性，集体机制中的小国势必会担心整个机制将来会被一些大国所垄断，从而可能丧失自己的安全利益，甚至国家主权。

第三，集体安全并不能使国家之间建立起相互信任的观念。国家之间产生互动，形成互信，最后才能建立起共有观念。共有观念的形成标志着国家之间集体观念的产生，在此基础上，每一个国家才会心甘情愿地将自己部分或者全部的国家安全利益交给一个它所信任的集体安全机制，集体安全才能产生效率。而集体安全仅仅是国家之间相互妥协的结果，大多数国家都认为这种机制可以减弱萦绕在它们心中的不信任感，但绝不可能消除它们之间的猜疑心理。

从安全困境的表现形态也可以发现安全困境与集体安全困境的关系。一般来说，安全困境可以分为国家导向型安全困境（state-induced security dilemma）以及结构导向型安全困境（structure-induced security dilemma）两种形式。国家导向型安

① 郭学堂："集体安全与权力均势——兼析国际政治体系的演变"，《中国社会科学》，2001 年第 2 期，第 116—177 页。

全困境指的是“每个国家都认为自己的安全需要其他国家的不安全”。[①] 一个现状大国（status quo power）为防范邻国对其构成威胁而采取了一种进攻性政策，但这种政策旨在使邻国感到不安全实现维护现状的方式，很容易被其他国家解读为富有侵略性的行为。它们通过发展自身实力的方式应对这种威胁，而这种方式又可能被现状国家解读为具有侵略性的。双方都认为对方的目的是为了打破现状，双方都在寻求自保的过程中使对方产生了不安全感。显示坚定的意志容易被对方解读为阻止其取得主导地位，让步也不会使对方做出相应的回报，反而会加强对方的优势地位。[②]

结构导向型安全困境指的是在特定的国际结构中，在处于同一系统的国家之间，尤其是在霸权国与崛起国之间对安全的不同诉求而导致的安全竞争。一方面崛起国对于霸权国主导下的国际秩序怀有不满情绪；另一方面霸权国对崛起国持有强烈的猜疑和恐惧心理。尽管霸权国认为崛起国并没有挑战实力，但在其主导的国际环境中，崛起国必然会采取相应的反击行动，从而导致彼此间的安全困境。从国际结构的角度来说，结构导向型安全困境难以避免。处于这种安全困境中的双方处于一种零和博弈的状态，在根本利益上激烈对抗。除非一方主动放弃其战略目标或者一方在竞争中失败，导致国际结构发生新的变化，否则这种安全困境就不会结束。[③]

---

① Jack L. Snyder, “Perceptions of the Security Dilemma in 1914”, in Robert Jervis, Richard Ned Lebow, Janice Gross Stein, (eds.), Psychology and Deterrence, Baltimore: The John Hopkins University Press, 1985, p. 153.

② Alan Collins, “State—induced Security Dilemma: Maintaining the Tragedy”, Cooperation and Conflict, Vol. 39, No. 1, 2004, pp. 27—44.

③ 刘刚：“安全困境与后冷战时代的中美关系——兼论台湾问题”，《国际论坛》，2002 年第 2 期，第 31—37 页。

集体安全作为一种国际安全机制，要求机制内每个成员国必须让渡一部分自己的国家安全利益，这与国家主权的独立性、排他性以及处理对外事务的至高无上性是相互矛盾的。如果集体安全在建构过程中必须考虑到国家主权的国际合法性，那么它就难以采取有意义的行动，对维护和巩固国际安全产生预期的效果。联合国宪章是在集体安全思想基础上建立起来的对国际安全最具有影响力的国际组织，其在组织机构和制度上也是十分健全的。《联合国宪章》赋予了安理会维持国际和平与安全的主要责任，要求联合国各成员国通力合作并相互协助，以执行安理会所做出的集体安全措施。问题在于，每一个成员国在执行安理会决议的过程中，必然会首先考虑自己的国家利益，以及在集体行动中的成本—收益问题。一旦集体行动损害了自己的国家安全利益，那么即使这种决议具有国际合法性，它也不会乐意执行。因为对于每一个国家来说，对国内法以及自身国家安全利益的认同和关切是远远高于国际法和国际安全利益的。

《联合国宪章》赋予安理会五个常任理事国在有关国际集体安全决议过程中拥有否决权，这说明国际集体安全表现的是大国利益的一致，或者说是大国的利益。只有大国有权判定战争与和平、侵略与稳定。在涉及采取何种形式阻止侵略、实现和平时，五大常任理事国是最后的仲裁者。而从历史上看，这种制度在冷战时期，由于美苏之间的安全利益严重对立，联合国常常沦为大国勾心斗角的场所，没有能够在维护世界和平与安全方面采取过有效的行动。另一方面，小国在这种机制下，难以有所作为。作为一个理想主义的产物，联合国已经成为现实主义的角斗场。小国往往成为集体安全机制的牺牲品。这正印证了现代国家制度之父，国家至上的忠实实践者，法国红衣主教黎塞留所言：“有权力便有权利，弱者仅能勉力顺应强者之意见”。①

结语

安全困境与集体安全困境的逻辑关系实际上反映了现实主义与理想主义之间的矛盾关系，国际社会始终试图摆脱现实主义经验性的安全困境，而力图建立一种国家之间能够互动、互信与互助的国际关系。集体安全在维护国际道义和伦理方面是有作用的，而且是得到国际社会普遍认同的。但就目前国际形势而言，还很难有一个更加有效的国际性组织能够替代它、超越它。然而，其在具体实践中往往由于各成员国首先考虑的是自己的国家安全利益而陷入困境之中。以联合国为代表的国际集体安全组织只有在进一步的建构和健全自身制度的过程中，逐步减弱甚至消除国家之间的不确定性以及猜疑心理，才能够有效地减轻国家之间的安全困境。然而，就目前整个国际形势而言，在国家实力不对等、个别国家具有霸权心理、不惜绕过联合国、对个别主权国家悍然实施预防性战争的情况下，让每一个国家，尤其是国际社会中的小国彻底摆脱一直困扰它们的安全困境实在是难以做到的。安全困境的存在决定了集体安全也难以摆脱困境。

① 亨利·基辛格：《大外交》，海南出版社，1998年版，第46页。

非对称性的国际体系：恐怖主义滋生的结构性根源

罗爱玲*

内容提要：恐怖主义既是一个变迁性的社会问题，也是一个结构性的社会问题。它与近代以来形成并延续至现当代的国际体系下不公正、不平衡的政治经济文化结构密不可分。可以说，恐怖主义就是这个以支配——从属结构为主要特征的近现代国际体系的结构性产物。而当代国际体系的主要推动力——全球化在加强了处于不同分层结构中的国家行为体的不对称性经济相互依存的同时，也为恐怖主义等非国家行为体的滋生提供了土壤。因此，在研究恐怖主义产生的根源时，既要重视地域政治、区域共同体、民族、历史、文化等方面原因，更要从更广泛的国际体系背景下的世界政治经济不平等格局、南北半球发展不均衡、社会财富两极分化中寻找恐怖主义滋生的世界政治经济和社会文化的现实结构性根源。

* 罗爱玲，上海社会科学院欧亚所助理研究员。

恐怖主义是国际体系中各种矛盾运动的结果。这些矛盾运动有法律上的平等与个体发展之间差异性的矛盾、经济活动中的自由主义追求与福利分配中的民族主义现实之间的矛盾，以及外生型全球化与内生型全球化之间的矛盾。这些政治经济领域中的结构性矛盾正是导致恐怖主义产生的持久根源。在世界现存的具有较大影响的100多种恐怖主义定义中，就反映出世界各国形形色色的政治经济利益需求和价值取向，以及现存国际体系中的各国家行为主体之间存在的激烈的利益争夺的现实。而这些现实利益趋向的不同，则是由近代以来形成的国际体系中各国家行为体在体系里所处的分层位置所决定的。

一

在1648年的《威斯特伐利亚和约》中，明确承认国际关系的主体是主权国家，因此拥有主权就可以保证其作为国际社会的主人公或一个单位而存在。主权一直被认为是构成国家最主要的条件，甚至可以说是主权创造了国家。主权作为一种对内与对外权力的尺度被显示，并且通过在国内建立国家政体而得以体现，因此主权应该被理解为是自然的社会存在，而不是被赐予的。[①] 问题就出在这里，虽然每个国家都拥有主权，但这一主权并不是在真空状态下产生的，也并不是被赐予的，而是在国家与国内社会之间以及国家间关系中所形成的一个非凡的社会产物。实际上是国家本身在与其他国家所发生的社会关系中创造了主权，同时

① Ian Clark, *Globalization and International Relations Theory*, Oxford University Press, 1999, p. 72.

又将主权赋予了国家。因此，不仅仅在法律性主权和政治性主权之间存在着差距，即使在各国的政治性主权方面也存在着明显的差距。本来应该保证在国际社会中国家间主权平等的概念，却产生了现实的不平等，也就是说作为国家间具体权力的主权具有很明显的非对称性。从权力的观点来看，并不存在具有相同权力的国家，现实的国际体系是在具有较大权力的国家之间形成的。表现为现今的国际体系是由主权平等的既成规则所支撑的，但实际上又是由不平等的国家之间的相互冲突或相互合作的关系所支撑的。迄今为止，国际体系形成、发展与变化的过程，就是一个由不平等、非对称国家间关系所支配的过程。

国家的近代原型是诞生于欧洲的近代主权国家。同时，在现代已经发生巨大变化的国际体系的起点，也是开始于欧洲主权国家构成的国际体系的建立，即威斯特伐利亚体系或西欧国际体系的建立。在具有相同的政治体制、相同的意识形态和相同的文化、宗教甚至具有大体相当军事实力的主权国家之间，基本上可以保持一种对等的关系，但是在主权国家与还未确立主权的区域、民族和居民之间，却难以建立起这样的国际政治关系。比如亚洲、非洲和南美洲等非欧洲区域与欧洲主权国家之间就未形成对等的关系，二者之间仅仅是一种“支配—从属”的非对称性关系。也就是说，非欧洲区域并未进入西欧国家体系，而仅仅是被作为主权国家体系支配下的外围或者边缘部分来看待。所以近代国际体系实质上的政治空间是在少数几个大国之间构成的，而且是一个以欧洲为中心的非常封闭的体系。在主权国家体系与各自不同的边缘区域之间，存在着非对称性的价值分配关系模式。在构成国际体系主要部分的主权国家之间，占主导地位的主权国家间的关系模式是一种对称的权力关系，但是在这一主要部分与非欧洲区域的边缘区域之间，却在价值分配与权力分配上往往存在着非对称性的关系。长期以来，主权国家体系与这一体系同其边缘区域之间形成的“支配—从属体系”同时存在，而且国际社会中的这一双重性不断被延续和强化，从而导致边缘区域或处于边缘区域的民族长期支撑着居于体系中心位置的主权国家的生存与发展。地理大发现、资产阶级工业革命后，西方国家就是靠长期的殖民统治来实现其发展的。因此，那些拥有主权的大国，虽然具有一定的自律性、独立性和较高的政治经济发展水准，但实际上这是它们通过损害和否定边缘区域国家的利益并将这些边缘国家纳入其“支配—从属体系”的结构中而获得的。“在这一体系中，不存在主权国家体系中所见到的相互依存关系，边缘区域与中心区域形成了一种非对称性的价值和权力分配关系，而且成了后者所统治的对象。”①

虽然自威斯特伐利亚体制形成以来的近现代国际体系的本质都是不平等的，但是二战前的近代国际体系与二战后的现代国际体系具有一些不同的特征，表现在：

其一，近代国际体系是一种大国体系或者势力均衡体系，它是由具有大规模潜力的大国政治支配的体系，在政治、经济结构上都呈垂直型的非对称状态，而且中心体系占据绝对的统治优势。而现今的国际体系不仅存在着有组织的相互依存结构，同时也并存着经济上的支配——从属结构。前者是一种相互对称的水平型的依存关系，后者却是单方面的非对称的垂直关系。水平型的相互依存结构是在二战后形成的一种突出现象，而垂直型的从属结构却是在久远的资本主义世界体系发展过程中形成的。由此，发达国家与发展中国家所属的第三世界之间形成的支配—从

① （日）星野昭吉著：《全球化时代的世界政治——世界政治的行为主体与结构》，社会科学文献出版社，2004年版，第35页。

属结构长期以来几乎毫无变化地以中心—周边非对称结构的形态存续至今。由中心、准周边和周边三重结构构成了一个完整的资本主义世界体系，体系里各组成要素彼此间在生产、交换、消费过程中形成非对称关系以及支配—从属结构。在这个体系中，中心—周边之间构成了不等价的交换关系，处于中心地位的行为主体单方面制约着周边行为主体的行为方式、两者之间的相互作用方式以及周边内部的相互作用方式。这种中心—周边结构以及相互依存关系，和国家主权一样，本质上依旧是一种结构性的人造权力，这种结构性权力的分配结构实现了对国家行为和国家间关系形态的控制。“从属关系是一种具有影响力的关系形态，这种影响力有可能构成其他形态的基础。”①

其二，在近代国际体系中，几乎唯一存在的是以安全保障尤其是政治军事安全保障为中心的权力分配途径，而在现代国际体系中，由于全球化的推动以及非国家行为体作用的上升，体系内各要素的价值取向与追求呈现出多元化的特征，除了传统的政治军事安全，还有经济安全、移民问题、恐怖主义、全球气候、环境问题等非传统安全。这种价值多元化的体系必然要求建立多元的权力分配途径。同时，由于价值分配前所未有地扩大到全球范围，权力分配结构的规模也前所未有地扩大到了全球层面，由此就构成了全球权力分配结构空间，即权力分配结构在全球领域中的形成，其中被分配的价值和利益呈现出多元化趋向，使得在国家之外又出现了大量超国家主体进入国际体系，并构成了多元复杂的相互作用关系。这其中，国家所垄断的决策权力相对缩小，而超国家主体却开始掌握一定的决策权。在国家主体固有的权

---

① （日）星野昭吉著：《全球化时代的世界政治——世界政治的行为主体与结构》，社会科学文献出版社，2004年版，第289页。

力、权威、能力及正当性降低的同时，超国家主体拥有部分权力、权威、能力及正当性却成为可能。国家主体与新的超国家主体对全球规模的权力进行分配，甚至一部分超国家主体会参与全球层次事务的决策管理。在这些超国家的力量中，就包括有恐怖主义集团等反社会力量。这一状况适应了世界政治中围绕价值分配过程的多元化和分散化的要求。[①] 在这个空间里，由于现代科技尤其信息技术的发展，全球几乎任何地方都能在第一时间获知世界所发生的任何情况与事件，并迅即做出反应，所以即使最小的地方层面出现的动向都会波及到全球层面。

由于这种全球权力分配结构空间的产生，在解决全球问题领域内必然就不存在稳定的权力分配结构；相反，它却往往由国家间的价值差异决定的非对称性权力分配结构来发挥主导性作用。例如：在以发达国家为中心、以发展中国家为周边的权力分配结构基础上形成的南北关系，就完全是一种非对称性的权力分配关系，它是由不平等的价值分配结构所支持和维系着的。与南北问题相对照，发达国家之间却构成了一种对称的权力分配结构，它是由相互依存价值分配结构所支持和维护着的。所以，现代国际体系基本上是一种非对称性权力分配结构与对称性权力分配结构并存的体系，而且美国作为这个体系中的霸主，不断地将自己的判断标准和政治发展要求强加到体系权力结构中处于下层的非西方国家身上，这是一种不合适宜的外部移植行为。因为美国等西方国家的民主政治是从自身的历史发展中产生并发展起来的，是自下而上内生型的，而其他国家的民主政治则是自上而下外生型的，所以长期不能与本国的历史传统和政治现实相适应，忍受着

① （日）星野昭吉著：《全球化时代的世界政治——世界政治的行为主体与结构》，社会科学文献出版社，2004年版，第191页。

民主政治的折磨。当今中东、中亚地区恐怖主义活动盛行，伊拉克的教派冲突愈演愈烈，阿富汗的国家建设无法顺利进行等，都是现代国际体系中的最大权力操纵者美国不恰当地强行在该地区进行民主化改造结出的恶果，是一种极端性的反弹。这些结构上的矛盾给国际恐怖主义的形成和发展提供了足够的活动空间，同时这些空间又是当代国际体系所无法消除的。

值得一提的是，在二战后的现代国际体系中，存在着一个特殊的两极霸权体系，即以美苏对峙为主要特征的冷战霸权体系，在这一特殊体系形态下，美苏都加强了对各自体系内的国际行为体的控制，从而使得当时的国际社会的凝聚力相对较强，对其他矛盾的社会控制也比较有力。这一时期恐怖主义的活动空间受到挤压，追求的目标受到限制，而且在类型上也比较单一，大多带有浓厚的意识形态色彩。冷战结束后，由于苏联的解体，国际体系结构由两极变成了多极、多中心的结构。但这种结构又是呈三维状的，即政治军事上的美国的一超独霸，经济上的不平等的相互依存，文化上的美国文化冲击下的多元并存。两大阵营对抗性格局以及主要矛盾的消失，在一些国家和地区以往被长期掩盖的、压抑的次要矛盾如民族矛盾、宗教矛盾等日益突出，甚至上升为主要矛盾。由于凝聚力和控制力的严重削弱，这些矛盾愈演愈烈，最终导致恐怖暴力的增加。加之这种呈三维状的国家体系的不稳定性，从而为恐怖主义创造了有利的环境。

作为一种激烈的暴力冲突的现象，恐怖主义的根本原因在于社会的压迫与不平等，即恐怖主义是社会不平等和压迫的必然结果。由于近代以来的国际体系存在着上述结构性的不平等，从而导致社会中财富和机会的分配不公，迫使人们选择恐怖犯罪，所产生的压力和绝望也导致了恐怖主义。因此，只有消灭了国际体系以及国家内部权力的不公平运作，才能彻底根除恐怖主义这一解决社会冲突的极端方式。

二

随着全球化的进展，资本主义的市场第一次被扩展到了全世界，资本主义在全世界具有支配地位和普遍性。但跨越了时间与空间的全球化却包含了不均等的发展，因为事实上全球经济就是资本主义世界经济。这一经济体系是依赖于资本主义体制的统一性世界体系，而且这一体系不仅决定了国家间的经济关系结构，也决定了国内的经济结构。

虽然说国际体系就是被统一化了的经济体系，但并不意味着国际体系中不存在分裂和对立的经济要素。因为在国际经济领域，存在着一种结构性的障碍。全球范围内资金、人才和其他要素的自由流动，使得资金和利润呈现出向富国回流的现象。因为富国不断以可复制的纸币向发展中国家交换不可复制的产品，而这些纸币又由于政治和经济的原因回流到富国。在这种情况下，上层社会中的成员享受到了全球化的全部好处，可以在国外安全地享受来自本国的财富。这种情况迫使很多国家陷入了经济增长但是不发达甚至是扭曲性增长的困境，并在中心发达国家和边缘贫穷国家之间产生了结构性难题。在这种结构性难题的形成过程中，恐怖主义也就应运而生。任何事物一旦出现，必然就有与之对立的另一面产生，所以资本主义经济的全球化过程自然会伴随着反对资本主义全球化的运动以及国家、民族主义、地区主义、非国家主义等支配与从属二重结构间对立关系等非对称现象，特别是会形成全球相互依存与全球性从属关系的对立，即形成中心部分对称性的经济关系和边缘与中心间的非对称性经济关系。同时，即使在中心部分经济社会之间或边缘部分经济社会之间，也形成了不同程度的非对称性经济关系。也就是说，“如果从结构上来把握资本主义世界经济体系，那么这一体系具有构成多元统一和对称关系及对立的非对称关系的经济结构，而且它由多元性阶级关系结构所构成”。[①]

国际经济体系并不是单一的统一化的稳定的体系，它的发展方向是行为主体、过程以及制度形成的复合型关系网络，世界经济依赖于既非同质化也非对称性的制度化的全球化过程。[②]国际经济体系也并非表现为世界范围的均质，而是存在着地区差别，在经济关系和经济活动的质量与水平上都有明显不同。所谓中心与边缘的分工体制结构就是国际经济体系的一个非均质表现。对第三世界国家来说，经济的全球化带来了消极和分裂的后果，其所带来的利益与收益并没有被公平地施之于全球，并没有带来相应的福利上的普遍分享，相反却使第三世界国家的经济呈现出一种扭曲性的发展与增长状态。这种增长是中心对边缘国家长期压制与剥削下的相对数量的增长，而且越增长，中心与边缘国家的数字鸿沟就越大，这种增长只会给边缘国家带来横向的失落。例如：发达国家与发展中国家人均收入的差额比，在 1500 年是 3∶1，1850 年是 5∶1，1900 年是 6∶1，1960 年是 10∶1，1970 年达到 14∶1。[③]最近 10 年来，世界各国中前 15 名和后 15 名的人均收入比率从 60∶1 扩大到了 74∶1，而在 1960 年，这个比

① （日）星野昭吉著：《全球化时代的世界政治——世界政治的行为主体与结构》，社会科学文献出版社，2004 年版，第 125 页。

② Paul Hirst, “Globalization is fashionable but is it a myth?” *Guardian*, March 22, 1993, p. 11.

③ （美）斯塔夫里亚诺斯著：《全球分裂：第三世界的历史进程》（上），商务印书馆，1993 年版，第 15 页。

率是 30：1。

在这一不平等的价值分配结构下，发展中国家总体上处于全球价值分配链的低端，贫困化问题日益突出。在全球体系下，虽然世界经济整体得到了长足发展，发展中国家也实现了大幅度增长，但是增长的速度并不相同，中心体系与边缘体系国家的差距不断扩大。这种差距不断扩大的经济增长反而引起了全球贫困人口绝对数字的上升，发展中国家与发达国家内部均出现了越来越严重的两极分化与不平衡发展的现象，这些都为社会中的不满与仇恨情绪的滋生提供了土壤，而不满与仇恨正是恐怖主义得以产生、发展的温床。因财富的不平衡分配而导致的不公平的世界是一个极其危险的世界，因为“经济增长的直接影响常常是扩大收入的不平等，经济迅速增长的集中收益者往往是少数人，而多数人却蒙受损失，结果社会上日益贫穷的人便会增加”。[①] 而“暴力和经济落后之间有着无可争辩的关系，普遍的贫困会破坏一切形式的政府。它一直是不稳定的根源”。[②] 在这种情况下，如果一个社会的成员的不公平感越强烈，对社会关系合法性的否定就越强烈，该社会就越可能出现恐怖主义；如果一个社会的成员的相对被剥削感越强烈，该社会就越可能滋生恐怖主义。[③]

在经济增长的结果不能被广泛分享的同时，国际社会就会向两极分化。全球化同时又使得发展中国家的内部问题可以很快地反馈到中心国家，从而成为一个国际性问题。恐怖主义问题就是

---

① 塞缪尔·P. 亨廷顿著，王冠华等译：《变化社会中的政治秩序》，三联书店，1989 年版，第 53 页。

② 塞缪尔·P. 亨廷顿著，王冠华等译：《变化社会中的政治秩序》，三联书店，1989 年版，第 37 页。

③ 范明强著：《社会学视野中的恐怖主义》，解放军出版社，2005 年版，第 124 页。

其中之一。近代以来在资本主义推动下形成的国际体系则是导致贫困与发展问题突出的国际大环境，其实质就是资本的大规模跨国流动以及资本国际循环的形成。资本从发达国家流向发展中国家，利润和财富却反而从欠发达国家流向发达国家。增长而不发展或是不发达的发展，使许多国家陷入了发展的陷阱。发展中国家的贫困化现象不断加深，南北分裂不断扩大，还与近现代国际体系下的全球性调节机制的缺失有关。在以资本主义经济为主导的国际体系里，各国经济被统一的劳动分工联系在一起，在统一的世界市场支配下从事生产和商品的销售，共同创造全球范围内的资本积累。与此同时，收入分配却完全局限在民族国家的范围内，由各国自由调节，不存在一个全球机制在世界范围内进行调节，更谈不上建立一个全球性社会安全保障制度。①

即使是从全球化经济中获得最大好处的美国，其社会贫富的差距也在拉大，绝大多数美国人并未从经济增长中受益，九成人的收入下降。2005 年 90%的美国人的平均收入比前一年有所下降。与此同时，处于经济高端的那部分人的收入则高得惊人。比如：以首席执行官为首的 10%的美国富有群体在过去 10 年的收入增长的速度是美国中产阶级的 3 倍，他们得到的好处最多。这一群体现在的税前收入占国民总收入的 44%，是 20 世纪 20—30 年代以来最高的，其中占美国总人口 1%的最富有群体的收入更加引人注目，其税前收入已从 1989 年占国民收入的 8%增加到 2005 年的 17%。这就是说，处于经济最高端的 300 万美国人所挣的钱与处于最低端的 1.5 亿美国人所挣的钱几乎一样多。②

① 王逸舟主编：《恐怖主义溯源》，社会科学出版社，2002 年版，第 92—93 页。
② “美国中产阶级忧虑多”，《参考消息》2007 年 6 月 8 日。

三

“文化霸权”（cultural hegemony）一词是由意大利马克思主义者安东尼奥·葛兰西首次提出的，主要指在某个单一群体影响下形成的一种为当代民众广为接受的主宰性世界观。在强大的政治经济霸权体系的护卫下，居于体系中心的西方国家也在借助资本主义文化的传播来逐步建立起维护自身利益的全球文化体系。

西方在用武力和资本主义构造了殖民者的客观世界体系的同时，试图通过观念和形象的构造来建构有利于欧洲殖民者的世界心理模式。这种模式不仅对西方文明体内的人们有很大的影响，使之在政治、经济、文化、学术乃至日常生活中长期带有偏见和歧视心理，而且对非西方文明体内的人们具有更大的文化和心理的破坏性，既严重损害了他们的民族自尊心，又抑制了其传统文化的延续力和创造力。西方试图以此从文化和心理上扼杀其他诸文明的独立性和自主性，并把这些文明的发展完全纳入它们的轨道。这种武断行径对其他文明的生存和发展产生了潜在的、深远的，以及麻痹性的破坏力。从历史来看，其程度甚至超过了军事侵略。西方的这种世界模式不仅是物质侵略和掠夺的结果，而且也有文化和理论建构与之相配合的因素，这种影响在殖民统治结束后在西方和非西方社会都依旧很大。

到了 19 世纪，随着殖民导致的财富不断积累和产业革命的完成，西方开始大规模地制造各种对立和不对称概念，“欧洲殖民主义者的文化传播虽然可以追溯到 16 世纪和 17 世纪，但只是在19世纪才形成为一种科学理论”。[1] 如19世纪末20世纪初盛行一时，并在今天仍有一定市场的“种族主义思想”。这种种族主义是在殖民主义的主导下，以神学和所谓科学的名义来推广的，是一种充满了当时被视为“科学”的生物或遗传种族主义。这种种族主义不仅对白人和有色人种进行划分，还对白人也进行了优劣细分：欧洲白人优于讲闪语的犹太人和阿拉伯人、土耳其人、伊朗人、印度婆罗门种姓这样的次级白人，西欧人又优于东欧斯拉夫人，北欧日耳曼人优于南欧拉丁人。19世纪下半叶，西方国家又利用进化论来为其殖民体系服务，认为进化和动力之源来自西方，西方领导与东方被领导的世界殖民体系是自然选择的结果，东方应该适应这一体系。利用被扭曲的进化论，西方统治者在政治意识形态上把白人种族优等论应用到了极点，这在伴随民族国家崛起和民族主义情绪不断上升的德国表现得最为明显。但20世纪上半叶，随着东方日本现代化的初步成功，西方国家开始以文化取代种族，于是种族优等论变成了文化优等论，其中最具代表性的就是西方理性论。该观点认为：一方面，欧洲人自古就是有理性的，现代以来迅速扩张，出现了社会的理性化，政治民主、经济资本主义、社会分化和分工、社会的世俗化、城市化等，都是这一理性化的表现；另一方面，非欧洲人是没有理性的，或者说他们如果有理性的话，也是暂时的、片面的，如中世纪早期的阿拉伯人是有理性的，后来退化了、没有了，陷入了蒙昧主义的迷雾中。古代中国人是有理性的，但这种理性只限于某种直觉或经验层面，这导致东方人和东方社会尚未发展起来就陷入了腐化的境地。

---

① J.M. 布劳特著：《殖民者的世界模式》，社会科学文献出版社，2002年版，第20页。

可见，从宗教优越到种族优等，再到文化优等的西方学术界有意无意地配合了殖民者世界模式或近现代国际体系建构的变化过程。而且这些理论在本质上都是以西方为中心的。这种“西方中心论”代表的是一种保守主义的老式文化霸权——对第三世界从军事征服到经济剥夺再到文化宰制。而20世纪80年代后西方极力推销的新自由主义则是一种新式霸权，它主张一种后冷战时代的市场经济万能论——市场自由化、世界性扩张、经济全球化、人的自由。“西方中心论与市场经济万能论交互发挥作用，共同构成了全球化意识形态的基石。”它们的影响，可以从冷战刚刚结束时美籍日裔学者福山（Francis Fukuyama）的“历史的终结”这一断言中窥见一斑。福山认为：前苏联、东欧社会主义阵营在20世纪90年代的瓦解，意味着市场经济、自由主义、民主主义的最终胜利，标志着以意识形态为分野的两大阵营冷战的彻底结束，冷战的世界将不再有思想和意识形态的对立，遂使像黑格尔一类思想家所梦寐以求的这种西欧式的现代文明理念深入到整个世界，从此人类进入了一个新的时代。[①]

在推行全球文化霸权的过程中，西方国家还通过数据化的语言来在不同的群体之间，在缺乏沟通的个体之间进行直接的对比，从而使以数据化为载体的全球化思想成为了人们自然接受或不得不接受的思想。因为数据化的语言具有穿透概念障碍的强力。[②] 但是对数据进行比较和对比使人们自然地感受到了差距和竞争，使人们的贫困感加深、失望感加剧。

---

① 苏国勋、张旅平、夏光著：《全球化：文化冲突与共生》，社会科学文献出版社，2006年版，第80页。

② 南佐民：“全球化构建中的话语制衡”，《国外社会科学》，2007年第2期，第48页。

冷战结束后，随着资本主义在全球扩散过程的完成，以美国文化为代表的文化帝国主义也最终形成，从而使得西方的意识形态理念和某种败落的文化也扩散至了世界其他地方。

首先，以消费主义文化的传播最为显著，所谓消费主义文化是指进入了后工业社会的当代西方发达资本主义国家出现的消费主要不是为了满足基本生活需要，而是为了满足其他方面的需要，以生活方式的选择主导多数人的经济活动的趋势。这种生活方式深受传媒广告所宣扬的审美情趣、品味结构的影响，诱导消费、炫耀消费并使消费成为经济活动的主导，甚至使消费取代生产成为主要经济活动的内容。在这里，消费不仅是生活方式，而且是文化形式，即在文化实践层面也以消费作为主要目标的趋向，这就导致了消费社会的诞生。在后工业社会，消费已经丧失了其最初的自然属性，成为符号建构支配下的文化选择。这时候，全球文化就完全为全球资本主义商品化实践所主导了。可见，从一开始，跨国资本主义在世界扩散其文化商品的权力就呈现出一种资本主义单一经营的特点来。从所有的民族文化“合并”到全球资本主义的经济制度，从中呈现出的是一种渐成中心的资本主义文化。①

消费文化的飙兴和大众文化的风行，使人们的生活经验发生严重分化和分裂，对人类共同的文化的意义做出截然相反的解读，从而使人们的文化认同受到严重冲击。20 世纪 80 年代后，以消费主义为背景的西方尤其是美国的“文化帝国主义”更以前所未有的姿态向全世界渗透。消费社会虽然使社会在物质方面达到了较为普遍富裕的程度，但在精神方面却使之有进一步衰退的

① （英）约翰．汤姆林森著，郭英剑译：《全球化与文化》，南京大学出版社，2002 年版，第 117 页。

迹象，并导致社会出现种种问题，于是有的非西方国家采取了原教旨主义性质的抗拒，有的以传统文化缓解张力，还有的采用社会主义文化加传统文化来共同解决问题。

其次，美国大众文化为全球大部分国家所效仿。由于美国主宰全球通讯、大众娱乐和大众文化的巨大而又无形的影响，也由于美国技术优势和全球的军事作用潜在的有形影响，促使美国的全球文化霸权体系得到了加强。文化统治是美国全球性力量的一个没有受到足够重视的方面。当下，美国大众文化具有一种磁铁般的吸引力，尤其是对全世界的青年。尽管它所宣扬的生活方式带有享乐主义的特征，但是其在全球的吸引力却是不可否认的。美国的电视节目和电影大约占世界市场的 3/4，美国的通俗音乐居于同样的统治地位。同时，美国的时尚、饮食习惯甚至穿着，越来越在全世界被模仿。因特网用的语言是英语，影响着全球会话的内容。美国还已经成为那些寻求高等教育的人的圣地，有近 50 万外国学生涌向美国，其中很多最有能力的学生永不再回故国。在世界各大洲几乎每一个国家的内阁中都能找到美国大学的毕业生。民主理想同美国的政治传统结合起来，进一步加强了一些人眼中美国的“文化帝国主义”。从这个体系是以美国为中心这个意义上来说，这个体系是霸权主义的。① 某种程度上，这就是资本主义现代性的扩散而导致的文化支配现象。

另外，冷战结束后，美国的文化霸权主要体现在它向国际社会提供所谓“全球公共产品”（Global Public Goods）的战略上，它包括：“维持全球重要地区的均势；促进开放自

① （美）兹比格纽·布热津斯基著，中国国际问题研究所译：《大棋局》，上海人民出版社，1998 年版，第 35—40 页。

由的国际经济贸易体制；保护国际公共性如公海航行自由等不受侵犯；充当联盟的召集人和分歧的调节人。”美国哈佛大学教授约瑟夫·奈（Joseph S. Nye）把这种霸权称为“软霸权”。它是从与文化相关的各种因素所构成的“软实力”（soft power）——通常包括文化魅力或吸引力、意识形态的力量以及国际规范和制度运行机制的力量——中引申出来的，以区别于往日靠军事、经济的硬实力（hard power）地位建立的霸权。当今，美国谋求文化霸权是其全面主导国际体系的重要一环，而软实力的扩张则是其推行文化霸权主义的主要表现形式。美国的软实力扩张主要表现为以下几种形式：美国的大众文化、享乐主义的生活方式借助高科技手段遍及世界各地，对青年一代的影响日益增加；美国的意识形态和价值观念随着全球化的扩展日益向世界各国渗透；美国假手从联合国到国际货币基金组织、国际贸易组织等各种国际组织机构，通过制定有利于维护中心国家利益的国际规范制度及其运行机制，来达到操控和宰制现存国际体系的目的，并为其称霸全球的战略目的服务。

总的来说，当前的国际文化体系是在西方中心主义主张下的强势文化支配、吞噬其他弱势文化的过程中建立起来的。西方国家建立文化霸权以推行文化殖民，目的在于获得经济、政治权威，按照自己的价值塑造世界。这样的文化体系实质上是一种文化霸权，它是文化主体间不平等的文化交往，是当代国际军事、政治、经济、技术不平等格局的反映，也是当前以美国为代表的霸权主义所散布的“全球化意识形态/话语霸权”的一种表现。这种国际文化体系还表现为文化的一元化与多元化之间的张力和冲突，一元化可分为“美国化”和“商品化”两种形式，前者可归结为文化帝国主义的问题，后者可视为消费主义文化的问题。[①]

总之，延续至今的近现代国际体系随着全球化的深入，出现了许多不变革体系结构就无法解决的全球冲突与问题。首先是国际政治结构的进一步非合理化，大部分权威性的国际组织都掌握在西方国家手里，权力政治的游戏规则都由它们制定。其次，随着全球经济结构的调整，发展中国家在世界经济格局中的地位越发降低，发达国家的贸易保护主义再度盛行，对发展中国家的援助大大减少，而且条件对受援国也日益不利。同时，全球化的发展进一步深入到思想文化等领域，许多国家的特色文化都面临冲击。他们只有被动接受发达国家已经制定的规则，否则就会被这一浪潮抛弃。最后，由于主权的产生与发展，导致近现代国际体系中出现了一种排他性的观点。这种观点认为，本国、本民族的生存权利高于他国或他民族的生存权利。这种排他性的观点在西方社会中表现得最为显著。现代西方文明中民主、人权、自由等要素，再加上基督教对于社会和人的价值的认识，已经将其他文明和民族的暴力使用视为一种根本的错误。在这种观点的指导下，世界上不同的国家和文化被置于一个等级分明的价值体系中，发达的西方社会在价值体系的上层，而落后的亚、非、拉国家则居于价值体系的下层。当前，以宗教恐怖主义为手段的部分伊斯兰国家的激进分子将西方视为敌人，就是他们对自身长期处于该价值体系下层、受到居于体系上层的西方国家的资源掠夺、政治经济文化压制的不满情绪的累积发泄，它反映了国际体系中逐渐扩大的社会不同阶层间认识的分歧，以及以美国为首的西方

① 苏国勋、张旅平、夏光著：《全球化：文化冲突与共生》，社会科学文献出版社，2006 年版，第 17、42 页。

社会体系与世界其他社会体系之间的冲突。在这一过程中，冲突促进了弱势群体之间的团结，而宗教因素只不过是强化了这一发展过程。[①]

当前的国际体系在诸多方面对体系内的弱小国家，尤其是欠发达国家都造成了侵害，换言之，作为国际体系中一种新型的“准国家”（quasi-state）形态，它们无法按照发达国家确立的整套规则行事。外围国家中存在的这种情况说明威斯特伐利亚体系下的国家内部已经出现暂时的功能紊乱，这也成为当前国际体系结构上的显著特点。那些支撑威斯特伐利亚体系的观点忽视了这一事实，即除了从法律纬度窥视之外，国家实际上并不平等。[②]因此，威斯特伐利亚体系的核心遗产——国家创建进程——在当前正面临着存在的合法性危机。

恐怖主义不仅是该体系下各种利益发生冲突的产物，而且是价值冲突的产物，宗教、文化、价值观、理想、信念等这些社会软因素的异质性冲突在催生恐怖主义中都具有不可低估的作用。恐怖主义在当今世界的蔓延可以说是上述不合理的国际体系长期得不到有效改正的必然发展逻辑。恐怖主义与其他全球性问题的出现，说明了当今世界纵向发展是矛盾冲突的根源。虽然有根源不一定就会马上构成冲突，有着政治经济文化的不平等也不等于就一定会产生现实的恐怖主义活动，但是一旦存在于政治经济文化与恐怖活动之间的诱因被点燃，恐怖主义就会从潜伏着的可能性走向现实。所以要将恐怖主义消灭于萌芽状态，就必须改变当前国际体系中的不合理部分，建立公正的跨国合作的国际机制。

---

① Reuven Paz, *Is There an Islamic Terrorism?* http://www.ict.org.il/articles/articledet.cfm?articleid=46, September 7, 1998.

② 宋德星、刘金奇：“国际体系中的‘失败国家’析论”，《现代国际关系》2007年第2期，第28页。

2001年9月14日，德国总统约翰内斯·劳在柏林举行的“9·11”事件哀悼活动上就指出：“防止恐怖、暴力和战争的最好办法就是建立一个公正的国际秩序，公正的果实将是和平的到来。”[①]

① 闫瑾：“‘9·11事件’与国际反恐怖主义途径分析”，《教学与研究》2001年第11期，第55—57页。

经济一体化过程中国际关系的政治过程分析

全惟幸[*]

内容提要：本文对政治过程分析法应用于国际关系研究的方法和动向做了介绍。经济一体化过程中国际、国内各相关方存在着互动关系。怎样对这过程进行分析是一大课题。本文介绍了文献分析法、数量分析法的应用方法。本文对我国学者了解国际上相关研究动向有一定参考价值。

当前，世界范围内的经济一体化浪潮汹涌澎湃。仅据日本政府2001年版的《通商白皮书》报道，20世纪50年代缔结的自由贸易协定为2个，60年代为2个，70年代为17个，80年代为5个，1990年至2000年6月为87个。[②] 可见自20世纪90年代以来，地区性的自由贸易协定显然有了急速的增加。世界贸易

* 全惟幸，上海社会科学院亚太所研究人员。

② 日本政府经济产业省：《通商白皮书2001年版》，第159页。

体系在迎来巨大变革时期的同时，经济一体化有了长足的进展。但是，入近年来，情况又有了新的变化，虽然进入谈判过程的双边自由贸易协定不断增加，但成功缔结的却不多，一体化过程受到重重阻挠。究其原因，在于政策的调整过程异常艰难。

由此可见，经济一体化不是简单的国与国之间的协议签约，它涉及到国内相关各方利益的调整，有时其影响还跨越国境，涉及到与外国甚至是国际间关系的调整。

因此寻找分析经济一体化条件下各方利益调整过程的有力方法成为一件重要的事情。而近年兴起的国际关系的政治过程分析方法，可以对此作出一定的贡献。有鉴于此，本文拟就经济一体化条件下国际关系的政治过程分析方法作一介绍。

一、政治过程分析方法应用于国际关系分析的缘由

政治过程分析方法，以前主要用于国内政治分析，可是 20 世纪 70 年代中期以后的世界体系的急剧变动使得政治过程分析法在国际关系分析方面和对外政策形成过程分析的用武之地显得突出起来。[①]

全球化和一体化的进展以及国家间相互依存的加深，使得国际体系与国内体系的联系和相互作用越来越紧密。本身就越来越复杂的国际关系与各国国内的因素由于连动的关系变得更加复

① 较详细地介绍政治过程分析法应用于国际关系分析的论著有辻中丰：“政治过程分析在国际关系分析中的应用”；佐藤英夫主编：《国际关系入门》第六章，东京大学出版会，1990 年 3 月。本文的一部分内容根据其编译。

杂。如果将每个国家本身为1个变量来看待，那世界体系就是由170余个变量组成的一个联立方程组，再加上各国国内因素所组成的变量，那这个体系就是一个由无数个变量组成的复杂无比的方程组了。各国国内的政治变量是由各国打上其历史传统和文化印记的制度及国内的各相关方所组成的，因而情况的复杂远远超出我们的想象。

国际体系和国内体系的连动可从以下三方面来理解：

1. 20世纪70年代的世界体系的结构变化，是由浮动汇率制、石油冲击、世界同时陷入经济衰退等原因促成的，在这种状况下，各国的政治、经济、社会的联系更加紧密，因此对政治的需求，例如：要求采取景气对策，保持汇率稳定，以及要求政治介入的诉求同时增大。不单单是这样，政治和社会的关系，例如：行政改革、税制改革也都被提上了议事日程。

2. 由于贸易、汇率、资本在全球的自由流动，跨国公司、金融机构和利益团体能跨越国境参与和影响其他国家的社会过程。在世界体系发生变化的情况下，尤其是在低增长下的国际化的社会过程的相互作用，容易转化为“摩擦”，成为政治问题。另一方面，全球化也在环境问题等“公共利益”的领域取得进展，从而使各种各样的非政府国际组织（NGO）的活动更加活跃，使得国家间的社会和政治过程都产生联动效应。

3. 国家间的外交，也因有必要进行调整和协调而变得活跃起来。国内、国际的政治和社会过程由于受到上面1、2两个方面的强烈影响，使得外交也不能保持自身的自律性。另外，20世纪70年代中期以后，各类国际组织大量产生，使得国家间关系变得更加复杂。

4. 由于上述1、2、3三个方面有关，世界体系的结构变化还在进展中。

将精力集中于政治相关方的力量和势力配置的政治过程分析，能对正在进行中的经济一体化最前沿的各种各样集团政治过程分析方面发挥强有力的作用。例如：对美国政治产生影响的日本在美院外集团活动的问题，以及对日本政治产生影响的的围绕着日本政府开发援助（ODA）[①] 这一涉及相关国家利益的政治过程，直至作为世界经济政治连动突出表现的金融国际化过程的分析都能发挥强有力的作用。

另外，对剧烈变化中的社会、政治体制进行体制比较分析方面，政治过程分析也能发挥它的长处，例如在将富裕起来的和进入一体化进程的20世纪80年代的日本与20世纪40—50年代的美国的集团化过程进行比较方面，这一分析法也能作出重要的贡献。

所谓政治过程分析，是接近于经验科学的一种分析方法。它能对无法直接把握的不定型的和综合性的政治现实和状况进行分析。它吸收了从历史角度和制度角度的思考方法，但却不单单是历史的分析和制度的分析，同时也不能说是经验科学分析方法的综合，也区别于主张立足于对严密的假设验证的计量分析和要求严谨的数学模型化的数理分析方法。另外，它也与设定一定的价值、规范的政策分析有区别。但它有其存在意义：虽然在所有的分析方法均以理解现代政治为目标这一点上它们有相同之处，虽然政治过程分析方法同样主张从事实出发，即对事实的发现、整理、分类和参数化的这些步骤是不可或缺的，但可以说政治过程分析蕴含着构成作为众多的政治分析的基础的可能性。

① ODA也具有政治含义，日本著名金融学家伊藤正则认为："过分依赖从某些特定国的政府开发援助机构和民间银行借款的话，有引起其干预国家财政计划和资金筹集计划的危险。"由此可见ODA的政治含义。伊藤正则：《日本经济高速增长时期的金融政策和对中国的建议》，中国经济出版社，1985年版，第107页。

就像所有的分析方法都有其存在的理由一样，一个分析方法之所以能延续下来总有其理由。政治过程分析的生存有如下原因：政治过程分析与政治心理学分析一起，以与传统的政治学，即政治制度和政治史及政治的价值理论相对抗的形式于 20 世纪初期登场。

国际关系中近年来政治过程分析变得越来越重要。

各国的国内政治和外国的政治以及国际关系诸机构的政治成为浑然一体的一个巨大的世界政治过程。反过来看，各国的政治系统组织和这个社会系统和政治系统在试图形成连动过程时，制度的溢出、交错和从别的制度流入的利益集团，如果到了无法理解这些形成过程就无法理解国际关系时，对国际关系的政治过程的分析就自然而然地登场了。

二、政治过程分析的方法和特征

政治过程的分析异常丰富多彩。

表 1　政治过程的分析

过程	相关方
单一　个别政策过程分析	单个相关方 （企业、团体、运动、官僚制、地方政府、政党、NGO 等）（压力团体论）
复合　综合过程分析	相关方配置 （利益集团论）
体制（多元主义、精英主义、公共主义等）	

表 1 试图对政治过程分析的类型进行分类：可按多元化的政治过程分析究竟是将重点放在过程上还是相关方上，焦点是集中在单一的事例上还是复数事例的关系（结构）上来进行分类。

在单一过程的政策决定过程分析方面，以古巴导弹危机中美国方面的政策决定过程为对象的阿利逊的分析，尤其是其中的“官僚政治模型”是一个很好的例子。

相对于对单一过程的短期的凝聚于一点（决定）为中心的分析，是对稍许长一点的争论点和问题的进展过程的复合过程的分析。大岳秀夫的研究和佐藤英夫等人对日美经济摩擦过程的研究就是这一类的例子。

与相对于多个相关方的分析不同，针对单一的相关方的分析，因为是对个别对象进行分析，特别对集团的处理方法被称做压力团体论。例如分析医师会、经济团体联合会、农协、各种组合的政治功能就符合这一特点。

而将相关方看成是复合的，例如广泛分析团体间、团体和政党、官僚制度间的关系时，这被称做利益集团论。

过程和相关方的研究，由综合性而发展为对政治体制性质的讨论，使用了权威主义、权力精英、集团主义、多元主义等概念。

为帮助理解，这里举一些稍为简化了的，或者稍带极端性的例子来说明。例如，有的强调“问题意识”的分析，强烈主张对现状的“批判”的分析就是一个例子，问题意识本身，肯定是一个重要的出发点，如果过于拒绝这一点，就只能埋头于书斋或宿舍里苦思冥想，仅仅是空发议论，而不能上升到经验的研究。其次是强调对“已有知识”的探讨。

反过来还有一种是强调建立数据的分析法。美国的社会科学，有一段时期被称为超现实主义。有一段时间对应于社会急速的变化，将精力集中于通过调查、观察、发现新的事实这件事本身。迄今为止在社会调查和政治过程的研究者中这种倾向还很强。可是一旦失去与理论的关连，仅仅是事实的罗列就不是经验科学了。

过分强调假说形成就成了“假设迷信派”。与理论和实际调查没有关联的“假设”，不论产生多少，这类东西与其说是独创性的东西，还不如说是“突然想到的东西。”或者，过分追求检验评价的严密性，过于将精力集中于统计学技术侧面则会丧失研究的意义，而变成不再是政治过程的经验科学，这是因为政治过程的许多要素、集团和过程、事件和焦点、团体和交涉这类东西因为具体，难以计量化的东西很多。

所以，从当前情况来看，政治过程经验的研究方法要注意以下几点：

（1）保持整体的平衡是非常重要的；

（2）在基于事实的观察方面要多花些精力；

（3）要多使用“事例研究”的方法；

（4）数量化方面目前大多还停留在低水平；

（5）目前的研究，与理论一实证型研究相比，更多的是假设一创出型（经验的一般化）的研究。

三、对一体化利益集团关系的“分析框架”

怎样对经济一体化中的关系进行分析呢？借鉴国外学者的成果，我们发现：首先，有必要将政治系统间的区别即国内和外国以及国际的系统区分开来。接下来最低限度是将一个系统内区分为组织过程、社会过程、政治过程这三个子系统过程。表 2 显示政治过程分析怎样用来对目前进展中的一体化进行分析的一个例子。[①]

表 2　经济一体化中利益集团关系的分析框架

	A	B	C
过程	国内	外国	国际
1. 组织	负责国际事务的部门 设立对外友好团体	驻外使馆 建立合作组织、相关团体	联系多个国家的团体协定会议
2. 社会	募集成员 业界自主限制，自我协商 申请成为更高一级团体的成员	通过上述组织进行沟通，参加地区活动捐助资金，财团捐助资金	向国际组织派遣人材资金援助
3. 政治	政策形成（执行） 向各相关方（首脑、政党、官僚、司法部门等）施加影响 政策形成（执行）	向各相关方（发信件、会谈、院外活动）	向联合国、世界银行、OECD等施加影响

之所以要进行划分的原因是：

第一，在多个不同领域可能存在各自独特的逻辑和规律。国家和国家的差异不用赘言，在组织过程中也存在不同类型的对象。例如，在组织过程中存在着“搭便车”的人，即对目标不作任何贡献而只享受好处的“白乘车”的人，组织的规模越大越容易发生这种情况，而社会过程与文化的关联又非常重要。同时，

① （日）佐藤英夫：《国际关系入门》，东京大学出版会，第 153～154 页。

政治过程中不容忽视的是政治制度、政治传统、意识形态等制度性力量的作用。

第二，各自的群众都相互有联系，存在着某种关系。哪种国际关系的现象都与所有的广大民众有一定联系，同时可以预期它对他们有某种价值。

反观这一现象可知：这样的分析框架说明国际关系在立足于综合现象前提的同时，在现实政治中必须是综合性的战略。以经团联为中心、日本经济界在对以美国加利福尼亚州为主的重复征税制度进行抗拒的事情为例。当初，多次要求日本政府、首相进行帮助，而且直接向美国的法院和总统等美国的实权者施加压力的院外活动虽经多次努力，但没有取得完全的成功。于是在当地设立了相关团体，更进一步向州的层面甚至更下面的地方一级政府或团体、媒体施加影响。再进一步与各国拥有同样利益的集团、团体进行联合，结果经过长达 10 年持续不断的努力，经团连在 1986 年 9 月终于取得成功，使这一重复征税的制度被废除了。[①]

四、文献分析法在国际关系研究中的具体运用：对院外集团政治过程的分析

这里以日本在美国的院外集团活动为例说明怎样进行国际关系研究。并以上面的事件为例阐述怎样通过利益集团论来进行国际关系研究。

① 佐藤英夫：《国际关系入门》，东京大学出版会，1993 年，第 155—156 页。

（一）问题的察觉和发现

筑波大学辻中丰副教授从1970年起，用长达10年的时间对利益集团进行了观察和分析，注意到日本相关团体活动在国际舞台和国际关系方面的活跃程度，[①] 更进一步发现了由于日本在美院外活动的量的巨大，由此在美国传媒界引发大量报道和影响，他也注意到日美贸易摩擦激烈程度虽时有下降，但仍存在突然再次升级的可能性。但学术界却很少关注研究。

注意到了这些以后，迁中丰开始了对日本在美院外活动的研究。[②]

（二）研究的步骤：其研究的第一步是首先检阅已有的信息

对文献的研究主要集中在以下几个领域：

（1）日本院外活动的产生。日本的利益团体和政府致力于院外活动是从1970年前后开始的，即是以要求归还冲绳和纺织品摩擦为契机开始的。

（2）从美国的利益集团政治情况看，20世纪60年代后期开始出现利益团体的激增，同时就某一问题出现意见分歧、对立和公共利益集团蓬勃兴起和发展的现象。[③]

可以认为就是从那段时间开始，利益团体政治出现了全面的活跃。

（3）在那段时间，美国政治总体上也产生了结构变化，在对外政策形成过程中，利益团体和院外活动的作用显得日益重要。

① 详细内容见辻中丰：《利益集团》，中文版，经济日报出版社，1989年11月版。

② 佐藤英夫：《国际关系入门》，第156—158页。

③ 辻中丰：《利益集团》，中文版，第83页。

主要原因有以下四点：对外政策上出现了意见分歧、对外政策方面经济问题的外在化、议会在对外政策方面的地位作用提升、美国议会结构的改革。[①]

从文献中可以得出以下结论：从 20 世纪 60 年代后期开始，日本和美国利益集团日益活跃，对美国政治的渗透力增强，而且 20 世纪 70 年代中期发生的美国政治（国会）的结构改革使利益的渗透和影响变得更容易了。在 70 年代后半期的低增长和日美经济摩擦过程中，日本院外活动形成了一个新的现象。

（三）数据的收集

对集团、团体、组织的研究，首先必须收集相关年鉴和团体总览、组织图、成员统计等资料，还须进行访谈（面谈）和问卷调查等现场调查，以便对团体活动和院外活动进行直接观察。

五、数量分析方法在政治过程分析中的应用

除了文献分析法外，数量分析方法近年来也开始被应用于国际政治过程分析方面。这里以 20 世纪 80 年代著名的美国一揽子贸易法案为例来观察数量分析法的应用。[②]

“一揽子贸易法案”风波的经过：

① 佐藤英夫：《对外政策》，东京大学出版会，1989 年。

② 该数量分析方法采用的统计软件为 spss，由于篇幅所限，这里不可能全部介绍，详细建模过程请参见：蒲岛郁夫：“数量分析法在国际关系分析中的应用”；佐藤英夫主编：《国际关系入门》第七章，东京大学出版会，1990 年。

“一揽子贸易法案”的历史可以追溯到很久以前。1985 年 10 月 17 日，美国众议院民主党贸易作业小组受到国会议长的支持，向国会提出了一揽子贸易法案。这一法案中与日本有关且保护贸易色彩浓厚的部分有：

1. 将决定贸易对象国是否认定为 1974 年美国贸易法第 301 条所规定的不公正贸易国的决定权限由总统移至美国贸易代表处(USTR)。一旦美国贸易代表处判定对象国为不公正贸易国时，总统在一定期限内必须采取报复措施，使对象国蒙受与美国相同的损害，即所谓的超级 301 条款。

2. 过量的贸易顺差国至 1990 年止，必须承诺顺差幅度比前一年削减 10%。一旦这一法案通过，总统即可启动实施限制进口的报复措施，即所谓的艾伯特条款。

3. 与在通信机器和服务贸易领域没有达到与美国同样开放程度的国家进行谈判，一旦不能达成协议，总统必须在一定期限内采取报复措施等。①

在该法案向国会提交时，里根总统形容它为“神风法案”，批评它是“保护主义的立法，违反自由、公正的基本的原则”，表示要行使否决权。

1987 年 1 月 6 日，在美国国会第 100 次会议开幕日当天，民主党艾伯特众议员再次提出与前一次内容几乎完全相同的一揽子贸易法案（HR3）；而独立于众议院，参议院也于 2 月 5 日提出了一揽子贸易法案。（参议院和众议院提案内容的对比见表 2。）

---

① 《日本经济新闻》1986 年 5 月 23 日。

表 2　参众两院的一揽子贸易法案的比较

项目	众议院	参议院
对外国不公正贸易的报复（贸易法 301 条）	强制要求过度顺差国每年削减 10%顺差额	3 年内如不撤消市场壁垒的话，即报复
进口损害救济（贸易法 201 条）	将救济措施的权限从总统移至贸易代表处	限制总统拒绝救济的权限
知识产权保护（关税法 337 条）	在损害没有立案前即可阻止进口	与众议院案大至相同
强化反倾销法	加强对 10 年内再次违反者的监视	加强对 10 年内再次违反者的监视
金融报复	对不能给予美国同等市场参与机会的国家的金融机构实施报复	对不给予国民待遇国家的金融机构实施报复
对美投资限制	因安全保障的理由可以限制其并购美国企业	与众议院案大致相同
对日个别条款	开放电信市场，就牛肉、橙子开放市场	制裁东芝公司，要求参与关西新空港建设，农产品自由化

当时日美贸易摩擦达到了史无前例的激烈程度，法案一旦通过就将对日美关系乃至世界贸易体系产生重大影响。因此，大家关注的焦点是，这一法案究竟是否会在美国国会通过?

值得关注的是：在这法案付诸参众两院表决之前，日本筑波大学的蒲岛郁夫副教授制作了一个美国参众两院的数据库，围绕着该贸易法案在国会通过的可能性，使用了自己开发的统计模型，就这一法案成立前景进行了预测。得到的结果是：该法案很有可能会在众议院以 316 票对 116 票，在参议院以 72 票对 28 票通过。[①]

这一预测结果原定在第一届“大学与科学”的公开学术研讨会上发布，却由于向大会秘书处提交了论文而被媒体获悉。《日本经济新闻》于 1987 年 1 月 22 日发布了研究结果，引起了公众的广泛注目。

实际的结果是：一揽子贸易法案于 1987 年 4 月 30 日在众议院以 290 票对 137 票，同年 7 月 21 日在参议院以 71 票对 27 票通过。可以说，实际情况与预测的结论大致吻合。这里值得关注的是：以前也有利用政治数据库对选举结果进行预测的，但在外交政策构建方面可利用的数据库并进行分析、预测还是一个新例子。

其后，参众两院的法案经过两院协商会的协商、磨合，于调整后再次送付给参众两院，结果被通过。在两院草案合一的过程中，削除了强制要求对美顺差国削减顺差的条款，即被称做“艾伯特”的条款。调整案于 1988 年 4 月 22 日在众院以 312 票对 107 票，4 月 27 日在参院以 63 票对 36 票的压倒多数获得通过。

可是里根总统并不赞成这一调整案，因为其中包含了“关闭工厂条款”。5 月 24 日，总统行使了否决权。所谓关闭工厂条款是指企业在关闭工厂、解雇职工前有义务在 60 天以前发布告知书等内容。里根总统呼吁取消关闭工厂的条款，并要求国会在与政府合作的基础上制定新的贸易法案。国会响应总统的呼吁，审议了消除工厂关闭等条款后的新的贸易法案。这一法案在 1988 年 7 月 13 日以 376 票对 45 票，8 月 3 日以 85 票以 11 票在参议

① 佐藤英夫：《国际关系入门》，东京大学出版会，第 172—181 页。

院获得通过，并于8月24日经里根总统签字后正式成立。虽然这个一揽子贸易法案最后在白宫和国会之间交涉过程中有所调整，但这个法案通过的情况与蒲岛郁夫预测基本吻合，这是一种提供了用数量方法研究国际关系的成功例子。

六、结 语

如经济一体化过程涉及到各相关方的利益变动，这就需要各方通过协商、平衡，然后找出各方的共同利益之所在。在这方面，政治过程分析法有很大的用武之地。同时，这一方面的应用也对我们有一定的启示。另外，国际政治学领域已引入了数量分析法，它对数据库和分析方法有较高的要求，同时指明了我国学者的努力方向。希望我们能早日在相关学科的研究中由定性进入到定量分析的水平。

以上概要地介绍了在当前经济一体化的潮流中对国际关系的政治过程进行分析的理论、概念、方法和实践，希望这对我们研究经济一体化中的国际关系会有一定帮助。

参考文献

田口富久治：《政治学讲义》，名古屋大学出版社，1993年。

后房雄：《葛兰西和现代日本政治》，世界书院，1990年。

伊藤正则：《日本经济高速增长时期的金融政策和对中国的建议》，中国经济出版社，1985年。

佐藤英夫：《国际关系入门》，东京大学出版会，1993年。

大岳秀夫：《政策过程》，东京大学出版会，中文版，经济日报出版社，1991年。

大岳秀夫：《现代日本的政治权力经济权力》，三一书房，1979年。

冈泽宪芙：《政党》，东京大学出版会，中文版，经济日报出版社，1991年。

辻中丰：《利益集团》，东京大学出版会，中文版，经济日报出版社，1991 年。

村松歧夫：《地方自治》，东京大学出版会，中文版，经济日报出版社，1991 年。

石原滋：《贸易摩擦》，产业能率大学出版部，1986 年。

全球化的中性特征

高子平*

内容提要：全球化特指某种事物或现象由世界某个或某几个地方向全球各地扩散、推广并被逐步接受的过程。作为冷战结束以来整个国际社会最重要的事件，全球化以经济全球化为基础，正在两个维度（深度和广度）迅速改变着整个世界，并将彻底改变世界历史的航向而无法阻遏，更无法继续罩以意识形态的外衣。全球化的概念、开端、实质和前景四个基本面都充分展示了它所固有的中性特征。

冷战结束以来，全球化一词频频出现在各种场合、文件和著作之中，争论之激烈实属罕见，却又罩以浓浓的意识形态色彩。本文主要从全球化的概念、开端、实质和前景四个方面反思各派观点并揭示其中性特征，从而为构建和谐世界理念探寻逻辑原点。

* 高子平，上海社会科学院理论经济学博士后流动站。

一

任何概念必然是对研究客体的本质特征的界定。同样，任何对本质特征的界定又都制约了对概念的描述。“全球化”（Globalization）这一概念最早由西奥多·莱维特（Theodore Levitt）于1985年在《市场全球化》一文中提出，但西方对这一概念的首创性构不成偏好或偏见的理由，更何况它并未提出全球化的核心问题及思想，却预示了一场论争的到来。尽管从概念首创至今仅仅20年，但全球化的概念却远非20种所能包罗。不仅如此，各家各派力图将自己的全球化理论追根溯源至几百、甚至几千年前，从而进一步增大界定的难度。当然，全球化理论各流派也隐含了几点共性：一是都念念不忘经济的全球化；二是都竭力追溯各自的“世界共同体”诉求；三是都从动态的角度剖析全球化。正因此，对全球化进行概念界定时必须注意：一是不能将经济全球化等同于全球化，至于政治全球化、民主全球化、文化全球化甚至恐怖主义全球化等理论可以另行商榷，但可以肯定全球化绝非仅限于经济领域（尽管最为醒目）；二是不能将全球化盲目地置于各种全球性大一统的构想之中；三是概念不同于客体本身或其本质特征等，故而不带有意识形态色彩。

“全球”是一个空间范畴，意指世界各地，起码是绝大多数国家和地区。“化”描绘的是一个转型过程，它本身便是动态的。“全球化”特指某种事物或现象由世界某个或某几个地方向全球各地扩散、推广并被逐步接受的过程。它不具有静态形式，从而也就不能将其前因抑或后果等同其自身。同时，它必然存在首创与后发之分，故而不能因为对首创者所抱有的其他意义上的态度而对其定性。

二

全球化因于何事、借助何物、始于何时？

人作为一种动物性的存在，必然有各种自然性需求；同时，人作为社会性存在，必然是群体性的，还有形形色色的社会性需求；另外，人作为一种高级动物，其活动（包括劳动）又具有精神性。这种多样性的需求从形式上讲是主观的，但其内容是客观的，而且需求的对象首先和主要的也是物质方面的。多样性决定了作为个体的人难以满足其自身，而群体性存在则产生了交往。在交往过程中的劳动协作从本质上讲是一种交换，故而交换是交往的基础和主要内容，但在前资本主义社会，这种交换（及交往）带有显著的地域性和高限性，跨国界交换更是如此。人类自从原始社会甚或亚细亚生产方式时期便历经分工，从而物化了需求的多样性并注定了交换与交往的延续，但是前资本主义时期社会分工基础上的生产活动取决于自然条件，旨在（主要）满足自然性需要，而地力有限，农业发展遵循的是有机生产而不是机械生产的规律，[①] 这就决定了交换的有限性，更何况东方社会力图重农抑末。由此观之，全球化无从谈起。

地理大发现使真正意义上的“全球”展现在世人面前，“在这以前，只有各民族的相对平行的历史，而没有一部统一的人类

---

① （日）祖田修：《农学原论》，中国人民大学出版社，2003年版，第76页。

历史”，正是在1500年前后，“各种族集团之间才第一次有了直接的交往”。① 但是，全球性的（空间意义上的）世界历史的开端并不能说明如下事实：在地理大发现之后的300年间，世界多数地区不仅没有意识到全球性存在的价值，而且在奋力抵抗白人统治的同时抗拒全球性特征；除欧洲以外的各地区内部（尤其亚非）依然相安无事而无互动，例如清兵入关的“世界影响”便属无稽之谈，而谋求一方平安的庞大帝国又何止一个？因此，简单地把地理大发现等同于全球化的开端从而祝福资本主义的努力似无任何意义。更有甚者，即使欧洲工场手工业足以使其大肆贸易，血本无归者也不在少数，故而全球范围内的任何领域的转化过程（全球化）无从谈起。

关于全球化开端的第二个倾向性神话是工业革命。近代欧洲先行开始从工场手工业转向机器大工业，扩大再生产的规律开始替代人类形成以来有机生产的规律并开始跳出主要为满足自然性需要并随时掣肘于自然的沉闷、缓慢（甚至循环）的历史命运。“在这个阶段上，分工，由分工而产生的个人之间的交换，以及把这两个过程结合起来的商品生产，得到了充分的发展，完全改变了先前的整个社会。”② 尽管言之过早，但确实反映了这一发展趋势，（借助于科技推动的）机器大生产和（基于比较利益并缓解资本匮乏的）大规模贸易活动环环相扣，商品经济为之提供了广阔的历史舞台，而坚船利炮则为之开辟了足够的市场空间。一个新的全球性的时代正在逼近，但商品的四处扩张与资本的四海游荡同样未能促使欧洲（后来包括美国）一隅推动其他广大地

① （美）斯塔夫里阿诺斯：《全球通史——1500年以后的世界》，上海社会科学院出版社，1999年版，第3页。

② 《马克思恩格斯选集》（四），人民出版社，1972年版，第170页。

区不可逆转地向其转化，某种意义上可能恰恰相反，因为世界上绝大部分地区面对以狰狞面目出现的向“全球化”转变的历史时机时本能地退缩，而且确实既无防备又无准备。当商品经济及开放意愿仅仅局限于地球西北角时，“全球化”同样只能是资本和商品孜孜以求的遥远的梦。

关于全球化开端的第三个倾向性神话来自于马克思主义的“世界历史”观。毋庸置疑，马克思、恩格斯在《德意志意识形态》、《共产党宣言》等经典著作中高屋建瓴地以历史的眼光，从人类发展的高度详尽论述了“世界历史”观（之前的维特、圣西门、黑格尔等人的努力只是提供了可供参考的素材和可资借鉴的视角而已），并明确指出：资本主义大工业“首次开创了世界历史，因为它使每个文明国家以及这些国家中的每一个人的需要的满足都依赖于整个世界，因为它消灭了各国以往自然形成的闭关自守的状态。[①]”这一论述不仅被后来的左翼研究者信誓旦旦地判为“世界历史”的开端，甚至到处被时髦地引用为全球化的开端。这里只讨论后者。如果这一结论成立，那么“世界历史”的开端能否等同于全球化的开端？换言之，世界性是否与全球性相同？进而言之，“每个文明国家以及这些国家中的每个人”是指世界各国，还是地球西北角？如果马克思主义的“世界历史”概念与全球化概念“在本质上是一致的，属于同一个范畴序列或谱系”，[②] 那么至少“世界历史”理论属于历史观范畴，而全球化理论属于社会发展的具体理论。两者的内在联系不等于两者可以合二为一，也不等于两者没有根本性区别。更重要的是，马克思

① 《马克思恩格斯选集》(一)，人民出版社，1995年版，第114页。

② 王东、丰子义、聂锦芳：《马克思主义与全球化》，北京大学出版社，2003年版，第241页。

以哲学家的眼光洞察了人类发展的方向，但其结论往往被后来者庸俗化为对当下的描述。

关于全球化开端的第四个倾向性神话是始于“世界市场”的形成。从理论上讲，全球化不等同于经济全球化，但因经济全球化是全球化最早的形态，故而两者的开端可视二为一。但是，“世界市场”（即使确实形成于19世纪中叶）的形成是否开辟了全球化的新时代呢？截然相反，对“剩余空间”的殖民化之争演绎的无数次刀光剑影劈碎了统一的“世界市场”的前景，却又促使西欧主权观绝对化并迅速扩散；民族解放运动的风起云涌及帝国主义恶战使全球震颤并使全球化的前提烟消云散；亚、非、拉广大地区主要是作为殖民宗主国工业化的平台（原料产地、投资场所和销售市场）而无法以独立的国际法人身份参与（更谈不上其内部的各经济体的参与），经济国际化随着世界历史的形成而不可阻挡，但它与经济全球化的区别显而易见。随着各国经济走出一国的范围，走向国际交往，经济国际化正式开始。但它是在全球主权体系远未形成、绝对主权观甚嚣尘上、国际经济组织和协议几乎无从谈起、国际社会狼烟四起的状况下进行的，故而是区域性的、间断性的、不平衡的和不稳定的，更谈不上权利平等或公平竞争。换言之，它只反映了生产要素的国际流动，并且是在不利的环境中展开的，真正意义上的世界市场的形成是当下的事，而以往关于“世界市场”的理论无疑都由西方中心主义（有意或无意）的倾向性观念所致。

关于全球化开端的第五个倾向性神话是始于二战结束。它确实有最充分的理由：一是相对主权观在西欧初露端倪，尤其在两次大战主战场的欧洲；二是随第三次科技革命而来的信息技术构建了经济全球化得以形成的物质基础，从而得以“用时间去消灭空间，就是说，把商品从一个地方转移到另一个地方所花费的时间缩减到最低限度”。[①] 遗憾的是，世界被一分为二（甚至三）了。冷战正酣之际，东西两大阵营之间的外贸额最多不足50亿美元，何以全球化？在社会主义阵营以及发展中国家中，民族独立浪潮和捍卫主权的正当呼声不可避免地将主权观推向了绝对化。换言之，冷战时期是有史以来绝对主权观最流行的时期（东欧也少不了暗潮涌动并蓄势待发），世界范围内共享信息技术成果、构建全球信息网络的任何计划都难以成行。不仅如此，计划经济在大半个世界的推广与试用更使全球化遥遥无期，因此冷战时期只存在“西方世界的全球化”，即“半全球化”。

从前述全球化概念可知，全球化至少应包括三层含义：首先，它表现为经济全球化，主要涵盖投资、贸易、产业和人力资源四个方面；其次，它是全球范围的，故而必须是世界各国，至少是绝大多数国家和地区主动地确立开放政策，而这必须有总体缓和的国际形势和普遍接受的相对主权观的衬托；再次，它既描述了一种状态，也勾画了一种趋势，所以始终是动态的，既不能混淆于经济国际化，又不能等同于经济一体化。冷战的终结不仅宣告了意识形态全球对抗的结束，而且从总体上宣告了计划经济模式（国家垄断社会主义）的瓦解，从而使全球化第一次具备了基本条件，使世界范围的普遍交往得以开始。因此，冷战结束后，人类才真正初步迎来了全球化的正式开端。换言之，关于全球化开端的争执本身就隐含着各种倾向性观念，从而掩盖了它的中性特征。

---

① 《马克思恩格斯全集》〔46集（下）〕，人民出版社，1965年版，第33页。

三

由于对全球化的概念界定和开端判定大相径庭，因此对全球化的实质也难达成共识。马克思主义主流派竭力将“世界历史”观、全球化、共产主义描绘成一脉相承的客观历史进程，并视之为“反资本主义”的产物和结果；西方主流派不遗余力地将其视为西方化的扩散过程，并定格为“反共产主义”、实现资本主义一统天下的工具和结果；新“左”派理论对全球化的否定不亚于对资本主义的否定，但逻辑的混乱与目标的模糊使其无法自圆其说，毕竟“正如表面上反现代的姿态从某种意义上说不可避免是现代的东西一样，反全球化姿态也被包裹在全球性话语（discourse of globality）之中”。[①] 之所以出现这种众说纷纭的状况，主要是由于错误地将全球化与资本主义绑在了一起。

这是言之有据的：一是西方资本主义最早开始了工业革命和工业化进程；二是西方资本主义最早开始从传统社会向现代社会的转化即现代化进程；三是西方资本主义最早开始全面发展商品经济；四是西方资本主义是近代以来推进全球扩张并竭力输出其意识形态的始作俑者和主干力量；五是（最大的证据）西方资本主义国家是冷战结束后全力推进经济全球化的中坚和不遗余力的奔走相告者。既然“人们还必须把全球性的专门组织网，特别是‘国际’金融机构，看作是美国体系的一部分”，[②] 就难怪有如下

① （美）罗兰·罗伯森：《全球化——社会理论和全球文化》，上海人民出版社，2000年版，第14页。

② （美）兹比格纽·布热津斯基：《大棋局——美国的首要地位及其地缘战略》，上海人民出版社，1998年版，第34页。

回应："全球化不过是帝国主义的另一名称。"[①] 回望历史，人类在反复演绎同一幕剧：推进工业化（及城市化）从而实现现代化，而市场经济是绕不过的一道坎（尽管关于"卡夫丁峡谷"的论争还在继续）。近代以来西方所占据的优势地位不能作为否认以下事实的证据：市场经济作为一种最有成效的资源配置方式，其实质是中性的，故而在不同的社会政治制度和意识形态下均可发挥效用且未必必须因应西方的资本主义意识形态，20 世纪 50 年代以来的前南斯拉夫、60 年代以来（一定程度上的）卡达尔领导下的匈牙利，尤其是 70 年代末以来的中国都以事实证明了这一切。反之，推行西方资本主义意识形态和政治制度未必就能有效发展市场经济，纵观冷战终结前后的大批转轨国家便可足见几家欢乐几家愁。西方资本主义自近代以来挟商品与重炮四面出击，不仅败坏了资本主义的声望，也使商品（及商品经济）成为替罪羊，而市场经济所引发的一系列问题也成了反市场经济的物证。这可以理解（尽管带有强烈的情绪色彩），但不可接受。市场经济的真正源头是交往（包括交换）与分工，而交往是客观的、自然的，不由任何意识形态所支配的。

同时，必须清醒地认识到，尽管西方发达国家直面经济全球化时占据一定优势并且获利颇丰，但这只是硬币的一个方面，由于（主要）由它首先面对全球化，故而全球化所带来的各种负面效应便首先将其作为试验品：一是全球性问题，尤其是国际恐怖主义，难怪欧洲某些评论家将"9·11"事件视为"全球化的切尔诺贝利事件"；二是资源在全球范围内的重新配置不能仅仅被理解为在非西方后发国家和地区的配置，实际上发达国家首先尝

---

① （英）查尔斯·洛克："全球化是帝国主义的变种"，载王宁、薛晓源：《全球化与后殖民批评》，中央编译出版社，1998 年版。

到了产业空心化的苦果（之一）——反全球化浪潮；三是作为主要载体的跨国公司不能简单地被视为其政府的特使，甚至其归属本身都成了不可小视的问题，而在很多跨国公司富可敌国的状态下，主权国家的支配能力甚至可能性都值得怀疑，按苏珊·斯特兰奇的说法，跨国公司销蚀了国家主权，“可以与国家一道对民族和全球经济发展进程发号施令”，[①] 它早已不是只能依靠国家保护的弱者或纯粹的经济功能的载体了。

不仅给全球化罩上资本主义的意识形态色彩以便支持或反对是行不通的，将全球化（至少是迄今为止的经济全球化）塞进社会主义思想发展史同样有悖于事实。不可否认，我们几乎不用寻觅就能发现马克思、恩格斯的宏大的世界历史视角（如“全世界无产者联合起来”），也能充分认识到后来很多无产阶级革命家的宽广视野和博大胸襟，但毋庸讳言，20 世纪的很多马克思主义者都具有如下特征：一是反市场经济（如何全球化）；二是反对开放性（阻碍全球化）。这种僵局一直到 20 世纪 70 年代末才被中国共产党人彻底打破，而这一破冰之旅在各社会主义国家及共产主义政党中所引起的哗然甚至一直延续到其中某些成员坍塌之后。这也从另一个侧面反映了一个事实：在反对帝国主义、殖民主义、（西方）霸权主义的过程中，马克思主义政党多数日趋左倾，并且义无反顾地走向了反西方。这就注定了经济全球化浪潮在冷战结束后开始席卷时，世界很多左派政党及某些社会主义国家一头扎进了反全球化的胡同。菲德尔·卡斯特罗以一贯的革命家气魄所进行的反全球化的呐喊、[②] 一些发达资本主义国家的马

① （英）苏珊·斯特兰奇：“全球化与国家的销蚀”，转引自王列：《全球化与世界》，中央编译出版社，1998 年版，第 117 页。

② （古）菲德尔·卡斯特罗：《全球化与现代资本主义》，社会科学文献出版社，2000 年版。

克思主义政党在反全球化运动中的共同话语[①]都难免使人将马克思主义与反全球化相衔接。纵观国际共运百年历程，能对经济国际化及当前经济全球化进行冷静思考和客观分析的马克思主义政党和社会主义国家并不多见，即使是将经济全球化塞进社会主义思想史的各种努力也无疑深深地打上了冷战思维的烙印，两者异曲同工、殊途同归：经济全球化是西方资本主义性质的（争论由此展开）。

马克思和恩格斯没有也不可能系统论述经济全球化，但他们早已为这一研究和分析提供了正确的思路：一是交往理论，二是市场经济的价值。在《德意志意识形态》中，马克思和恩格斯深刻地论述了交往理论。交往有多重含义，但物质交往（即交换）是其他交往的基础。“思想观念、意识的生产最初是直接与人们的物质活动，与人们的物质交往，与现实生活的语言交织在一起的。人们的想象、思维、精神交往在这里还是人们物质行动的直接产物，表现在某一民族的政治、法律、道德、宗教、形而上学等的语言中的精神生产也是这样。”[②] 在宏观层面，交往形式是多样的，但生产关系是基础，人类社会历史就在交往形式与生产力相互作用的矛盾运动中演进，因此交往形式取决于而又反作用于生产力。劳动既是物质生产活动，又是交往形式的基础，然而后来者往往注重于此，而忽略了马克思和恩格斯交往理论更丰富的内涵：一是它包括经济、政治、思想、道德、文化、军事等多方面的交往活动，既有物质交往，又有精神交往，是一种多方面、多范围（包括民族间、个体间）的相互依存关系；二是它重在“相互作用”，更具有主动性，是一种动态的范畴；三是生产

① 徐艳玲：“反全球化运动的兴起”，载《中国国情国力》2003 年第 4 期。

② 《马克思恩格斯选集》(一)，人民出版社，1995 年版，第 72 页。

力与交往形式的普遍发展使历史成为世界的历史。[①] 随着生产力和科技的发展，人类作为类存在必然会增强其群体性（社会性）。同时，“生产和消费领域的分离，生产不再在家族内进行”，[②] 而人类的居住方式也一直在由分散转向集中，资源（包括信息）共享日趋重要，交往（包括物质交换）的方式、频率及内涵都在不断发生变化，而这种交往的人类学意义是以往单靠经济分析无法囊括的，也是单靠国家主权无法控制的。冷战结束后，世界范围内信息网络的迅速构建与现代市场经济的全面扩散为这种普遍交往提供了平台和空间。因此，全球化实质上是全球普遍交往的过程。不能将人类自远古以来的交往过程等同于全球化过程[③]的关键在于，不能将零散的区域性交往等同于全球普遍交往。

另一方面，交往是具体的，交往的基础是交换（包括产品交换、信息交流、技术扩散等），交往方式的基础是生产方式。从生产环节的统一性来看，人类生产方式无非有两种：一是生产、分配、交换、消费四者相统一（实质上几乎不需要分配和交换）的自给自足的自然经济（群体共享式）；二是四个环节相分离的商品经济（付薪式）。由此观之，没有交换就没有交往，没有世界范围内的交换就谈不上全球性普遍交往，而这种交换及相应的交往必须以商品经济的成熟阶段和形态即市场经济为基础。如前所述，社会主义计划经济必然阻碍市场经济在全球范围的确立，而冷战后市场经济价值目标在世界范围的扩散与各经济体内源性培植的努力都促成了全球化——目前主要是经济全球化——的真

---

① 王东、丰子义、聂锦芳：《马克思主义与全球化》，北京大学出版社，2003 年版，第 434 页。

② 胡格、韦尔特：“现代化理论的社会学基础”，载谢立中、孙立平：《二十世纪西方现代化理论文选》，中国人民大学出版社，2001 年版，第 9 页。

③ 毛志龙：“全球化进程与社会主义发展”，《社会主义研究》2003 年第 5 期。

正开端。由此可见，经济全球化的本质是市场经济的全球化扩散过程，亦即生产要素的全球配置过程，其动因主要是世界多样性导致的差异性。随着交通、通讯、信息的发展，对客观存在的差异性的认识会不断加深，资源在世界范围内的合理配置过程也将不断深化。

综上所述，全球化的实质是世界普遍交往的过程，而经济全球化的实质是世界市场经济建立（全球性资源配置）的过程，即经济意义上的普遍交往。尽管任何主观评价都难以完全实现价值中立，但绝不能以此作为否定全球化中性特征的理由，否则我们将被迫甚至有意卷入关于全球化的没完没了的争执之中而延误因应全球化的实际举措。

全球公民社会的概念、勃兴与影响

轩传树*

内容提要：全球公民社会作为国际政治理论分析的一个重要概念，其内涵是指存在于国家与市场之间、在国家之上或之外运作但又与国家互动的非政府的网络和领域，其中追求公共目标的各种非政府组织构成它的核心内容和最重要的活动主体；作为一种独立的社会政治空间，其勃兴是全球化、市场化、民主化的结果，更是由于信息革命改变了人类生活交往方式和社会结构使世界范围内人们得以超越国家直接行动的产物；作为一种新兴国际行为体，其影响主要体现在对传统国际行为体的制约作用、补充作用和监督作用上，但是其活动领域和能量还是有限的，主要集中在那些国家不能完全顾及的“低政治领域”。

* 轩传树，上海社会科学院信息研究所助理研究员。

自从以主权平等和尊重国际法为前提的威斯特伐利亚体系确立以来，国家作为国际社会最重要、最基本行为体的地位一直没有改变。但是，民族国家在国际社会上的行为能力、行为范围与行为手段始终受到国际互动网络的影响。首先是来自国家（政府）基于政治、经济、军事乃至意识形态利益的需要所组成的性质各异的跨国同盟、组织或共同体的影响，接着便是来自跨国公司这一“用脚投票”行为体的影响。20世纪末以来，随着信息时代条件下全球公民社会的勃兴，国际非政府组织开始积极参与国际活动，影响国际游戏规则的制定与执行，日益成为当代国际社会中的活跃因素。可以说，全球公民社会的勃兴与发展使国家包揽国际事务的一统天下的格局被进一步打破，国家行为体在国际政治中的绝对统治地位在继政府间国际组织和跨国公司带来的挑战后再次遭遇新的挑战，以至于当前国外理论界有用“新帝国论”① 来勾画新世界秩序的轮廓了。有鉴于此，本文拟从全球公民社会的概念内涵、勃兴条件及其在国际政治中的作用与影响三个方面，对国际社会中的这一新兴行为体进行初步探讨，以厘清其在国际政治中的实际地位。

一、概念与内涵

全球公民社会（global civil society）作为国际政治理论分析

---

① 意大利著名哲学家安东尼奥·内格里和美国学者迈克尔·哈特在世纪之交出版的《帝国》一书中，将当今在全球层面上正在出现的一种新的主权形式，一种离散的、网络形态的主权称为“帝国”。在这样一个网络结构中没有中心，有的只是数目不定的结点，支配性的民族国家、主要的跨国公司、超国家的机构，以及其他的全球权力都是这个帝国主权网络中的结点。也就是说国家主权已不再是现代“帝国”的基础。参见《帝国》，上海社会科学院出版社，2005年版；与《大众》——安东尼奥·内格里、迈克尔·哈特在华东师范大学的演讲，载《国外社会科学前沿（2004）》。

的一个重要概念，兴起于20世纪80年代末。其中“civil society”一词，在国内有三种不同译法，即“公民社会”、“市民社会”和“民间社会”，这三种译名之间存在着一些微妙的差异。[①]在这里，笔者选用“公民社会”这一称谓作为分析概念。关于公民社会的定义，也是众说纷纭、意见不一，归纳起来大致可分为两大类：一类是建立在国家与社会的二分法基础上，指独立于国家但受到法律保护的社会生活领域以及与之相关联的社会价值和原则；另一类是建立在国家（政府）—经济（企业、市场）—公民社会的三分法基础之上，指介于国家与家庭或个人之间的一个社会相互作用的领域以及与之相关的价值与原则。20世纪90年代以来，以三分法为基础的公民社会定义逐渐为大多数学者所接受。当代英国政治学家戈登·怀特（Gordon White）关于公民社会的定义就是三分法中颇具代表性的一种。在他看来，公民社会是“国家和家庭之间的一个中介性的社团领域，这个领域由同国家相分离的组织所占据，这些组织在同国家的关系上享有自主权，并由社会成员自愿结合而形成以保护或增进他们的利益或价值”。[②]基于类似的分析方法，也有学者从社会组织部门的角度将公民社会称为第三部门，即国家（政府）属于第一部门、市场（企业）属于第二部门，而剩下的非政府、非企业性质的社会组织都归入第三部门的范畴。

---

① 俞可平教授在《中国公民社会的兴起与治理的变迁》（载《中国社会科学季刊》1999年秋季号）中指出：“市民社会”是最流行及经典的译名，来自于马克思主义经典著作，实际使用中带有一定的贬义，往往将其等同于资本主义社会；“民间社会”是台湾学者的译法，是一种中性的称谓，但不少人认为其过于边缘化；“公民社会”则是一种褒义的称谓，因其强调公民对社会生活的参与和对国家权力的监督与制约，而越来越受青年学者的喜欢。

② Gordon, White 1994, “Civil Society, Democratisation and Development (I): Clearing the Analytical Ground,” *Democratization*, vol. 1, no. 3 (Autumn), pp. 375—390.

如果将“公民社会”这一国内政治术语应用于跨国政治过程，就会产生“全球公民社会”的概念；换言之，“全球公民社会”就是公民社会的全球化或者说全球性的公民社会。当然，与“公民社会”相比较而言，关于“全球公民社会”的概念名称及其内涵的争议要大得多、复杂得多。与全球公民社会并用的还有：跨国公民社会（transnational civil society）、世界公民社会（cosmopolitan civil society）、跨国社会运动组织网络（networks of transnational social movement）等。不同的名称反映了学者们在研究角度和所持观点上的差异。相比之下，全球公民社会应该更加准确。对此，现任伦敦经济政治学院公民社会研究中心主任赫尔姆特·安海尔（Helmut Anheier）给出了三点理由：一是全球公民社会这一说法准确地抓住了“全球性”的特点和趋势，形象地描述了最近 10 多年来有更多原本属于民族国家范围内的封闭公民社会纷纷卷入的全球性趋势；二是全球公民社会能够突显其自身作为“全球化”的共生性和对抗性力量，即全球化推动了全球公民社会的兴起，而全球公民社会又同时反过来反抗和否定全球化的“恶”的一面；三是全球公民社会一词隐含着一种对人类规范价值的追求，即它表达了一种在全球性问题的挑战面前世人所具有的全球身份认同感或全球意识。[①]

那么，到底什么是全球公民社会？即使是在认同这一分析概念的学者之间，还是存在着内涵界定上的不同。

美国著名政治学家让尼·利普舒兹（Ronnie D. Lipschutz）在 1997 年出版的《全球公民社会与全球环境治理》（Global Civil Society and Global Environmental Governance）一书中，从三个方面对全球公民社会进行了界定：第一，全球公民社会超出了仅

① Helmut Anheier et al., *Global Civil Society* 2001, pp. 16—17.

仅是一种跨越国界并与国家系统发生关系的行为者所具有的含义，事实上它包括超越国界或在全球层面上活动的组织以及各地与跨国组织相互联系和作用的体系等；第二，尽管全球公民社会中的大多数群体是非政府组织，但是在许多情况下并不能由此轻易地说非政府性就是全球公民社会的区别特征，因为许多非政府组织在资金和政策支持方面是与政府密切联系的，在特定项目中非政府组织还是政府部门的延伸；第三，尽管类似环境运动的社会运动可以被看作是全球公民社会的一个组成部分，但是如果从学术意义上来界定“社会运动”的话，二者是不一样的。社会运动学者倾向于将它们看作是一种对制度化政治失望的表达和对后工业时代认同政治的公开声明，全球公民社会则超出了这一含义。

美国霍普金斯公共政策研究所的主要负责人、著名政治学家莱斯特·萨拉蒙（Lester M. Salamon），在1994年发表的《非营利部门的兴起》一文中，直接将全球公民社会的研究聚焦于“第三部门”。他在文章中指出：“一场有组织的志愿运动和创建各种私人的、非营利的及非政府的组织的运动，正成为席卷全球的最引人注目的运动，其结果是出现了一种全球性第三部门(global third sector)，即数量众多的自我管理的私人组织。它们不是致力于分配利润给股东或董事，而是在正式的国家权力之外追求公共目标。这些团体的激增可能永久地改变了国家与公民的关系。”①

伦敦经济政治学院教授安海尔在与其他研究人员共同完成的《全球公民社会年鉴（2001）》一书中，将全球公民社会明确界定为“存在于家庭、国家和市场之间，在超越于国家的社会、政治

① Lester M. Salamon, “The Rise of Nonfrofit Sector,” *Foreign Affair*, July/August, 1994.

和经济限制之外运作的思想、价值、制度、组织、网络和个人的领域”。同时，又指明了全球公民社会的活动方向与主体，即全球公民社会是“20 世纪 90 年代我们能够观察到的一种高于和超越于国家领域的社会和政治参与，其中公民团体、社会运动和个人都积极致力于相互间的、与各种政府行为体的（国际的、国家的和地方的）以及与商业领域的对话、争论和谈判……国际非政府组织（INGOs）就是其中的一个构件”。①

英国著名左派思想家约翰·基恩（John Keane）在收录于《全球公民社会年鉴（2001）》的《全球公民社会吗?》一文中，对安海尔等人的观点提出了激烈的批评。他认为：全球公民社会并不是一种“不掺有任何杂质的好东西”，跨国犯罪、国际恐怖主义、原教旨主义、极端民族主义等作为非政府领域的活跃部分也应是全球公民社会的组成部分。另外，家庭和市场也不应该被排除在全球公民社会之外，否则会导致对全球公民社会的片面理解。因此，他将全球公民社会界定为一个“跨国界的社会—经济组织网络”（networks of social-economic institutions across borders）。②

实际上，国外学者在对全球公民社会概念的界定上所存在的分歧，主要表现为广义与狭义的区别，或者说是由源于对公民社会的二分法与三分法的不同所致。广义的全球公民社会是指超越国界并与国家系统发生关系的组织，以及各地与跨国组织相互联系和作用的体系。这里的全球公民社会是基于二分法，只要是国家或政府间国际组织之外的跨国组织或运动，甚至是跨国企业，都属于全球公民社会的范畴，而不管它是“恶的”还是“善的”，

---

① Helmut Anheier et al., *Global Civil Society* 2001, pp. 4—17.

② John Keane, “Global Civil Society?” in Helmut Anheier et al., *Global Civil Society* 2001.

是营利的还是非营利的。显然，利普舒兹和基恩的观点就属于这一类。狭义的全球公民社会是指存在于家庭、国家和市场之间，在超越于国家的社会、政治和经济限制之外运作的思想、价值、制度、组织、网络和个人的领域。这里的全球公民社会是基于三分法，它所包括的组织载体不仅是跨国的和非政府的，而且是非营利的、和善的，并旨在追求正式国家机关之外的公共目标。显然，这是安海尔的主张。如果将这种观点与萨拉蒙的第三部门理论结合起来看，那么全球公民社会的有形存在就更加明确了，那就是集中体现在全球或跨国层面上与第一部门（政府间国际组织）和第二部门（跨国公司）相对应的第三部门中的非政府组织，即跨国性或称国际非政府组织。如下表所示：

部门 层级	第一部门	第二部门	第三部门
跨国（或全球）层级	政府间组织	跨国公司	跨国性（或称国际）非政府组织
全国层级	中央政府	企　业	全国性非营利组织
地方层级	地方政府	工　厂	地区性非营利组织

二、勃兴的时代因素

尽管全球公民社会的概念及理论是20世纪80年代末以后才逐步流行起来的，但是如果按照上述对狭义全球公民社会概念进行界定的标准来看，全球公民社会作为一种社会政治空间，其历史实际上要长得多，从19世纪建立的国际红十字会到21世纪的国际劳工联盟都属于全球公民社会的范畴。然而，全球公民社会的数量、活动和影响的迅速增加则是近20年尤其是冷战结束后的10多年来的新现象。根据国际协会年鉴的统计：1909年国际社会只有176个跨国性非政府组织，1951年发展到832个，到了2000年，国际承认的国际非政府组织就发展到43 958个，大大超过同时期政府间国际组织的数量和增长速度（1909年的政府间国际组织有37个，1951年有123个，2000年达到6 415个）。[①] 另据《全球公民社会年鉴（2001）》统计：每百万人口中拥有国际非政府组织成员身份的人从1990年的148 501人增加到2000年的255 432人，密度从30%增加到43%。[②] 全球公民社会所开展或参与其中的各种活动自20世纪90年代以来也不断增加。比如：1972年，参加联合国环境大会的非政府组织还不到300个，到1992年注册参加联合国环境大会的非政府组织多达1 400个，同年参加非政府组织论坛的非政府组织更是多达1.8万个。1975年，只有6 000人参加墨西哥世界妇女大会的非政府论坛，114个非政府组织参加正式会议；到1995年，30万人参加北京世界妇女大会的非政府论坛，3 000多个非政府组织参加了正式会议。[③] 每年一届的世界社会论坛，作为目前世界反全球化运动交流经验的最大的一个平台，2001年首届论坛吸引了全球117个国家的1万多名代表参加；2002年第2届吸引了世界131个国家、5 000多个组织的1.5万多名代表参加；2003

① 转引自包霞琴、苏长河：《国际关系：理论、视角与方法》，文汇出版社，2002年版，第77页。

② Helmut Anheier et al., *Global Civil Society* 2001, p. 6.

③ Ann Marie Clark et al., "The Sovereign Limits of Global Civil Society," *World Politics*, October, 1998.

年第3届有来自156个国家、5 717个组织的10万多人参加；到2005年第5届，竟吸引了来自135个国家和地区的15.5万人参加。①

全球公民社会，或者说非政府组织缘何在近10余年的时间内迅速勃兴？如果从时代背景的视角来考察，主要有四个方面因素在起作用：

第一，经济全球化的迅速推进为全球公民社会迅速发展提供了时代需求。经济全球化现象与过程早已存在，但是在冷战时期，由于两大阵营相互对立，统一的世界市场难以形成。冷战结束后，世界经济一体化和区域经济一体化的进程同时加快，经济全球化加速推进，各国之间的相互依存程度明显加强，同时生态环境恶化、跨国犯罪、恐怖主义等全球问题也日益严重。在这样的时代背景下：一方面，全球各地人们日益认识到彼此之间是紧密联系、休戚相关的，全球公民意识或全球共同体意识逐渐为人们所接受；另一方面，日益严峻的全球性问题，以及第一部门和第二部门的局限性也为第三部门的发展提供了契机。由于主权的限制，对于国家来讲，有些问题太大了，而有些问题又太小了。② 而具有强大经济实力的跨国公司等第二部门行为体由于对利润最大化的追求，决定了其不可能关注那些公益大于营利的全球性问题。第三部门具有非政府性、非营利性、公益性、志愿性和专业性等特性，这些特性决定它们可以在这些全球性问题面前有所作为。因此，无论是全球化的支持者还是反对者，都认识到要提供全球公共物品或者解决各种全球性问题，必须在全球范围

① 刘金源：《运动中的运动——发展中的世界社会论坛》，载《国外理论动态》2006年第6期。

② John Newhouse, "Europe's Rising Regionalism," *Foreign Affairs*, volume 76, No. 1, January/February 1997.

内组织起来并采取集体行动，于是全球公民社会的概念不胫而走，全球各种公民社会组织雨后春笋般萌发起来。

第二，世界范围内第三次民主化浪潮为全球公民社会的勃兴创造了有利的政治、法律环境。第三次世界范围内的民主化浪潮是指20世纪90年代起一直延续至今，一系列国家通过某种形式的公开、公平和竞争性选举来建立政府的社会历史现象。现在已经有118个国家够得上是民主国家，占世界国家的大多数。[①] 在民主国家，公民社会组织的发展及其与国际组织的交往受到政府的鼓励和法律的保护，因而公民社会获得了迅速发展，全球公民社会组织的分支机构也相应迅速增加。

第三，20世纪80年代以来兴起的世界范围内的市场化改革和与之相适应的行政改革浪潮有力地刺激了全球公民社会的发展。20世纪70年代后，由于西方社会出现现代福利国家的危机，东方社会主义社会出现斯大林模式的国家社会主义的危机，发展中国家出现政府主导的发展模式的危机，总之单独依靠国家的力量来解决各种经济和社会问题的做法已经越来越行不通了。于是，80年代以来反对国家干预、主张市场优先和私有化的政治社会思潮和社会经济、政治改革大行其道，从西方向世界扩展开来。迄今，世界大国（人口超过340万的123个国家）中有一半以上在这一时期进行了全国性市场化改革运动。市场化导向的经济、政治改革，使政府退出了经济和社会生活的某些领域，扩大了公民个人和各种民间组织的活动空间，从而为全球范围的公民社会的发展创造了有利条件。进入20世纪90年代后，当新自由主义的理论和实践日益暴露出自身的局限性，以国家为中心的

① （美）塞缪尔·亨廷顿：《第三波——20世纪后期民主化浪潮》，上海三联书店，1998年版。

发展模式和以市场为中心的发展模式都被证明不能有效解决发展问题时，人们开始寻找“中间道路”或“第三条道路”并寻求实现它们的“第三种力量”，公民社会或第三部门自然而然地开始进入各种社会力量的视野之中，并日益为他们所认同和重视。

第四，全球公民社会作为一种独立的社会政治空间的兴起，是全球化、市场化、民主化的结果。但是，如果从其兴起的时空特征来看，更是信息革命使世界范围内人们得以超越国家直接行动的产物。在时间上，信息技术的发展可以说与全球公民社会的勃兴存在相当明显的契合。据美国 ETForcasts 公司 2003 年度研究报告统计：全球因特网用户绝对数量 1997 年为 7 700 万，1998 年增至 1.33 亿，1999 年为 2.05 亿，2002 年增至 6.65 亿。另据统计：到 1999 年 7 月，全球平均每 1 万人中拥有计算机的人数已经达到 706 人，到 2000 年，许多发达国家因特网用户占总人口比重已经超过 25%，有的甚至超过 50%。[①] 因特网的普及，大大降低了通讯成本，提高了通讯速度，为全球公民社会的发展提供了关键的技术支持。从空间上讲，国际非政府组织长期以来主要以北半球为基地，而且绝大多数总部位于伦敦和纽约这样的大城市，这些组织的地区性分布反映了全球范围的不平等，但是也真实地反映了信息技术之于全球公民社会组织发育的重要性。因为这些组织基地之所以选择在工业化程度高的北方地区是因为这些地区的电信更为可靠和便宜，信息往来更为方便。

其实，之所以说全球公民社会的勃兴是信息时代的产物，还有更深层次原因：

1. 信息革命改变了人类的生活和交往方式，有利于培育全球公民文化意识。信息革命的一个根本社会意义是通过计算机及

---

① Helmut Anheier et al., *Global Civil Society* 2001, pp. 255—258.

其网络的利用大大减轻了人类的劳动强度，增加了人的闲暇时间。闲暇时间的增多意味着人的生活空间的拓展和生活方式的多样化，人们可以利用闲暇时间进行娱乐、消费，并对影响人类生存和生活质量的公共问题给予更多关注。信息革命带来的另一个根本社会意义是改变了人类的交往方式。在历史上，人类的交往方式、交往的时空一直受到交往工具、通讯手段的制约。现在，信息网络技术的发展、国际因特网的开通，突破了以往交往的时空限制，使世界成了“地球村”，使全球性的普遍交往和即时交往成为可能。闲暇时间的增多与全球性的普遍交往、即时交往为国际非政府组织的迅速扩展提供了现实文化基础。因为非政府组织一般是指在不计物质报酬的情况下，基于道义、信念、良知、同情和责任，为改进人类社会（至少是部分群体）而贡献个人的时间与精力的跨越国界人群，经济的语言与纯粹理性的逻辑对于解释非政府组织是不适宜的，而应该探讨影响人类行为的重要因素——文化（即一个社会中的价值观、态度、信念、取向以及人们普遍持有的见解与认同）。任何社会群体或组织的形成与维系都必须基于共同的文化认同，而共同的文化认同是在群体内成员间相互交往过程中，亦即通过社会经验才能得以产生。人们在全球化过程中已经萌发的相互依存感和全球意识，并在通过因特网进行的全球性普遍交往过程中得到强化和泛化。曾任美国里根政府经济政策顾问委员会主席的沃尔特·赖斯顿（Walter B. Wriston）在《外交季刊》上发表的《比特、字节和外交》一文中指出：“信息技术消除了时间和空间差距，因而自由思想能够像微生物一样，借助于电子网络毫无障碍地扩散到世界的各个角落，……不分性别、种族和肤色的几百万人在因特网上交谈，这种全球性交谈如同一个村落中的交谈一样容易，其影响是深远、巨大的。一个地球村将形成全球性的规范，否定人们的人权和民主自由不再意味着否定他们从未体验过的一个抽象概念，而是违背了地球村已经形成的规范。”[①] 如果排除这个“规范”中的狭隘内涵，那么他的确是道出了信息技术有利于培育和传播全球性规范、全球意识的真实的一面。

另一方面，非政府组织又相当于地方利益、地方认同与全球制度、全球意识之间的调解人，它需要将地方问题与其全球性、结构性根源联系起来，在原本差别很大的成员中创造共同利益。尽管跨国社会运动组织的成员之间缺乏面对面的交流和联系，但是20世纪末通讯技术的发展已经使相隔万里的成员之间进行即时交流成为可能，他们可以通过时事通讯、电子邮件和因特网进行交流。于是，作为那些在自己的政治社区中被边缘化的群体的主张的支持者，国际非政府组织在不同文化背景的个体中间促进集体认同，至少产生了一种象征性的联系和社会整合。如果没有这种联系，这些人也许就会感到孤独和无力。因此，随着信息网络的普及，利益的表达和聚合更加自由，兴趣爱好相投或者意识形态取向一致的人们在线进行跨越国界的交往和组织活动相当容易。如此以来，信息革命不仅破除了人类传统交往方式上的地域障碍，使已经存在的非政府组织成员间的联系得到强化，而且围绕新的全球问题，不断催生基于知识、信息和价值判断新的跨越国界的新共同体，即新的非政府组织。

2. 信息革命促进社会结构的变迁，为各类非政府组织发展提供了稳定的志愿者队伍和适宜的社会组织结构。信息时代所带来的社会结构的变迁主要表现在两个方面：

---

① Walter B. Wriston, “Bits, Bytes, and Diplomacy,” *Foreign Affairs*, volume 76, No. 5, September/ October 1997.

（1）社会阶级或阶层结构的变迁。信息技术的运用拓宽了劳动对象和劳动主体，社会经济的动力不再仅仅以物质资料的生产及其组织形式为基础，还要以信息生产的能力为基础。因此，生产的概念扩大了，它不再是孤立的物质生产，而是包括社会关系和文化在内的完整领域。相应地，传统意义上的劳动和劳动阶层正在走向萎缩，一个以智力劳动为谋生手段和生存方式的“新中间阶级”却逐渐形成并壮大起来。与传统的社会阶层相比，他们一般具有相对较高的教育程度，既更注重个人发挥创造力的空间，也更重视生活的品质，包括外在生态环境和内在生活质量。这意味着他们的价值观取向发生了转移，从关心经济和人身安全转向“生活质量”。因此，他们对影响人类生存与发展的全球公共事务一般会给予极大的热情与关注，自然成为各类非政府组织的主力军。

（2）社会组织结构的变迁。在信息时代，社会组织方式和组织结构发生新的变革，主要表现在三个方面。第一，组织结构的网络化。由于信息网络技术的成熟与运用，网络结构可以比任何其他现有的组织结构以更快捷、更富有情感、更节省能源的方式沟通信息，因而将使社会组织结构向网络化的方向演变，使传统金字塔式的等级结构失去效力。第二，组织联系的广泛化。因特网上的任何个人或组织只是一个节点，既可以与其他个人或组织互通信息，又可以同时与几百个甚至几千个组织沟通，扩展组织间联系，丰富组织内容。第三，组织管理的扁平化。在网络化的组织结构中，由于信息来源的分散与众多，使组织结构趋于“层少点多”的扁平结构。因此，在信息革命推动下的社会组织结构的变迁正好适应于全球公民社会的网络化特点。从组织形式上看，由于地理空间相距遥远，全球公民社会中的社团不可能做到帕特南所说的“面对面”沟通，但是它们凭借现代通讯技术建立起了从当地到全球的网络组织形式和沟通形式。从活动方式上看，全球公民社会中的许多跨国活动并非完全是通过在全球各地建立分支机构而展开的，而是通过各种信息传递、资源共享和共同行动等展开的。这种活动方式本身就构成一种非机构体系的网络。

3. 信息革命拓展全球公民社会参与全球公共事务的技术空间、手段和途径，有利于人们为了共同的目标更加迅速地组织起来。如前所述，信息革命使全球公民之间建立起普遍交往（尽管不是"面对面的交往"），那么以电子信息技术为后盾的全球公共领域（简称全球公域）也就获得了极大的发展空间。国际非政府组织可以通过主办各类网站、电子图书杂志、网上政策论坛等手段，发动民众就他们共同关心的全球性问题或国际政策展开自由的、理性的、批判性的或建设性的对话、讨论和交流。这样，可以打破政府与传统媒体对于信息的垄断，并可以毫无阻碍地跨越国界，以极低的成本传播其思想和扩大其影响。全球各地公民既可以通过这些领域及时了解自己所关注的信息，也可以通过BBS（电子公告板系统）参与讨论发表看法，或通过电子邮件方便快捷地向主权国家政府、各种国际组织和国际会议表达自己的政策立场和建议。1997年禁止使用地雷的"渥太华协定"可以说就是全球公民社会利用电子邮件，纷纷向各国政府施加压力，才得以最终通过的实证。全球公民社会通过对全球公共事务的参与，表达了自己的政治身份和权利意识，以及对"全球意识"的忠诚。尤其是当人们发现，可以通过本领域的跨国组织吁求国际组织或该国之外的国家，向本国政府施加压力，以达到改变国家政策，实现自己的政治诉求目标时，更加动摇了人们对于主权国家的传统信念——公民权利的保护与利益的实现有赖于国家疆域的巩固和国家实力的强大。

此外，信息时代的到来，国际因特网的普及和广泛使用，使非政府组织从现实的物理世界走进虚拟的赛博空间，雨后春笋般发展起来的虚拟社团正是非政府组织的一种最新表现形式。所谓的“虚拟社团”就是来自全球各个角落的人们因为对某一国际问题的共同关注，或追求共同的理想目标，或因为生活价值观的相似或相同，而在网络虚拟空间中结成一些临时性政治群体。与传统的政治交往方式不同，每个人在虚拟空间中都是一个信息代码，国籍、民族、文化、资产等原本影响交往的身份因素在虚拟空间中都可能被抹去。网络对现实的社会结构进行了重组，人们在电子空间里通过精神交往，形成具有共同归宿感的新的联合体。

总之，全球公民社会的勃兴和发展，实质上就是在全球化、信息化和民主化的时代背景下，影响国内政治的私人领域、社会运动和利益集团不断国际化、全球化的过程。它是随着全球意识的深入，在对人类自身生存和发展的忧虑引起全球共鸣的基础上，通过采取建立非政府组织的形式，成为影响国际政治的“第三行为体或第四行为体”。①

三、作用与影响

面对全球公民社会的勃兴与发展，当今世界著名的公民社会理论家萨拉蒙不得不用“全球社团革命”来加以命名。他认为：“这场 20 世纪末的革命的重要性可能会被证明同 19 世纪末民族

① 传统国际政治理论把国家和由国家组成的国际组织作为国际关系的两大行为主体，有的学者也把跨国公司作为第三行为体。

国家的诞生的重要性一样。”[①] 如此重大的作用与影响，主要表现在全球公民社会在国际政治实践中的活动领域和活动能量不断扩大，日益成为国家、政府间组织、跨国公司等传统和非传统的国际行为体之外并反作用于它们的极其重要的一种政治力量。

1. 制约作用。国际非政府组织经常通过信息咨询活动，尤其是在国际舞台上利用各种传媒手段宣传自己的观点和主张，以期影响人们的思想观念，塑造新的全球价值和文化认同。全球公民社会所塑造的新的价值规范，往往赋予国家（政府）行为伦理价值约束。长期以来，可以说自从近代国际政治体系产生以来，国际关系就没有摆脱马基雅维利的绝对主权的权力观和利益观。无论是在多国均势、两极格局，还是现在美国所谓的“一超多极”，国家的思维和行为都是以权力、安全和国家利益的考量为根本原则，好像在国际层面上国家只是霍布斯式的动物性存在。全球公民社会兴起后，其中极具活跃性的非政府组织、非营利组织和各种志愿性社团等所代表的利益往往超出了民族、国家、阶级、阶层的狭隘范围，具有全球公共利益目的性。比如：绿色和平组织的成员就包括了许多国家中各个社会阶级阶层，使他们结合起来的并不是共同的物质利益基础，而是某种人类理想、愿望和共同价值诉求。他们所要达到的目的不是获得自身利益的满足，而是实现某种“善”（可持续、和谐、正义等）的生活。长期的咨询与宣传使他们的价值诉求获得了国际社会的普遍认可，主权的绝对利益之上才出现生态主义的正义、人权的平等等更高的人类理想追求，从而极大地改变了传统国际政治的这种“非人性”的面貌。类似的价值规范的制度化和法制化，不仅深刻影响

---

① Lester M. Salamon, “The Rise of Nonfrofit Sector,” *Foreign Affair*, July/August, 1994.

国家利益观念，而且对国家行为产生了相当权威的伦理价值约束。迄今，全球公民社会所倡导的价值准则，如人权保障、环境保护、种族民族平等、宗教自由与宽容等，已经日益成为国家进行统治和在国际上赖以存在的前提。任何一个国家如果置这些价值原则于不顾，不仅要受到国际社会道义上的谴责，而且还会面临存在的合法性问题。国际社会对卢旺达内部冲突的干预以及2003年底以来国际社会对美国军队“虐俘”事件的持续关注，已经成为这个方面的生动事例。

其次，全球公民社会的宣传活动还起到抵制各种不平等的国际经济政治制度和约束政府间组织的作用。近年来，各种反抗世贸组织、世界银行、国际货币基金组织、西方七国首脑会议的非政府组织大量涌现。他们集会、游行、宣传，指控这些大型国际组织，认为它们对第三世界实行控制，对全球贫富分化加剧负有责任，并成为全球资本主义的剥削工具。在1999年的西雅图世贸组织会议、2000年的布拉格世界银行和国际货币基金组织年会以及2001年的巴塞罗那世界银行会议和热那亚八国首脑会议期间，都爆发了大规模的抗议活动。诸如此类的抗议活动都有非政府组织的积极参与和组织，正是有了这些非政府组织及其组织的抗议活动，才使这些由西方大国控制的国际组织再也不能肆无忌惮地推行新自由主义全球化了。

2. 补充作用。在现代国际社会中，那些管理国际贸易、促进普遍健康和人权标准、解决诸如军事和环境安全等全球性问题的有影响的政府间组织，对于普通民众个体来说，越来越具有直接的影响。但是，传统国际外交规则却阻隔了除政府以外的行动者日常性地参与国家间政策的决策。非政府组织正是代表了对这一基础结构欠缺的一种反应和补充。它们在国家间的决策领域接合处代表公民的利益，将两个以上国家的活动参与者围绕特定的社会变革目标聚集到一起，通过动员被剥夺了参与权的公众参与全球或国家间问题的讨论，来增强公共领域的力量，为使国际决策更为民主负责而创造重要的基础结构。换句话说，正是全球公民社会组织对国际政治的参与，拓宽了有关构成全球公共利益因素的讨论，并将主权国家的政策制定和国家行为深深地纳入世界整体政治之中。

在国际政治背景下，全球公民社会组织关心的一般是经济公正、人权和环境等整体性问题，而这些问题在国家间的谈判和决策中经常被忽视，因为国家间谈判首先关心的是获取政治、军事或经济优势的问题。全球公民社会中的各种组织经常通过举办国际性论坛、平行峰会[①]等方式，将那些容易被国际社会所忽视的问题纳入国际议事日程，以引起各国政府和国际组织的关注，从而促进这些问题的解决。

另外，全球公民社会经常通过参与国际发展援助项目、国际救助、和平倡议和战后重建等活动，帮助政府或政府间组织完成它们所不能或不善于完成的任务。比如在国际发展援助项目中，它们为项目的制定提供信息，为发展援助需求者联系基金贷款，并直接参与项目的实施与效益评估。世界银行、联合国开发计划署等国际组织的大部分发展基金项目都是经由各种非政府组织实施的。在国际救助方面，有500多个非政府组织与联合国难民署进行长期合作，在灾荒、战乱、冲突等救助中全球公民社会组织都发挥了重要作用。1999年，车臣局势恶化过程中，国际红十字会等非政府组织与联合国难民署一道做20万难民的安置工作。在和平倡议方面，各种社会组织积极督促各国履行核不扩散条约，倡议全球范围内的武器冻结，并推动国际禁止地雷公约的签

① 也就是非政府组织召开的与联合国的国际会议平行的国际论坛。

署。在国际协调中，一些非政府组织还企图直接参与维持和平和解决冲突的过程，它们通过设立包容性论坛和支持外交谈判，为冲突双方进行非正式会谈创造机会。在战后重建方面，非政府组织与世界银行合作建立了一项“冲突后基金”，对受内战和民族冲突折磨的国家提供支持。

3. 监督作用。从民族国家层次来看，由于全球公民社会组织可以参与并监督国际谈判，从而为地方上的民众提供了得到信息的机会，帮助普通选民与政治领袖之间进行信息交流。于是，这些组织的存在也让政府意识到：政府在国际社会的行为和声明，无论是多么保密和封闭，都将被通报给它们国家的选民。因此，全球公民社会组织的活动促进了公众对政府间谈判的关注。这样一来，无疑增加了政府在这些领域的责任感。

从国际层次上来看，全球公民社会不仅可以促进国际性立场和公约的达成，而且可以监督政府和国际组织的执行情况。在一些全球性的重大问题上，全球公民社会中的各种组织积极采取行动促使各国形成共同立场，或向国家施加压力使之签署公约或行动准则，并做出更有约束力的承诺。如在 1993 年的维也纳人权大会上，各种人权组织促使 171 个与会国公开承诺尊重《国际人权法案》所倡导的普遍自由与权利原则；在旷日持久的关贸总协定乌拉圭回合谈判中，发达国家和发展中国家达成的许多妥协也都是在非政府组织提出的调和性主张的基础上达成的。在监督政府履行诺言和遵守国际公约方面，全球公民社会各类组织的活动更为有力。一旦政府做出有悖于公约和承诺的行为，各种非政府组织就会及时揭露政府的言行不一，在国际上发起舆论谴责，从而迫使政府遵守公约和承诺，这在维护环境和人权方面显得尤其突出。通过监督，全球公民社会促进了国际规范的贯彻执行。

同时，全球公民社会还监督跨国公司的行为，使其避免片面追求经济利益而忽视社会利益。由于全球资本自由流动，很多跨国公司在贫穷国家投资设厂，在利润最大化的驱使下，它们会任意压低工资水平，垄断专利，甚至肆意破坏环境，这种行为会经常受到非政府组织的点名批评。那么，这些跨国公司，尤其是全球知名公司为了避免因非政府组织的揭露与批评而声誉受到影响，就会作出相应的妥协。比如：荷兰皇家壳牌石油集团在承受了环保组织两年的压力后于 2003 年宣布它将不在被联合国教科文组织列为世界遗产的地方作业，决定放弃在孟加拉国一个世界遗产所在地开掘石油的计划。一些跨国医药公司在 2002 年曾试图在南非提起诉讼，控告一些组织和个人侵犯其艾滋病治疗药物的专利权，但是由于非政府组织的介入和抨击，那些跨国医药公司最终放弃了起诉。①

结束语

总之，很多非政府组织都宣称要做“地球的良心”，代表超越国家界限的更广泛的公共利益。它们通过直接要求政府、政府间组织或商业组织改变政策，或通过间接改变公众对政府或公司的诉求，来形成新的行为规范。虽然它们没有强大的“硬力”，但它们常常具有相当的“软力”——一种通过吸引而不是强迫来实现自己目标的能力。② 由于它们能够吸引大量追随者，所以能够在国际政治舞台上发挥积极影响，能够在各国民众中赢得越来

① （美）约瑟夫·奈：《NGO：一种日益重要的力量》，转引自《经济观察报》2004 年 7 月 26 日。

② （美）约瑟夫·奈：《NGO：一种日益重要的力量》，转引自《经济观察报》2004 年 7 月 26 日。

越高的认同程度，许多国家政府和国际组织也因此不得不开始重视与非政府组织的对话与合作，不得不既把它们当作盟友又把它们当作对手。虽然到目前为止非政府组织还没有获得像政府间组织一样的国际法主体地位，[1] 但是它们在与联合国加强合作方面已经取得了相当成就。现在大约有 2 000 个非政府组织在联合国享有一定的咨询权，其中 70 多个大型的非政府组织享有联合国会议的参与权。全球公民社会在国际社会上的广泛影响和独特地位，已经使“联合国深刻地认识到，如果全球议程想要很好地解决，与公民社会（笔者的理解：尤其是全球公民社会组织）的合作并不是一种选择，而是必须”。[2]

不过，问题的另一面是目前全球公民社会发挥作用的领域主要集中在那些国家不能完全顾及的“低政治领域”，如环境、人权、贫困、毒品、艾滋病等。活动所取得的成果大多体现在推动国际立法的发展，而在推动立法的过程中需要借助于同政府间组织的配合，这些立法能否在现实中取得实际成效还要严重依赖于具体国家的行为，因此在外交、安全等“高政治领域”中的参与度和影响力极为有限。也就是说，尽管全球公民社会在迅速发展壮大，并不断分享着国家主权，但是在目前国家仍然是最主要的行为体的国际政治舞台上，只要是在主权国家能够有效行使的领域，全球公民社会就很难与之相匹敌。进一步说，与民族国家、政府间组织、跨国公司等拥有巨大的政治、经济影响力的行为体相比，全球公民社会只是国际政治舞台上的“小伙伴”。当然，它极有可能整合起游离于国家权力之外的众多行为体，进而发展

① 政府间国际组织是在“国际法院 1949 年关于对联合国服务人员所受损害的赔偿案”的规定中获得国际法的主体地位。

② 联合国原秘书长安南在 1999 年 12 月蒙特利尔世界公民大会上的发言。

成为国际政治舞台上的"巨人"。

不管怎么说，从现实来看，全球公民社会的发展毕竟扩展了非国家行为体的阵容，进一步推动了国际行为体向多元化发展，使"国际政治"发展进一步向"世界政治"[①]发展，即传统的以国家尤其是大国为中心的国际体系日益向强调全球相互依存、国际行为体多元化发展的全球体系转变，已是不争的事实。

① "国际政治"与"世界政治"尽管在内涵上有相近之处，也为许多学者所混用，但是实际上它们在产生的历史背景、所强调的行为主体和治理方式上已经相去甚远了。具体区别与联系，参见笔者与田作高合写的《信息革命与世界政治》，商务印书馆，2006年10月版，第264—266页。

负责任大国的外部环境

从中期选举看国会犹太政治力量的变化及其影响

——兼论美国国内当前关于“犹太政治”的辩论

王　震*

内容提要：美国中期选举已于2006年底落下帷幕，犹太人作为美国政治光谱中的一支重要力量，在国会中的影响力进一步增强。犹太人此次在国会政治力量的上升势必会进一步影响美国的内政外交，尤其是美国的中东政策。与此同时，有关美国犹太院外集团的问题已经引起有关人士的担忧。美国国内当前对中东政策、亲以院外集团等问题的辩论既是对伊拉克战争的一种反思，也是未来总统大选之战的前奏。

* 王震，上海社会科学院欧亚研究所、上海犹太研究中心实习研究员。

2006年11月7日，美国中期选举的帷幕落下，民主党人在参众两院均获得多数席位，从而结束了共和党人多年来主导参众两院的局面。作为美国社会中最具影响力的少数族裔之一，犹太人在美国的选举政治中一直发挥着与其人口比例并不相称的独特作用。在这次选举中，犹太裔参议员、众议员的数量都有明显增加，使犹太势力在美国政治中的影响上升，对美国的内外政策，包括移民和能源政策，以及中东战略等都会产生一定影响。

一、中期选举后犹太人政治力量的变化

犹太人是一个融入美国主流社会的社团，尽管总数只占全美人口的2%，占全部选民的3%，但对美国政治的影响力从来不可小觑。犹太人在政治竞争中取得的优异成绩与其人口比例很不协调。在刚刚结束的美国第110届国会选举中，积极参选并鼎力支持民主党的犹太人这次也有着丰厚的回报，在国会的影响力进一步增强。

首先是第110届国会中的犹太裔国会议员人数有所增加。第110届国会中，参众两院的犹太裔议员人数都有所增加。加上来自马里兰州的本·卡丁（Ben Cardin）和来自佛蒙特州的伯尼·桑德斯（Bernie Sanders），参议院中的犹太裔议员达到了13位，突破了历史上的最高纪录，另外11位犹太裔参议员分别是：诺姆·考尔曼（Norm Coleman）、鲁斯·费恩格德（Russ Feingold）、黛安·法因斯坦（Dianne Feinstein）、赫伯·科尔（Herb Kohl）、弗兰克·劳腾博格（Frank Lautenberg）、卡尔·列文（Carl Levin）、约瑟夫·利伯曼（Joseph Lieberman）、查克·舒默（Chuck

Schumer)、阿伦·斯派克特（Arlen Specter)、巴巴拉·鲍克瑟(Barbara Boxer）和龙·威登（Ron Wyden)。

众议院的犹太裔议员将从上届的26名上升到30名。其中有24位连任成功，6位是首次当选。田纳西州和肯塔基州今年首次出现犹太裔众议员，分别是史蒂夫·科恩（Steve Cohen）和约翰·亚姆斯（John Yarmuth)。另外四位新任众议员分别是龙·克雷恩（Ron Klein)、加布里艾尔·吉佛茨（Gabrielle Giffords)、史蒂夫·卡根（ Steve Kagen）和保罗·霍德斯（Paul Hodes)。另外，马里兰州的民主党众议员约翰·萨巴内斯(John Sarbanes）虽然不是犹太人，但是因为有一个犹太妻子，他的孩子们也都已皈依犹太教。每一位寻求连任的109届国会犹太裔众议员基本上都获得了成功，只有两位例外，就是前面提到的卡丁和桑德斯，他们因为当选参议员而不再担任众议院议员职务。主张社会主义的桑德斯是波兰犹太移民的儿子，这次以无党派身份参选，以56％的选票当选，而他所在的佛蒙特州的犹太人数不及总人口的1％。[①]

与第108届、第109届国会一样，新一届国会中依然只有一个犹太裔共和党人埃瑞克·坎特（Eric Cantor)，其他犹太裔众议员均为民主党人。

其次，除了数量上的优势之外，犹太裔议员开始在第110届国会里担任一些重要职务，对国会的影响也将会大大增加。新一届参议院的20多个常设委员会中，将有6个委员会由犹太人掌管，分别是：[②] 来自密歇根的卡尔·列文（Carl Levin)，负责军

① Jason Isaacson and Richard Foltin, “Assessing the 2006 midterm elections,” American Jewish Committee, November 15, 2006.

② “Category: U. S. House of Representatives Committees,” http: //www. sourcewatch. org/index. php? title=U. S. _ House _ of _ Representatives _ Committees.

事方面事务，这是他第五次担任此职；来自康涅狄克州的约瑟夫·利伯曼（Joseph Lieberman）负责国土安全和政府事务；来自加州的黛安·法因斯坦（Dianne Feinstein）负责行政法规事务；同样来自加州的巴巴拉·鲍克瑟（Barbara Boxer）将负责环境和公共工程事务；来自威斯康辛州的赫伯·科尔（Herb Kohl）负责人口与老龄事务；来自纽约州的查克·舒默（Chuck Schumer）负责联合经济事务。

众议院17个重要分委员会中的4个委员会将由犹太裔议员掌管，分别是：[①] 亨利·维克斯曼（Henry Waxman）主管政府监察与改革委员会；曾经是大屠杀幸存者的汤姆·兰托斯（Tom Lantos）主管外交事务委员会；巴尼·富兰克（Barney Frank）主管财经委员会；鲍布·费尔耐（Bob Filner）主管退伍军人委员会。除此之外，犹太裔议员还在其他一些分委会中担任重要职务。尼塔·罗维（Nita Lowey）可能主管对外援助分配委员会事务，这个委员会号称美国对外援助的钱袋子，她同时还是国土安全委员会成员。桑德·列文（Sander Levin）可能负责贸易小组分委会，他本人强烈反对北美自由贸易协定，希望重塑美国对外经济关系；杰罗德·纳德尔（Jerrold Nadler）可能负责宪法、民权事务分委会。相对而言，国际关系事务中的犹太裔议员更为集中，对外关系委员会的七个分委会中，其中三个由犹太裔民主党议员掌管，分别是掌管欧洲分委会的罗伯特·威克斯勒（Robert Wexler）、负责中东、南亚分委会的加瑞·阿克曼（Gary Ackerman）、负责国际恐怖主义、防扩散及贸易分委会的布莱德·谢尔曼（Brad Sherman）。此外，在国际关系和司法领

---

① "110th United States Congress," http://www.sourcewatch.org/index.php?title=110th _ Congress.

域享有威望的犹太裔民主党众议员霍华德·伯曼（Howard Berman）也可以在知识产权问题以及联邦法院等有关事务中发挥重要影响。

在美国以往的选举中，犹太人传统上是支持民主党的，但在这次中期选举中支持民主党的倾向更为突出。美国犹太人委员会于2006年11月公布的“美国犹太人年度舆论调查报告”显示：总体来看，54％的犹太人赞成民主党候选人，15％的犹太人支持共和党候选人，29％的犹太人支持独立候选人。[①] 犹太选民已成为民主党的可靠支持者，为这次民主党获胜出了大力，本次选举过程中的民主党众议院竞选委员会主席拉赫姆·伊曼纽尔（Rahm Emanuel）和民主党参议院竞选委员会主席查克·舒默（Chuck Schumer）均为犹太人。

美国犹太人这次之所以几乎“一边倒”地支持民主党，主要有以下几个因素：

1. 反对布什总统及其共和党同僚的中东政策。虽然美国犹太人总体上赞同布什政府的亲以色列政策，但是认为布什政府的中东政策，特别是对伊拉克的政策削弱了美国在该地区的影响力，导致“伊朗和什叶派势力在中东崛起”，并构成了对以色列的严重威胁。[②]

2. 宗教方面的分歧。如在胚胎干细胞研究、在学校进行祈祷和传教等问题上，民主党人与布什政府及其共和党人存在严重分歧，而大多数犹太人都反对布什及其共和党同僚的立场。

3. 对布什政府的能源和税收政策不满。大多数犹太人认为：

---

① Jason Isaacson and Richard Foltin, “Assessing the 2006 midterm elections,” American Jewish Committee, November 15, 2006.

② Ira Forman, “U.S. Jews Will Vote for Democrats,” http://www.njdc.org/issues/detail.php?id=632.

能源安全对以色列和美国都非常重要，他们主张走节约能源和发展新能源的道路，反对布什政府和共和党同僚主张通过增加生产和进口能源的办法来解决这个问题，认为这是在给国内石油生产商创造机会，也等于把美国的金钱送给沙特和伊朗这样的国家。在经济公平方面，布什政府和共和党坚持削减占国内1%的富人的税收，同时由国家财政来弥补这部分税收流失造成的空缺，使得联邦政府的支出急剧攀升，遭到大部分民主党人和犹太人的强烈反对。

4. 意识形态方面的差异。虽然少数犹太人成为新保守主义的理论家，但绝大多数美裔犹太人传统上崇尚自由主义，在政治上属于中左翼阵营，在意识形态方面更接近民主党，与布什政府及共和党的保守主义格格不入。

二、中期选举后的若干政策变数

随着中期选举后民主党主导国会参众两院局面的形成，以及犹太人在国会地位的上升，美国的一些相关政策也将会出现新的变数，具体而言主要体现在三个方面：

首先是对美国国内政策层面的影响，主要体现在对能源问题、移民问题和宗教问题的影响上。在过去几年里，美国对国外能源的依赖急剧增加，大量使用的化工燃料导致环境严重污染，这已成为人们日益关注的问题。对民主党而言，要想获得2008年大选胜利，提出合理解决这些问题而又能得到选民支持的政策主张十分重要。目前，共和党仍强调通过增加生产和进口的办法解决问题，明显符合“能源利益集团”的利益；而民主党则主张通过鼓励能源保护、提高能源使用率、研发替代能源等途径解决能源安全问题。这个问题将成为新一届国会中两党政治谈判的重要内容，而犹太势力的上升将会加强民主党的谈判地位。

在移民政策问题上，布什总统支持对移民政策进行一揽子综合改革，其中包括给那些非法移民提供一个获得居住权的途径，同时加强对边界地区的安全保卫工作。共和党核心层中有些人支持改革，但另一些人要求严格限制移民，反对政府对非法移民过于宽容和“赦免”。2005年底众议院曾经通过一个比较严格的移民法案，但却招致了全国范围的游行示威。由两党各自主导下的国会两院之间在此问题上也一直存在分歧，许多民主党人认为布什总统的移民政策实际上是在2008年大选之前为共和党争取拉美裔选票。美国人口统计局公布的最新数据显示：在过去的5年中，美国的移民数量上升了16%，移民人数已占全美人口的12.4%，总数达到3 570万人，其中主要移民来自美国的南部邻国墨西哥。[①] 由于大多数民主党人和犹太人反对更加严格的限制移民政策，因而民主党获胜和犹太势力上升显然有助于推动移民政策改革。

如果说能源问题和移民政策改革给两党提供了合作可能性的话，那么宗教信仰自由法、工作场所宗教自由法案、禁止社会雇用过程中的宗教歧视、胚胎干细胞研究、在学校进行祈祷等问题在新一届国会里可能会引起争论。民主党和犹太社团一贯反对宗教歧视，并且比较重视宗教领袖的看法，而共和党往往忽视这一点。此外，新一届国会的民主党领导人很快会对院外活动进行改革，包括禁止私人赞助国会议员的旅行，禁止用个人基金雇佣注册说客等。这样做可减弱具有国内或国际背景的非营利组织在重

① 赵广俊：“美国中期选举临近，两党争选票，移民法案再成焦点”，新华网2006年10月8日，http：//news. xinhuanet. com/overseas/2006—10/08/content _ 5174782. htm。

大国际事务上对国会和议员施加影响，有利于增强国会决策的独立性。

其次是对美国中东政策的影响。美国犹太人参政的一个重要目标就是无条件支持以色列，确保以色列的生存和安全，因而此次中期选举后犹太人对美国中东政策的影响也将会有所增加。伊拉克战争后，美国国内对布什政府伊拉克政策的批评之声不绝于耳。有美国学者指出：布什所宣称的对伊开战理由是站不住脚的，认为“布什发动战争的一个重要因素就是帮助以色列。在以色列和美国犹太复国主义院外集团的支持下，在政府中犹太裔新保守派高官的怂恿下，早已对以色列做出过承诺的布什总统终于断然决定入侵并征服以色列在这一地区的主要敌对政权”。[①] 美国中期选举前的民意调查也发现，民众对战争的乐观情绪继续下降。目前只有20%的美国人认为美国正在赢得这场战争，这是2003年伊战开始以来的最低记录。45%的受访者说：美国不太可能最终成为赢家，大多数美国人认为这场战争正在陷入一种恶性循环。民众强烈质疑布什总统处理伊拉克问题的方式，60%的人希望美国改变在伊拉克问题上的战略战术，而只有8%的人希望保持现在的战略。[②]一般来说，总统在美国的外交政策上起决定性作用，但国会能以更具战略性的姿态处理重大外交问题。由于民主党和共和党内部在伊拉克问题上都存在着争论，短期内还难以看到国会在伊拉克问题上有实质性的大动作。但毫无疑问，110届国会在伊拉克和伊朗问题上有着更大的发言权。布什总统

① Mark Weber, “Iraq: A War For Israel”, http: //www. ihr. org/leaflets/iraqwar. shtml.

② 李月：“伊战阴影挥之不去，中期选举成为‘布什公投’”，《华盛顿观察》周刊2006年11月6日，http: //www. washingtonobserver. org/article. cfm? articleid=1524&charid=1。

的执政团队也在不同场合多次表示要与民主党主导下的国会进行合作，推进并维护美国在中东地区的核心利益。

在对以色列政策方面，无论是民主党还是共和党，虽然也有人经常会对以色列的某项政策进行批评，但他们在维护以色列安全和强化美以关系方面并无二致，国会中更是如此。在新一届国会中，除了犹太裔议员影响力的不断增加外，新任众议院议长南希·佩洛西（Nancy Pelosi）不仅一贯支持以色列，和犹太社团的关系也十分密切。[①] 其他许多新当选的非犹太裔国会领导人，无论其归属于哪个党派，与犹太社团之间也有很好的私人关系，不少议员长期关注以色列和中东问题，在维护犹太社团的利益和福祉、谴责反犹主义、支持大屠杀教育等问题上有着明确的立场。可以预料：新一届国会在上述问题上的立场将是超党派的，虽然也有少数民主党人在处理巴以问题时对以色列时有微词，但对相关事务和政策的影响有限。

最后是在对华政策层面的影响。美国中期选举结束之后，《华尔街日报》发表文章指出：民主党控制国会的局面将会使中国在中美贸易问题、人民币汇率问题、劳工标准及人权等领域感受到更大的压力。[②] 中期选举之后，民主党人南希·佩洛西成为美国历史上第一位女性众议院议长。根据美国宪法，众议院议长是仅次于总统、副总统的第三号人物。她在对华政策上对中国一直抱有成见，经常在国会辩论中就人权、贸易等问题攻击中国。她曾反对给予北京 2008 年奥运会主办权，认为应减缓中美之间日益增强的文化与科技交流，并支持台湾加入世界卫生组织。佩

---

① Morris J. Amitay, "Elections 2006", http://www.jinsa.org/articles/articles.html/function/view/categoryid/143/documentid/3588/history/3, 2359, 143, 3588.

② Lauren Etter, "Global Commerce And the New Congress", http://www.wsjclassroomedition.com/archive/07jan/htop_freetrade.htm.

洛茜主张加强“美国国会暨行政当局中国委员会”的工作力度，该委员会专门研究和监督中国的人权状况和法治发展，每年向国会和总统就中国在这些领域的发展提交年度报告。佩洛茜对美国的对华贸易逆差大加斥责，主张增加进口中国商品的税额。在克林顿政府时期，佩洛茜就反对美国政府给予中国贸易最惠国待遇，并在此问题上连续10年投反对票。

另一个值得关注的民主党人士是犹太裔资深议员约瑟夫·利伯曼，他在新一届国会中担任国土安全和政府事务委员会主席。利伯曼在对华政策问题上具有两重性：一方面，他支持中美之间进行文化交流和能源合作。2005年5月，他和共和党参议员拉马·亚历山大（Lamar Alexander）一起向参议院提出了1117号议案，即《2005年美中文化交流法案》。[①] 法案要求5年内从联邦资金中拨款13亿美元，用于在美国学校开展中文教学，增加美国领事活动经费，支持美国在华商务活动，并推进两国各方面人员进行交流等。这项法案还要求给予国务院更大的灵活性，向前来美国学术机构学习研究的中国学者发放签证。利伯曼认为：“中国的崛起带来了全面的挑战。但是，实现相互交流与理解不应该是很困难的问题”，“给我们的孩子提供学习中国语言与文化的机会将有助于确保他们在全球经济中获得更多的机会”。[②] 在能源安全领域，利伯曼鼓励中国加入国际能源署，支持中美之间就能源安全问题开展更为广泛的合作。[③] 另一方面，利伯曼也是

① 美国国务院国际信息局（IIP），《美国两党参议员提出美中文化交流法案》，http：//usinfo. state. gov/mgck/Archive/2005/May/27—32787. html。

② “Alexander, Lieberman Introduce Bill To Improve U. S. — China Relations”, May 26, 2005 News Release in Washington. http：//alexander. senate. gov/index. cfm?FuseAction=PressReleases. Detail&PressRelease _ id=731&Month=5&Year=2005.

③ Remarks of Senator Joseph Lieberman Council on Foreign Relations：“China/US Energy Policies：A Choice of Cooperation or Collision”, December 2, 2005.

参议院“台湾连线（Taiwan Caucus)”的成员，与台湾长期保持着密切的关系。

国会中的资深犹太裔众议员汤姆·兰托斯也是一个在对华政策上有影响的人物，目前担任110届国会众议院外事委员会主席。他在众议院国际关系和人权事务领域有着较大发言权。在中美关系方面，曾在北京申奥、人权、知识产权和最惠国待遇等问题上屡屡向中国发难。他认为中国既是一个“负责任的利益相关者”，也是一个“正在崛起中的挑战者”。[①] 兰托斯与台湾保持着密切的关系，多次与台领导人会晤，将台湾视为“美国在亚太地区最为亲密的盟友之一”。另外还有三位需要关注的犹太裔议员。一位是来自密歇根州的参议员卡尔·列文，目前出任军事分委会主席一职。列文支持美国的对华高科技和尖端武器禁售政策，对中国的知识产权保护和人民币汇率政策一直持批评的立场，认为中国保护美国知识产权的措施不力，要求美国贸易代表通过世界贸易组织对中国采取具体行动。另一位是众议员桑德·列文(Sander Levin)，2000年他曾与道格·贝罗伊特（Doug Bereuter）议员共同提出4 444号议案，建议成立一个委员会专门监督中国的人权状况和法治发展。还有一位是参议员舒默，在中美贸易和人民币汇率问题上一直对中国持批评立场。舒默和其他议员一直在国会中推动一项要求对中国进口商品征收27.5%关税的提案，后来在财政部长保尔森等人的劝说下放弃了这一提案。

客观而言，无论这些议员归属那个党派，无论其是否犹太裔，他们的政治立场都是由其自身利益或所代表的利益集团所促成的。即使有些议员在对华政策方面坚持强硬态度和批评立场，

① Opening Remarks by Congressman Tom Lantos at Committee Hearing on, “Resurgent China: Responsible Stakeholder or Robust Rival?” May 10, 2006.

但其对中美关系的总体影响也将是有限的，中美关系仍将会在稳定中继续向前发展。一方面是因为中美之间通过竞争与合作正在衍生出庞大的共同利益，这是任何一位美国政治家都不能忽视的问题；另一方面是因为美国无力单独解决当前国际上的许多热点问题，特别是在朝核问题、伊朗核问题、反恐、防扩散等问题上都需要同中国合作。这就决定了美国在对华政策上不可能一味“强硬”，必须寻求对话和妥协。实际上，中美之间正在形成一种日渐成熟与稳定的战略合作与对话机制，这将有助于减少人为因素对双边关系的冲击。因此，民主党主导下的国会可能会对中美关系带来某种程度的冲击，但最终也会在与中国的磨合中趋向务实与合作。

三、美国国内关于“犹太政治”问题的辩论

与犹太人在美国政治中影响日增的局面形成对照的是，美国国内学界就犹太院外集团问题正在展开激烈的辩论。2006 年 3 月，美国芝加哥大学政治学教授约翰·米尔斯海默（John Mearsheimer）和哈佛大学教授史蒂芬·沃尔特（Stephen M. Walt）发表了题为《以色列游说集团与美国外交政策》（*The Israel Lobby and U. S. Foreign Policy*）研究报告，认为当前亲以院外集团对美国外交影响过甚，已经部分背离了美国的国家利益。米尔斯海默和沃尔特在报告中指出：如果说以色列在冷战时期是美国的战略盟友，那么现在则已成为美国打击恐怖主义和应对“无赖国家”的一个包袱。美国对以色列的支持不是导致反美恐怖主义的唯一原因，但却是非常重要的因素。美国对以色列的无条件

支持反而使诸如本·拉丹这样的极端恐怖分子更受欢迎，也更容易招募追随者。在打击恐怖主义和中东独裁政权方面，以色列都不算是美国最重要的盟友。相反，以色列的政策反而使美国在反恐行动中屡受掣肘。[①]

在米尔斯海默和沃尔特看来，美国外交之所以如此受以色列因素的制约，主要就在于美国亲以院外集团无孔不入的影响。构成亲以院外集团核心的则是一些美国犹太人，这些人通过影响美国的对外政策，维护以色列和犹太人的利益。他们的活动手段不仅局限于积极参与国会、总统和州长选举，还包括给政界人士写信，提供政治活动资金等。值得一提的是，亲以院外活动集团的成员中还有不少是持新保守主义观点的非犹太人。亲以院外活动集团主要通过下述几个途径产生影响：一是影响决策者。通过总统、议员和地方官员选举影响政策走势，或者直接对拥有实权的政府及其职能部门进行公关。二是操纵新闻媒体。亲以院外活动集团在以色列问题上的观点经常广泛地出现在美国的主流媒体上，很大一部分原因是因为大多数美国评论家都有亲以倾向。相反，只有极少数人批评以色列而认同阿拉伯的观点。三是影响和掌控思想库。美国很多著名思想库中都有亲以学者的影子。四是控制学术界。比如美国最有影响的亲以院外活动集团——美以公共事务委员会就花费了大量金钱来监控大学校园活动，同时致力于培养更多亲以色列的年轻人。[②]

---

① John J. Mearsheimer and Stephen M. Walt, "The Israel Lobby and U. S. Foreign Policy," Faculty Research Working Papers Series, RWP06—011, March 2006, John. F. Kenedy Government School of Harvard University.

② John J. Mearsheimer and Stephen M. Walt, "The Israel Lobby and U. S. Foreign Policy," Faculty Research Working Papers Series, RWP06—011, March 2006, John. F. Kenedy Government School of Harvard University.

由于《以色列游说集团与美国外交政策》报告的两位作者分别是芝加哥大学和哈佛大学的资深教授，并且同为美国国家艺术与科学院院士，米尔斯海默同时还是美国“进攻性现实主义”的领军人物，在学界举足轻重。报告内容一开始节选刊登于英国的《伦敦书评》，随后开始被美国的主流媒体所关注，并引起了很大的争议。报告发表后，在外界的指责和有关方面的压力下，哈佛大学撤下了文章首页的哈佛大学肯尼迪学院的标志，刻意与两位作者拉开距离。以色列方面和美国犹太裔学者反应尤为强烈，耶路撒冷公共事务研究中心（JCPA）主任多尔·歌德（Dore Gold）撰文指出：美以两国的合作是基于共同利益之上的，有着长期性和战略性，[①] 认为两位作者夸大了以色列游说集团的影响。普林斯顿大学教授阿龙·弗雷德伯格（Aron Friedberg）指出：“宣称游说集团危及美国既是不科学的，也是令人激愤的，错误的和不负责任的，”甚至认为是对“集体非忠诚性问题的丑陋指控”。[②] 具有犹太背景的美国反诽谤联盟（ADL）则宣称这份报告是“反犹分子的阴谋”，[③] 认为这种研究是在建立在“有选择性地使用阴谋论材料”的基础之上，因而是歪曲的，其可信性和客观性都是值得怀疑的。[④] 美国《外交政策》杂志 2006 年

① Dore Gold, “The Basis of the U. S——Israel Alliance, an Israeli Response to the Mearsheimer—Walt Assault,” *Jerusalem Issue Brief*, Vol. 5, No. 20, March 24, 2006.

② Aron Friedberg, “An Uncivilized Argument,” Foreign Policy, July/August 2006, p. 60.

③ “Mearsheimer and Walt's Anti—Jewish Screed: A Relentless Assault in Scholarly Guise,” March 24, 2006. http://www.adl.org/Israel/mearsh eimer_walt.asp.

④ “Mearsheimer and Walt Cross. The Line From The Academy to Advocacy, Blaming Israel and Its Supporters on an American Muslim Platform,” August 29, 2006. http://www.adl.org/PresRele/IslME_62/4884_62.htm.

七、八月号专门刊登了两位作者和一些犹太裔学者进行圆桌辩论的文章，《伦敦书评》在 2006 年 10 月份也专门就此问题召开了公开辩论会。美国前中东问题特使丹尼斯·罗斯（Dennis Ross）指出：外交政策是由领导人和事实决定的，而不是游说集团。尽管院外游说集团对美国外交产生了影响，但是这“并未歪曲或者破坏美国的利益。无论是共和党还是民主党总统之所以都能够坚持美以之间的特殊关系，就在于价值观念在外交政策中发挥着作用”。[①]

美国国内对这一问题的辩论，既体现了美国国内对“9·11”事件以来的反恐战争特别是伊拉克战争的深刻反思，也是国内不同派别之间在上述问题上分歧加深的体现。“9·11”事件后，美国在反恐的名义下对阿富汗和伊拉克进行了“政权更迭”，虽然毫不费力地攻下了塔里班和萨达姆政权，但是却无法迅速地稳定两国局势并开展战后重建。随着美军在伊拉克人员伤亡的不断增多，加上伊朗核问题的日渐紧迫，美国国内对这一问题的反思和争论也更为激烈。米尔斯海默和沃尔特在上述报告中就指出，美国是在为以色列进行战争，虽然来自以色列和亲以院外活动集团的压力并不是 2003 年美国攻打伊拉克的唯一原因，但却是一个重要因素。美国既然可以和拥有核武器的俄罗斯、中国、印度、巴基斯坦共处，那么也应当可以和有核的伊朗共处。[②] 美国中期选举也已反映出民众正在对伊拉克战争失去耐心和信心，这也正是拉姆斯菲尔德 2005 年 11 月 8 日被迫离职的重要原因。2005

---

① Dennis Ross, “The Mind—set Matters,” *Foreign Policy*, July/August 2006, p. 61.

② John J. Mearsheimer and Stephen M. Walt, “The Israel Lobby and U. S. Foreign Policy,” Faculty Research Working Papers Series, RWP06—011, March 2006, John. F. Kenedy Government School of Harvard University.

年12月份，由前国务卿贝克和汉密尔顿领导下的一个跨党派“伊拉克问题研究小组”在其最终报告中也明确指出：“美国应当争取以建设性方式同伊朗和叙利亚接触，”并建议美国作战部队“撤出伊拉克”。[①]

中期选举结束后，小布什也不得不降低了调门，多次和民主党人士进行沟通。美国民主党内虽然在伊拉克问题上并不认同小布什的政策，但民主党主导下的国会参众两院还不足以全面修正美国的伊拉克政策，更不足以调整美国在整个中东地区的战略。这种局面反映出美国当前在中东问题上的战略困境，无论是民主党还是共和党目前都拿不出有效的应对方案，在伊拉克问题上更是骑虎难下、进退维谷。以色列一位前国家安全顾问指出，当前美国在伊拉克问题上存在三种选择：维持现状、撤军、长期存在。他认为一旦美国撤军，后果将难以预料，“伊拉克的暴力冲突将会恶化，甚至可能陷入分裂境地。土耳其也许会侵入库尔德斯坦地区，库尔德人的独立长期以来一直被视为是对土耳其领土完整的威胁。伊朗不仅会成为伊拉克的最大玩家，而且可能会成为整个地区的什叶派领袖。受到什叶派势力膨胀威胁的沙特，因为担心伊朗可能会扩展到其边界地区，也许会抢先占领一部分伊拉克领土。而约旦，在接壤的伊拉克落入伊朗控制后，也许就会垮台。对于以色列来说，形势会更为严重”。[②] 既然美国难以承担从伊拉克撤军带来的中东“多米诺效应”，那么继续增兵稳定伊拉克局势自然就会成为小布什内阁的首选了。

可以预料的是，随着伊朗核问题的进一步升级以及美国大选

---

① “The Iraq Study Group Report,” Iraq Study Group, December, 2006.

② Chuck Freilich, “Iraq: Consequences of Withdrawal ,” http://www.humanevents.com/article.php?id=19908.

的临近，美国国内对“犹太政治”和“中东政策”的辩论将会更为激烈。这种辩论也许并不能很快改变游说集团影响美国外交的局面，也难以对美国“犹太政治”产生根本性的影响。但是，它将有助于美国政府重新界定在中东地区的国家利益，在中东问题上采取更为审慎的态度，并为新一届美国政府中东政策的微调做好准备。

（上海社会科学院欧亚研究所潘光研究员在本文的写作过程中给予了重要指导，上海社会科学院研究生部周信同学为本文的研究提供了部分重要资料，特此致谢，所有文责均应由作者本人承担。）

一体化发展还是负重前进？

——略论东中欧国家加入欧盟后的经济与社会发展

戴金龙　黄莉*

内容提要：2004年5月欧盟成员国从15个国家增加到25个国家。2007年1月1日，保加利亚和罗马尼亚正式加入欧盟后，欧盟的成员国进一步增至27个，总人口达到4.8亿；欧盟成功完成了其第6次扩大，新加入欧盟的几个国家感受到不同经济、社会和政治发展的冲击。欧盟扩张彰显出的事实是良好的经济期待总体上得以实现，促使建立更大或更加一体化的内部市场，在不断上升的全球竞争面前，欧盟经济的发展变得更加有力和有序。

* 戴金龙，江苏省泰州市外事办公室副处长；黄莉，泰州市地方税务局干部。

一、宏观经济呈良好势头

（一）经济增长稳中有序

较发达国家与发达国家的联盟也拉大了欧盟国家的不平均收入分配指针，它的变化是欧盟 15 国人均国内生产总值从拉脱维亚的 40%到卢森堡的 210%。经济增长较快的是新加入欧盟的成员国（1997—2005 年平均年增长 3.75%），快于老欧盟成员国的 2.5%。1997 年，欧盟新成员国的收入指标只达到老欧盟成员国的 44%，到 2005 年已提高到 50%。

巨大的经济增长动力促进并加强了宏观经济的稳定，持续的经济一体化和对欧盟新成员国的预算过程中应用严格的监控程序提高了财政资金使用的效率。其中新加入欧盟的 6 个成员国的国家预算赤字超过国内生产总值的 3%（欧盟稳定条约设定的临界点）。与修改过后的状况相比欧盟新成员国取得了很大的成就，它们的国债大幅度地降低了。

扩张对欧盟关键的宏观经济指标的影响总体上来看是微不足道的，这主要是欧盟新成员 10 国的经济总量不大，所以尽管欧盟的总人口增加了 20%，但总国内生产总值在扩张后仅增加了 5%。

拉脱维亚的人均收入仅为欧盟 15 国平均指针的 43.1%，波兰为 46%、斯洛文尼亚为 75%、塞浦路斯为 77.5%。如此看来，只有塞浦路斯和斯洛文尼亚的人均收入水平和欧盟 15 国欠发达国家葡萄牙 65.8%和希腊的 77.1%水平相当。

（二）通货膨胀已有遏止

欧盟 10 国的通货膨胀继续保持下降的趋势，并且实际慢慢地接近欧洲的水平。通货膨胀的变动可以说是周期性或其他临时性的现象，特别是兑换汇率和石油价格的变化。不同国家的经济情况不同，通货膨胀的大小也就不一样。2005 年，捷克的通货膨胀率是 1.6%，拉脱维亚却达到 6.9%。

遏止通货膨胀和强烈要求增加工资的呼声，以及国际市场上的石油和其他原材料价格的持续走高对欧盟来说也是现实的严峻挑战。

（三）劳动力市场均衡过渡

1990 年，东中欧国家向市场经济过渡中结构改革遇到的主要是就业率下降和失业率上升的问题。

有所区别的是马耳他和塞浦路斯没有进行必要的激进的经济改革仍然是稳定的低失业水平。尽管经济快速增长，但由于失业的结构性原因，直到不久前，新加入欧盟的其他 8 国的劳动力市场竞争还继续恶化。在加入欧盟之前，欧洲 10 国与欧盟 15 国的差距非常鲜明。

在欧盟 10 国劳动力市场联合之后，改善状况的特征也就显示出来。由于联盟带来的经济增长，2005 年欧盟 10 国的就业率停止了下降，提升了 1.5%。立陶宛、波兰和斯洛伐克提升了 2%。2004—2005 年，欧盟 10 国的中等失业率下降了 0.8%，达到了 13.4%。

欧盟 10 国的就业率在整个劳动力人口中达到了 56%，它从波兰的 52%到塞浦路斯的 69%，稍低于欧盟 15 国的指标——从意大利的 58%到丹麦的 76%。欧盟 10 国就业特别低的主要人群是年轻人、年老人和妇女。

欧盟10国的平均失业率达到13.4%，比欧盟15国的指标高出5.5%。但在欧盟10国中也有很大的不同，从塞浦路斯的6%到斯洛文尼亚的16.4%、波兰的17.7%。欧盟15国中最低指标的是丹麦、爱尔兰、卢森堡、荷兰、奥地利和英国，而希腊、西班牙、法国超过了9%。

欧盟10国的失业状况有着一些不同的特性。

1. 高水平的长期失业率——54%，而欧盟15国——42%。

2. 高水平的年轻人失业率——30%，而欧盟15国——16%。

3. 技能水平低的工人高失业率。

4. 地区差异的失业率。

特别是对一些属于高失业率范畴的人群，欧盟10国必须要采取更有效的措施来改进这些现象。

东欧国家在市场经济转型的过程中导致了私有经济的上升和对国内生产总值结构的改变，主要就是劳动力从农业向服务业转移的趋势。

虽然农业就业人员减少了，但欧盟10国的农业就业人员仍达到12.5%（波兰最高达到19%），而欧盟15国仅有4%。欧盟10国工业就业人员高于欧盟15国，最高的是捷克、斯洛伐克、斯洛文尼亚、爱沙尼亚达到35%，欧盟15国仅为24%。欧盟10国的服务业人员上升到57%，但仍低于欧盟15国的指标72%。欧盟10国中只有马耳他和塞浦路斯传统的服务业保持高水平，主要是旅游业对其经济起到关键的作用。

（四）贸易增长逐显提升

欧盟国家与东欧国家之间的贸易关系是在1990年初通过签订一系列协议才开始自由化发展的。双边贸易的85%是在建立的自由贸易区中进行的。欧盟15国在欧盟10国的贸易份额从

1993年的56%上升到2005年的62%。欧盟10国贸易中现在大部分是技术含量低的产品，欧盟15国贸易中占主导的是专业和金融产品。

从欧盟区内贸易来看：2004年25国内部出口贸易额达到200.2742百万欧元，比2003年增长了7.7%，占同年25国总出口额的67.4%；2005年则进一步增至216.4048万欧元，比2004年增长8.05%，而2006年仅前11个月这一数额突破223.6659万欧元。

扩张后，欧盟10国从第三国进口的平均税率从8.9%降低到欧盟15国的平均水平4.1%。同时，欧盟10国与来自中国和印度的竞争在加强，他们在国际市场上提升了出口的份额，从1992年的1%到2003年的2.8%。同时，欧盟10国还要面对高额贸易赤字。面临税率的降低和全球竞争，2005年欧盟10国的平均贸易指针减少到国内生产总值的3%。

在未来中长期内，扩张将进一步促进欧盟10国与15国之间的贸易额，特别是在早期受保护的部门。此外，欧元在欧盟10国的流通也将促进贸易额的快速增长，但在达成目的的过程中必须消除不稳定汇率的损失、减少过境税和提高价格的透明化。

欧盟扩张后对欧盟10国和15国之间贸易的影响呈现出正面的效果，不过最终还是有限的。它促进了欧盟10国之间贸易的增长，消除了遗留的欧盟10国与15国之间的贸易限制，而且为相互进入欧盟10国的市场简化了手续。引人注目的是：扩张后贸易领域取得最大利益的是与欧盟一体化接近的爱沙尼亚、拉脱维亚、斯洛伐克。

近十年里，欧盟10国出口量增长状况好于欧盟15国，也使欧盟10国在欧盟15国的份额增长，从1993—2003年，欧盟10国增长了8%，最主要的出口国家是捷克3.7%、波兰3.5%、匈牙利2.8％。

（五）外国投资显著增强

从20世纪90年代中期，外国公司在新加入的欧盟10国的投资快速增长。至2004年，外资规模达到1990亿欧元，或是欧盟10国国内生产总值的40％，投资的75％主要来自于欧盟15国。

外资的增加是欧盟国家经济一体化进程中最为显著的特点，但在新成员国家仅吸收了欧盟25个国家投资额的4％。在欧洲新成员国中外资主要集中在三个经济最强的国家——波兰、匈牙利和捷克共和国，它们在2004—2005年实际吸收了所有外资的80％。

在一些小的新成员国中最为显著的是爱沙尼亚，2003—2005年，外资达到爱沙尼亚国内生产总值的70％。

欧盟15国是欧盟10国最主要的投资国家，大约引进了77.5％的外资。最主要的投资国家是荷兰、法国和德国。引人注目的是外资流量依靠地缘分布的因素，所以德国和奥地利特别喜欢活跃在捷克、匈牙利、波兰和斯洛伐克；另外，斯堪的纳国家（瑞典、挪威、丹麦）是波罗地海国家的主要投资国。

在这些新兴国家的投资大部分集中在服务业（55％）、工业（37％）、能源（8％）。从国情的角度来看也有很大的不同：匈牙利和捷克的40％投资集中在工业，而在塞浦路斯和波罗地海国家的外资实际几乎投入到发展服务业中。

在捷克、匈牙利、波兰的工业中外资集中投入在自主创新和一些系统发展的像计算机技术和通讯设备的部门中。在波罗地海国家和波兰，外资主要集中在传统的工业、食品业和伐木业。

(六) 金融体系健康发展

除了塞浦路斯和马耳他在加入欧盟之前就已实施了市场经济之外，其他新加入国家的金融体系与欧盟 15 国相比还落后很多。

东中欧 8 国的信贷水平还低于欧盟 15 国的平均水平，来自外国银行的竞争也促进降低信贷的利率来接近欧盟 15 国的平均指针。扩张也为欧盟 15 国的金融市场提供在新兴市场进行投资的可能，奥地利是最明显的例子，奥地利银行在东中欧 8 国的投资达到资产的 25%；斯堪的纳国家的银行积极投资在波罗地海国家的经济中。

(七) 欧盟的预算和法律逐渐引进

按照加入欧盟的协议，考虑到每一个国家法律的程序现状，除了一些小的观点，新成员国应该完全接受欧盟的法律。

根据 2006 年 3 月的情况，新成员国执行了欧洲委员会 2654 号决议，这样在东中欧国家中实施统一的欧盟法律基础已经完成。

欧盟在东中欧加入欧盟之前就开始给予援助，实际在冷战后也就开始了。财政援助在欧盟预算中主要有以下三个计划：

1. 成立于 1989 年的 PHARE 计划，目的是为了向波兰和匈牙利以及在 2004 年加入欧盟的东中欧国家提供援助，该计划优先为每一个国家采用欧盟法律和编制发展计划提供援助。

2. 成立于 2000 年的 ISPA 计划，就像 PHARE 计划一样，它针对促进经济和社会一体化的繁荣，但它集中解决环境保护和发展交通基础设施问题。

3. 同样成立于 2000 年的 SAPARD 的计划，目的是为了援助东中欧国家的农业部门的结构重组。

大约欧盟40%的援助投入到东中欧国家的农业部门中，主要用来偿还农场主。还有40%的援助用于社会体制改革，10%的援助是来加强边境检查和临时偿还必须支付给欧盟的预算。

给予新成员国的补贴具有重要的意义，但专家评价说这对于欧盟的前成员国不是很沉重的负担。近15年来欧盟10国获得了280亿欧元，仅在2005年就获得了120亿欧元（欧盟10国国内生产总值的2.1%或欧盟15国国内生产总值的0.1%）。这样，在1948—1952年的马歇尔计划框架中欧洲国家获得了比较少的经济援助——130亿美元，只是当时美国国内生产总值的1.1%。

从2004年5月1日起，新加入欧盟的国家纳入欧盟预算体系，主要是农业税、关税和增值税。2005年，欧盟10国在欧盟预算中达到54亿欧元（欧盟10国国内生产总值的1%）。实际上，所有新成员国从欧盟预算获取补贴也可能扩大欧盟预算亏空的危险。但欧盟委员会的专家指出：对这两者的相互关系并没有进行深入研究，大部分资金都用来偿还欧盟的预算。例如：直接支付给最终的获得者——农场主的费用，并没有统计到国家的收支中。

另外一个重要的观点是欧盟预算的偿还增加的不仅仅是国家预算的收入，而且还有支出部分。既然欧盟预算的偿还还有补充内容，它没有紧接着现有开支而出现，所以应该用于实施新的项目。

在2007—2013年新的欧洲预算框架中，新成员国的补贴将从2006年国内生产总值的1%增加一倍，这样支出对欧盟15国预算不再起到很大的作用。

二、农业问题基本得到解决

农业问题在欧盟扩张过程中具有巨大的意义，其将引起农场地、生产规模和农场主数量的大幅度增加，以及对整个欧盟农业政策起到特别作用。

欧盟新成员国的农业生产力与欧盟 15 国相比明显很低，一些欧盟新成员国的从事农业人口的数量具有很高的比例（波兰 19%、立陶宛 16%、拉脱维亚 12.5%）。这种状况与 1990 年初的希腊、西班牙情况相似。从另外一个角度来看，与欧盟前成员国的平均水平相比，捷克和斯洛伐克从事农业人口的比例不超过 4%。

扩大贸易一体化、直接吸收外资和欧盟的援助为欧盟 10 国的农业现代化和增加农场主收入作出了贡献。在 1999—2004 年期间，不仅在欧盟 10 国内部，甚至在欧盟 10 国和欧盟 15 国之间的农产品贸易额却增加了一倍。农业半加工品销售额也明显提高。1999—2005 年，直接支付也大幅度地增加了 70% 的农场主的收入。在同一时间，欧盟 15 国的农业也相对稳定。这样，由于扩张而对欧盟 10 国农业部门发展不利和降低收入的威胁也就不攻自破。但 2004—2005 年，欧盟 10 国的年平均劳动力收入水平只有欧盟 15 国的 16%。这样，对于欧盟 10 国农业部门的进一步现代化和增加生产力还有很大的空间。

农业对欧盟 10 国的经济具有非常重要的意义，它能否适应新的现实情况仍然是一个重要的挑战。融入欧盟带来了国内生产总值结构的深刻变化和减少了农业人口就业，但也为农业现代化和增加生产效能带来了外资投入。除此之外，欧盟的扩张还大幅度地增加了农场主的收入，但并没有降低欧盟15国农场主的收入。

不仅新成员国，还有前成员国都对欧盟扩张为农业带来深刻变革充满了期待。扩张后，欧盟可供农业经营的土地增加了10%，生产量增加了25%，农场主的数量增加了50%。这些数据说明由于前期未能有效生产，所以欧盟新成员国农业部门还有着巨大的发展潜力。

欧盟新成员国农业部门在经济转型中还遇到典型的挑战，就是：农业生产水平远低于欧盟前成员国。这也是由于资金投入不足导致化肥量和机械设备的缺乏。农场低效的组织方式限制了贷款，使欧盟新成员国农业部门保持着低生产率水平。

尽管农业在欧盟10国的国内生产总值份额下降，但仍高于欧盟15国的指标（从1998年的3.2%降低到2005年的2.2%，欧盟15国只有1.3%）。

在欧盟10国和15国之间还有比较明显的是农业就业率在所有就业人口中份额的不同。2004年，欧盟10国从事农业人口就业的是12.5%，欧盟15国是3.8%。

欧盟10国出现了较多从事农业人口数量却较低劳动生产力水平的现象，以及在欠发达的社会保障体系中，农业部门起到的却是社会缓冲的功能。从国家的观点来看，从事农业就业人口的份额也有着很大的不同——波兰19.2%、立陶宛15.8%、拉脱维亚12.5%，与1990年初的葡萄牙和希腊的指标相比仍然很高；从另外一个角度，捷克4.2%和斯洛伐克3.9%的从事农业就业人口水平与欧盟15国相比又非常低。

欧盟新成员国和前成员国在农业组织生产方式上也有很大的不同。捷克90%的农业生产集中在超过100亩以上的大型农场，从事农业就业人口占68%，与欧盟15国相比显示出竞争力。而匈牙利和波兰的农业经济规模却比较小，匈牙利60%可供农业经营的土地是大型农业经济（超过100亩的土地）。波兰只有20%的可供农业经营的土地是大型农业经济（超过100亩的土地）。根据欧洲专家评价，这两个国家（匈牙利和波兰）在近年内必须实行大范围的体制改革。除了捷克，其他欧盟10国都要涉及到这些问题。

在欧盟新成员国内实行欧盟整体农业政策。在SAPARD计划框架中，欧盟新成员国的农场主把获得的追补的财政费用来实行农业现代化。除此之外，欧盟还向新成员国提出农场重建的援助计划。欧盟新成员国的农场主直接取得欧盟预算的补贴，虽然不及欧盟15国的数额，但到2013年，补贴将达到欧盟15国的水平。

三、移民仍为影响欧盟的主要社会问题

欧盟扩张消除了双边贸易、外资和其他资本进入的壁垒，人员自由流通也成为2004年5月1日经济一体化的重要特征。由于不同国家工资的差别，劳动力迁移是一个比较敏感的政治难题，所以在2003年的协议中规定过渡期间至7年对欧盟新成员国（除了马耳他和塞浦路斯以外）劳动力迁移进行限制，几乎所有欧盟前成员国都提出了自己的时间表，结合欧洲劳动工资的标准发放工作许可。

在2004—2006年，所有欧盟新成员国都开放了自己的劳动力市场，但波兰、匈牙利和斯洛伐克对欧盟15国采取相互的限制，在两年内实施的过渡方式经历了考验。根据研究结果表明：希腊、西班牙、葡萄牙和芬兰决定取消相关的限制，比

利时、丹麦、法国、意大利、荷兰和卢森堡决定减轻限制的标准。

实际上，来自欧盟新成员国的移民并没有很大的数量，这也充分驳斥了由于来自东欧的大规模人口迁移导致欧盟前成员国劳动力市场状况恶化的威胁。2005 年，外国人就业数量不大的国家奥地利和德国（10%），只有很小的份额（1.5%和 0.6%）是来自欧盟新成员国的；在爱尔兰新成员国的居民只有 2%。

顺便指出，欧盟前成员国劳动力市场状况的改善对来自新成员国的劳动力也没有加以什么限制。专家提出：劳动力的迁移不应加以限制，应根据市场的需求和供应规律自行调控。限制还可能使外来移民只能寻求低技能的工作致使工资水平降低。随着欧盟 10 国劳动力市场的有序发展，失业率不断下降。这也证实了缺乏对外来移民监管导致的恐慌的说法过甚。

欧盟 10 国在欧盟 15 国的工作人员数量在上升，但据欧盟 15 国的工作许可统计说明外来移民对欧盟 15 国劳动力市场的影响有限。统计资料是基于签发居住和工作许可的数量，没有把返回自己国家的居民考虑在内。

据波兰劳动部评估：加入欧盟第 1 年期间在欧盟 15 国的波兰人有 40.7 万人，包括 34 万的季节性工作人员（其中 24 万工作在德国）。大约 15%的波兰人工作在国外，居住在国内。

在 2004 年 5 月随后的 20 个月中，在英国大约有 35 万的工作人员来自新成员国家，主要是波兰人和立陶宛人。可以说，来自欧盟 10 国的移民对欧盟 15 国劳动力市场的产生了不稳定的状况，原因是移民主要去没有设限和缺乏劳动力的国家。

还有，居住在欧盟 15 国的大部分外国人，其中来自欧盟 25 国以外的外国人多于来自欧盟的公民。这也说明来自第三国的移民超过欧盟内部移民是一个比较突出的现象。

分析欧盟 15 国和欧盟 10 国之间移民的另外一个重要结果就是必须区分不同类别的移民——短期性、季节性、长期性。研究表明，捷克、波兰和匈牙利的长期移民数量很少，更偏爱短期和季节性的工作。

考虑到国家之间独特的地理位置、差别很大的收入水平和自由边境为短期迁移人员数量的上升提供了方便。奥地利和德国的高收入结合波兰、斯洛伐克和波兰文尼亚的低价格消费促使这些国家的公民工作在德国，而居住在自己的国家。这些迁移人员没有被纳入统计中。

欧盟新成员国的移民还具有私人的特性，大部分移民是年轻未婚男子，家庭迁移的数量不多。随着扩张后，欧盟新成员国大约 100 万的公民合法地居住在欧盟 15 国中，并取得资格邀请自己的家庭成员，这样家庭移民的潜力就大大地增加了。专家分析：其中大约 65 万的保加利亚、克罗地亚和罗马尼亚的公民在这些国家联盟之后合法地居住在欧盟。

还有一个严重的问题是在欧盟 15 国的移民主要都是较低技能的劳动者。欧盟 10 国在专业技能培训上比较薄弱，与当地劳动力相比，较低工资水平的工作给移民提供一定的优势。只有为数不多高技能的移民（高级管理人员、科研人员和某些领域的专家）居住在欧盟 15 国。

还有一些特别的移民人群是在交换计划中在欧盟 15 国中获得教育的大学生。从 1998 年交换计划开始实施以来，东欧国家有 7.5 万名学生在欧盟 15 国获得了教育（波兰 2.4 万，捷克 1.3 万）。学生数量的不断上升导致欧盟 25 国年轻人之间相互交往，也是这项交换计换带来的的成就。由于年轻人的激情，类似的相互影响也是一个重要的政治倡议和欧洲一体化未来主要思想的希望。

四、结 语

欧盟 2004 年的扩张对欧洲经济的发展起到催化影响，也促使欧盟 25 国的经济体系有效地符合全球化的挑战。扩张也带来深刻的经济变革，存在过的恐慌和威胁也在很大程度上被扩大化了。

扩张对欧盟关键的宏观经济指标的影响相对不大，这也是由于欧盟 10 国经济总量相对偏小。欧盟国内生产总值在扩张后仅上升了 5%，人口增加了 20%。

欧盟 10 国最主要的问题是劳动力市场的状况，较高的失业率和结构不相称必须进行深刻的改革。在融入欧盟后，欧盟 10 国的失业率实际上也降低了。

对于欧盟 10 国重要的是农业部门不可避免地忍受体制改革的阵痛。从事农业部门的就业人口较多，但劳动生产力低，农业部门在经济转型中对不发达的社会保障体系起到了缓冲的功能。

欧盟前成员国没有对欧盟 10 国的劳动力迁移进行限制，劳动力市场状况得到了改善，其他国家对不利于本国的劳动力市场进行了一定的限制。

演变中的阿以关系研究（1948－1956）

刘锦前*

内容提要：中东地区阿以关系的演变发展，与近代锡安主义和阿拉伯民族主义的兴起及其发展有巨大关系。而 1948 年以色列宣布建国以及随后的第一次中东战争被认为是阿以关系发展出现根本变化的重要分水岭。1948 年到 1956 年阿以关系早期互动的历史，折射出了今天中东和谈依然避免不开的因素：土地与边界问题、难民问题、耶路撒冷地位问题等。文章试图从阿拉伯国家与以色列国之间、以色列与巴勒斯坦之间、世界各地犹太人与阿拉伯人之间三个层面来就这一时期阿以互动展开梳理，探讨历史进程中相关利益各方的“和”与“争”，或许有助于我们对今天的中东现状有更深的理解。文章同时也对这一时期阿以关系发展演变中的大国因素进行了分析。文章最后认为，阿以之间（今天则

* 刘锦前，上海社会科学院欧亚研究所研究助理员。

侧重指巴以之间）在文化上的共通性、经济上的依赖性、政治上的自立性表明两大民族之间有很大的兼容性，只是由于历史和现实的各种原因造就了彼此矛盾的深化和恶性循环。

在中东地区漫长的历史岁月中，阿拉伯民族与犹太民族曾经和平相处长达数千年之久，至今在伊拉克的巴格达、埃塞俄比亚、沙特、阿联酋部分地区都留有他们共同生活过的痕迹。即使到了 20 世纪初期，阿犹两民族还试图联合起来并肩应对欧洲一战的压力。实际上，阿、犹两民族之间彼此界定为势不两立的敌人不到一个世纪的时光。[①] 在今天，虽然相关利益各方的教科书对此还有不同的表述，但我们必须清楚，历史与宣传教育是两回事。而正确理解中东阿以早期互动的历史，避免对中东冲突根源追溯到古代那种血亲复仇的误区，厘清历史发展脉络，有助于我们对今天的中东现状有更深的理解，或许也能为其解决矛盾提供有意义的背景参考。

从历史上看，中东冲突的产生，与近代锡安主义和阿拉伯民族主义的兴起有巨大关系。正是锡安主义者组织下的多次阿利亚运动和巴勒斯坦阿拉伯民族主义者的逐渐成长再加上周边国际环境的复杂叠加，出现了两者之间日渐交织的矛盾——巴勒斯坦地区的土地逐渐转到犹太人手中。针对这种情况也发生过巴勒斯坦

① 阿、犹两民族之间的关系一直处于动态发展之中，本文所提及的势不两立主要是指从20世纪30年代以来开始演变，特别是伴随着四次中东战争而展现出的广大中东地区阿拉伯国家与以色列国之间的一种不友好敌对状态；20世纪80年代以后则主要指约旦河西岸和加沙地带的巴勒斯坦激进组织与以色列之间的不友好敌对状态，同时也包括中东个别国家与以色列的非正常关系状态，比如当今的伊朗和以色列关系。

地区阿拉伯人的罢工与起义，比如：1932—1935 年大批犹太人因纳粹的反犹政策涌入巴勒斯坦，使阿犹矛盾日渐尖锐，最终由阿拉伯民族非暴力罢工演变为大起义。[①] 但是直到 1948 年以色列宣布建立国家以及随后的第一次中东战争才成为中东历史上阿以关系发展出现根本变化的重要分水岭。战争意味着两者之间关系发生了实质性的变化，随着两民族主义者的相互反对与仇视，巴勒斯坦地区陷入了空前的动荡与不稳定时期。而 1948 年到 1956 年阿以关系的演变发展互动则折射出了今天中东和谈依然避免不开的因素：土地与边界问题、难民问题、耶路撒冷地位问题等。下面我们从以下三层关系发展演变情况及当中的大国作用情况来梳理这段历史。

一、阿拉伯国家与以色列关系发展演变情况

如果用一句话来概括这段时期的阿以关系发展演变情况，那就是战争→和谈（和谈中伴随着小规模冲突）→战争。1948 年第一次中东战争结束后，以色列额外获得了几乎相当于 1947 年联合国分治决议中规定的以色列国土面积的 1/3。以色列以阿拉伯国家先发动战争为由，占有了这些土地并拒绝归还给巴勒斯坦阿拉伯人。1949 年 5 月，在联合国巴勒斯坦和解委员会[②]的组织

① 冯基华：《后犹太复国主义与阿以冲突》，载中国社会科学院网站，http：//iwaas. cass. cn/show/show _ fruit. asp? id=261。

② 战争结束后，包括美国、苏联在内的国家都承认了以色列。在 1949 年 5 月，经过了几个月的英国反对后，以色列 1948 年的边界成为了联合国中的一员。以色列 19948 年的边界迅速得到了国际社会认可，只是耶路撒冷仍然处在国际社会的共管之下。

安排下，来自埃及、黎巴嫩、叙利亚和约旦的代表与以色列就1947年分治决议[①]进行磋商，标志着阿以关系发展由战争转入到和谈阶段。[②]

从这一时期的以色列对阿政策来看，以色列内部有过激烈的争执，主要表现在应如何对待阿拉伯国家的统治阶级与被统治阶级。就以色列是不是可以争取到与一个阶级进行合作，以色列主要分为两派。以本·古里安总理为代表的鹰派人物认为，以色列不可能争取到他们的一个阶级进行合作。理由是阿拉伯的文化与历史发展表明：以色列不能为今后可能发生的第二次、第三次、第四次军事打击买单。在阿拉伯人眼里，即使是用100年、200年或者更多的时间，他们相信他们也一定能够打败以色列。他们心目中明显的例子就是在11世纪十字军东征时，于巴勒斯坦地区建立了一个基督教国家，繁荣了数十年，最后还是被阿拉伯人给消灭了。[③] 阿拉伯的强大存在于其众多的独立国家的集合之中，一个有力的核心或向心力在于它们有着共同的信仰、价值观、传统和语言。只要它们团结起来，那么它们的力量将足以强大到把以色列给彻底消灭掉。以色列方面因此更多将这段称为"没有战争、就没有和平"的特殊时期，并且相信在独立战争后不久的将来，另一场冲突将随之而来。"我们的邻居正在筹备发动第二次进攻"，本·古里安总理在1949年10月写给参谋长伊戈·雅丁的信中表示，"我们假定这次战争他们是有准备的和团

---

① 之前阿拉伯国家普遍不承认联合国分治决议的有效性，此次谈判被普遍认为是阿拉伯国家因战争失败而采取的一种策略，随后的历史发展表明它们并没认可以色列在巴勒斯坦建国的合法性。

② 1948年停战协议的签署并不标志着中东战争的结束，因为之后不同规模的暴力冲突仍然此起彼伏。

③ Speeches File, 5 July 1955, BGA. On the Arabs, battlefield conduct in the 1948 war, see A. Kadish, *Arab Fighting in the War of Independence* (*Efal*, 1990).

结的，那么我们必须进行全民总动员和训练，无论是妇女还是儿童”。[①] 以色列自称为民主国家，认为民主国家的行动是一切为了自己的民众、为了民众最基本的需要的。相反，沙特阿拉伯国王曾经宣称他的目标是通过牺牲 1000 万士兵来摧毁以色列；埃及的领导者在这方面或许更“谨慎”一些，说通过牺牲 400 万来达到这个目标，而这 400 万在他们统治者的眼里算什么呢？他知道怎么样来计算，因为对他们来说，即使 400 万消失了，还有 4 200 万存在。[②]

而以色列外交部长夏内特（后来当选以色列第二届总理）为代表的人士认为，以色列应该并且能够争取与阿拉伯国家的不同阶级进行合作，[③] 或者与不同阿拉伯国家进行公开或秘密谈判。这里的问题是，阿拉伯领导者的自私，他们的任何措施并不是为了民族而是为了家族，并且阿拉伯各个国家之间因为各自利益问题往往团结不起来，以色列方面却可以利用这一点。例如：在战争结束后，以色列与阿拉伯国家围绕谈判开展了接触。叙利亚希望签订一个阿拉伯—以色列方面的协定，并提出与以色列进行和平谈判的内容包括以色列接受位于叙利亚境内的 30 万阿拉伯难民。但是约旦河西岸地区当时处于战争刚刚结束的时候，大部分地区还在约旦军队（又称为阿拉伯军团）[④] 的控制之下。约旦国

---

① Letter from Ben—Gurion to the Chief-of-Staff, Yigal Yadin, 27 October 1949, IDF Archives [hereafter: IDFA], 1340/93/12.

② Speeches File, 29 January 1961, BGA.

③ 第一次中东战争结束后，以纳赛尔为首的埃及军官进行了起义，将法鲁克国王统治推翻。以色列方面原以为这样的起义者上台可能采取新政改善国内民众生活而不是对外发动侵略战争。但实际是埃及后来成为了攻打以色列的急先锋。参见 Ibid, On the Free Officers' revolution in Egypt, see S. Shamir, Egypt from Monarchy to Republic: A Reassessment of Revolution and Chang (Boulder, CO, 1995)。

④ 阿拉伯军团被认为是战斗力最强的军队，大约有 4500 人，由一名英国军官领导。

王阿布杜拉非常想扩张约旦的领土，他的计划是约旦可以分到约旦河西岸部分，而埃及可以分到加沙和内盖夫西北部地区。他与戈尔达·梅厄（后来成为以色列总理）的代表团会谈，反对以色列与叙利亚单独会谈。约旦虽然得到英国的支持允许占领约旦河西岸，并得到了巴勒斯坦贵族的支持，但遭到了埃及、叙利亚和沙特等阿拉伯国家的反对，他们认为约旦领土的扩大对他们自身来说是个威胁。在随后的秘密谈判中，约旦竟提出以色列对加沙要么占领、要么毁灭，但千万不能划给埃及的建议。[①]

期间，特别值得注意的是，埃及开罗起义导致年轻军官上台，纳赛尔脱颖而出成为领导者，对阿以关系产生了重大影响。纳赛尔在1948年曾参与过对以色列的作战。正如纳赛尔所说，发生在埃及领导者中的懒惰、自私、腐败，这是他所看到的最腐化的官员。[②] 纳赛尔希望先与以色列保持和平关系来发展自己的国内经济，然后再报1948年失败之仇。但这遭到其他年轻军官的反对，比如在1953—1954年的时候，后来成为埃及外交部长的穆罕默德·雷德就要求纳赛尔准备好随时与以色列开战，不要认为自己暂时不发动战争，战争就不会来找自己。这里需要注意，埃及的短暂变化导致了1954年非常短暂的一次埃以高级军官对话的开始。两国代表就边界正常化等问题进行磋商。而此时的以色列总理夏内特也认为与阿拉伯世界最强大的邻国埃及进行对话有助于缓解与改善以色列的周边国际环境。谈判的内容包括

---

① From Ben Gurion's diaries, entry of January 16, 1949; quoted in Segev, 1949, p. 15. See also Shlaim, p. 519. Israel's position was that it would support Jordanian control of Gaza only if this could be achieved with Egyptian consent.

② Yair Evron, *The Middle East*: Nations, Superpowers and Wars (New York: Praeger 1973), p. 34.

苏伊士运河的使用权问题，最后达成了秘密协议。他们之间的这种协商似乎为当时中东问题解决提供了一线希望，但是随后的历史发展表明，无论以色列还是埃及都反对两者之间的“秘密协定”。

阿拉伯国家的立场一般认为在巴勒斯坦地区建立一个犹太国家缺乏合法性。即使今天很多国家包括阿拉伯国家承认了以色列的存在，但这只表明这样是符合它们的利益而已。20世纪50年代初的情况是：阿拉伯国家拒绝接受战争失败带来的中东政治安排地图。一方面是战争的胜利对以色列的鼓舞增强了他们的信心与讨价还价的余地，以色列不愿意轻易让步。另一方面，他们联合起来对付以色列这样一个小国家竟然失败，因此不甘心咽下这样一口窝囊气。① 这两种因素联系起来就是今天中东冲突依然没有得到解决的根源所在。

二、以色列与巴勒斯坦关系发展演变情况

1948年战争结束后，加沙地带和约旦河西岸地区的巴勒斯坦处于一种特殊的散沙状态，主要表现为残破的经济和脆弱的政治。当时，阿拉伯国家对待巴勒斯坦问题的普遍态度是建立一个阿拉伯国家，埃及希望在加沙地带建立一个由巴勒斯坦阿拉伯人主导下的政府，但是约旦并不支持具有埃及背景的政府，而是自

① Khouri, Fred J. *The Arab-Israeli Dilemma*. Syracuse: Syracuse University Press, 1985. pp. 100—101.

行支持了一个流亡政府。[①] 特别需要提及的是：巴勒斯坦地区的人口因为战争大量迁移到了邻国，导致难民问题复杂化。根据联合国统计：当以色列宣布独立时，大约有 30 万巴勒斯坦人离开了他们居住的地区，在 1949 年初达到了 75 万，而到 1949 年 6 月份达到 94 万。[②] 大约有 15 万阿拉伯人留在了以色列国内，在 1948—1949 年也变成了难民。

巴勒斯坦难民问题的产生以及难民自身的情绪是这一时期导致阿以冲突升级的重要原因。根据阿拉伯方面的陈述，正是锡安主义运动产生的恐怖行为导致了大量难民的出现。而以色列方面则表述为是阿拉伯国家的怂恿导致了难民问题的产生，比如：在独立战争之前几个星期，犹太人试图说服阿拉伯人让他们居住在耶路撒冷不要迁走，但没起到效果；以色列将这归结为周边国家的阿拉伯领导者鼓动巴勒斯坦阿拉伯人离开他们的家园，这样他们就可以对这些人中的青壮年进行组建反犹太的队伍军团，并且许诺说他们很快就可以重新返回家园因为在他们看来胜利很快就会到来了。当然也有人反对这种说法，实际上不是阿拉伯国家支持他们离开自己的家园，而是希望他们留在原地，比如：1948 年在大马士革电台中呼吁的就是让阿拉伯人停留在他们自己的家园不要离开，而三周后的阿拉伯电台再次报道说是由于犹太人在阿

---

① 此时，约旦河西岸大部分领土依然控制在约旦手中。

② Reported in Keesing's Contemporary Archives (London: Keesing's Publications, 1948—1973), p. 10101. The UN Economic Survey Mission to Palestine offered somewhat lower estimates, putting the number of refugees at 726000 in the fall of 1949. Further, noting that some refugees were self-supporting, the Economic Survey recommended early in 1950 that the UN provide rations for only 625000. For a useful and objective discussion see Peretz, *Israel and the Palestine Arabs*.

拉伯居住区制造混乱和迫害行为，导致了阿拉伯人的大量离开[1]。

实际上难民的产生并不是单一因素导致的结果，阿拉伯国家和以色列两方面都有责任。比如战争初期不能排除当地阿拉伯领导者的鼓动，这一时期离开的主要是阿拉伯中上层和城镇居住区的居民，当他们迁移的时候他们有能力支撑他们的消耗，可能更多的就是避免战争。后来随着锡安主义军事进攻带来的影响，普通阿拉伯人不能忍受犹太人“统治”的局面而离开。当然，这一时期特别在北部地区，有些穷困的阿拉伯人没有离开，他们表示愿意接受以色列的领导。作为回报，以色列军队保证他们的人身安全。

1948—1956 年这段时期关于难民问题的解决讨论很多，但都因为各自的现实利益考虑导致了难民问题最后没有解决反而复杂化。问题当时是很多阿拉伯人想破坏新成立的以色列国，特别是那些难民因为失去家园成为小规模冲突的重要动因。另一方面，以色列为了保护自己的国家犹太特性和安全需要，拒绝接纳难民回到故土。1948 年底，联合国就通过了对难民问题的决议，认为不能以以色列建国为理由，对从为以敌对国家来的阿拉伯难民而进行遣返。同时，美国和联合国继续施加压力要求以色列接受难民重返家园。但这随着讨价还价和反复的决议修改，转眼就到了 1956 年，难民问题实际非但没解决，而且随着第二次中东战争的爆发，巴勒斯坦更多地区处于以色列的监控之下。

此时，关于领土与边界问题的具体谈判还没有提上日程，主要是巴勒斯坦地区缺乏一个合法的有效代表，当时具有埃及背景

---

① Childers, Erskine B. “The Other Exodus,” May 12, 1961. “The Wordless Wish: From Citizens to Refugees.” In Ibrahim Abu-Lughod, ed., The Transformation of Palestine: Essays on the Origin and Development of the Arab-Israeli Conflict. Evanston: Northwestern University Press, 1971, p. 146.

的巴勒斯坦当局相当脆弱。周边阿拉伯国家也是各自有各自的打算，导致了某种程度上的分裂。而这期间，耶路撒冷被分成阿拉伯占领的部分和以色列占领的部分，其解决也因实际占有情况而呈现出了冷冻状态。或许关于耶路撒冷更多的是信仰层面的重要性，无论是犹太人还是阿拉伯人都强调他们与耶路撒冷的密切关系，处于对圣城的热爱竟然让耶路撒冷避开了多次交战的炮火。

三、犹太民族与阿拉伯民族的关系发展演变情况

这里谈的主要是在阿拉伯国家中居住的犹太人返回家园的活动，以及以色列国内数目相当大的阿拉伯人的问题。在这段时期，很多居住在包括伊拉克、沙特等阿拉伯国家的犹太人来到了以色列，他们这批人会说阿拉伯语，对阿拉伯国家有一定的亲和力，这使以色列对阿政策产生了特殊影响，即在考虑决策时不得不考虑这部分人的情况和阿拉伯国家中犹太人的处境问题。在很多阿拉伯国家，犹太人受到了很好的教育，但是独立的以色列使得犹太人受到了各种不同程度的影响，特别是某些权力的失去。以色列方面在 1948 年战争后，面临的是如何建设一个民族国家的问题。在以色列这一时期的人口中大部分都是从国外移民过来的，这样就给以色列造成了很大的压力，如何整合这些不同国家的不同背景的以色列人变得尤为紧迫，而这是以色列必须要面对的问题。以色列虽然有议会，但分为左中右的三个党派并不是在任何政策上都是一致的。独立战争之后，在以色列普遍认为第二次、第三次的阿拉伯进攻一定也会被打败，这些情绪的蔓延对以色列的生存有着致命的危险。关于一份当前以色列与阿拉伯军事

和政治实力的评判来看，今天的战争是民族与民族之间的全民战争，军队不再是决定战争的主要因素，而是依赖于整个国家的综合实力，这包括工业产值、经济总量、科技发展和组织能力，最为重要的还是它的文化因素、信仰和精神层面的支撑。[①] 阿拉伯最大的弱项是他们不能团结一致完全彻底联合起来，依然处于各自为政的阶段。

另一个方面就是如何处理对待以色列国内的阿拉伯人的问题。本·古里安经常警告说：我们必须了解我们的敌人，用他们的眼睛来看待世局。阿拉伯人与犹太人之间在经济、社会生活、价值体系认知等方面有众多出入。对于犹太人在人类社会中的角色问题，比如：许多早期锡安主义者相信他们在以色列的努力工作，会为周边的阿拉伯人带来便利，但是阿拉伯人并不这么看。本·古里安曾说："'我们必须找到一条可行性办法来说服我们的邻居来证明我们的理论是正确的'，我与阿拉伯领导人进行谈论的时候，他们给我讲了一个大家早就熟知了的原则，'你不能将你的思想强加于别人'，我与阿拉伯知识分子进行谈论这个的时候，一个人对我说，'我们不需要你们的祝福，我们更希望让土地就留在那里保持着原始状态：贫瘠的、未开发的、空阔的，直到我们有能力去开发的时候再去开发。如果这需要在下个世纪才能实现，那我们就等它 100 年。'"[②] 针对这种情况，以色列当时官方宣称更多地是采取了国内阿拉伯人自治与军管两种方式相结合的方法，但实际上是通过牺牲国内阿拉伯人的权力来换取一种特殊的国内"和平"。

---

① *Knesset*, Third Session of First Knesset, 2 January 1951, Sitting 208, p. 655.

② *Knesset*, 28, First Session of Fourth Knesset, 22 February 1960, Sitting 55, p. 667; see also, David Ben-Gurion, *My Talks with Arab Leaders* (New, York 1973); and S. Teveth, *Ben-Gurion and the Palestinian Arabs* (New York, 1985).

不难看出，阿、犹两大民族之间因为第一次中东战争的爆发使得彼此之间矛盾日渐复杂，致使以色列国内的阿拉伯人和阿拉伯国家的犹太人的生活都受到不同程度的歧视与压力甚至破坏，并因此导致了随后的两民族相互迁徙活动与相互异化活动。

四、阿以关系发展演变中的大国因素

1948 年第一次中东战争时，美苏都支持以色列。苏联之所以支持以色列，因为当时从苏联、东欧移居以色列的犹太人多，苏认为以色列的社会进步于其周边国家。然而英国是该地区的宗主国，有着广泛的利益，英国希望战事的发生可以更多地让阿拉伯国家倚重他们，于是对和平创作的条件屡屡破坏。后来英国主要是因为反对苏伊士运河国有化，结果随着局势的发展，英国、法国和以色列达成了战略上的一致，策划入侵埃及。这段时期，关于阿拉伯国家倚重大国的问题，欧洲国家特别希望发生战争甚至不间断，这样阿拉伯国家就会离不开他们的支持，也就削弱了他们的独立性。

导致埃及退出第一次中东战争并最终签署停战协议，最直接的原因就是英国的干预，这使埃及领导人面临一个非常尴尬的境地：如果继续战争，那就陷入了对英国的极度依赖之中。在以色列与约旦进行谈判的时候，也是这个问题，无疑约旦也是担心自己会陷入英国的怀抱当中。实际上，不能将阿拉伯国家简单地除去几个就将之剩下的定位为木偶国家，或者说是仆从国。最明显的例子就是当今的世界不再是一个相互孤立与隔绝的世界，即使是在大国之间，同样也是有相互依赖的趋势。当然一个小的国家可能更多地依赖别的国家，但是即使是最不发达的国家、贫穷的国家也有他们自己决定的权力。① 对于未来的和平以及与阿拉伯国家关系的改善是紧迫的和需要的。然而，怀疑英国当时是不是真正希望中东实现和平，从任何阿拉伯国家与以色列的谈判，英国都仰仗其传统势力施加影响这一点上看，其作用的正面性一直备受争议。②

1956 年第二次中东战争时，美国、苏联支持埃及，反对英国、法国、以色列，因为一是正义的确在埃及一方，二是不希望英国再重返其在本地区的传统势力范围。在以后的冷战岁月里，美支持以色列，苏支持阿拉伯一方，泾渭分明。一直到现在，美每年向以色列提供30 亿美元的军援，在安理会上为以说话。冷战时期美苏两霸争夺，在中东各支持一方有其战略利益考虑；冷战后虽态势已变，但美由于各种原因偏袒以色列的做法致使中东问题在解决上一直没有获得根本性突破。

五、结　论

如果翻开历史的另一页，我们就会知道，阿、以两民族在近代以前特别是古代有很多的共性。阿、犹两者都是古老的闪米特人的一支，古代时在宗教信仰、文化和语言等方面有广泛的联系，两者都在欧洲式的民族国家出现之前建立过强大国家，都有《旧约》、《古兰经》等圣书。这两个民族都有过历史上的辉煌时

① Knesset, 1, First Session of First Knesset, 4 April 1949, Sitting 20, p. 305.

② Mapai Council, 12 January 1949, LPA. On the dialogue with Jordan prior to the War of Independence, see Y. Gelber, *Jewish-Transjordanian Relations, 1921—1948* (London, 1997).

期，但伴随而来的更多的是长期的衰落与被奴役。两者都是在19世纪的时候进入复兴时期，为求政治自立，从这个时候开始他们反省自己的落后与如何继承传统使获得新生成为可能。面对来自19世纪欧洲对外扩张的压力和民族主义的崛起，两者在反应上是相同的，犹太、阿拉伯两民族的精英阶层最先发难的主要目标是放在改革上，两者都有激进改革派，当然也有保守派，中间是温和派。并且19世纪后期，犹太人在欧洲遇到反犹主义，而阿拉伯人被处在欧洲的殖民统治之下，两民族意识几乎同步唤醒：民族独立与反对外来干涉。犹太人希望在巴勒斯坦地区建立一个以信仰和文化为核心的犹太自治地区开始显现；阿拉伯方面实现重建是为了保护他们的家园，免于欧洲帝国列强的侵略与控制。

只是到了20世纪50年代，阿、以两民族关系演绎导致了中东问题日渐复杂。当时以色列面临的首要问题是以色列不能与阿拉伯国家进行全面谈判。而且关于和平的努力，即使大多数阿拉伯国家都与以色列签署了和平协议，但犹太人会始终怀疑是不是真的就是和平时代的到来，于是时刻处于备战状态的以色列人刺激了阿拉伯国家。阿拉伯世界中制约和平的因素是统治集团转移国内民众斗争视线的需要，这样阿拉伯世界不仅仅领导者的腐败与专制被人们所忽略，而且因为有了一个共同的目标反而将民众团结到了统治集团一边。还有一种情况是经济利益，包括水源、航道等问题。我们可以确切相信阿拉伯国家并不是为了战争而战争，今天事实上的复仇可能更多的燃烧在阿拉伯民众之间，毕竟他们忘不了中东战争失败的耻辱，这和阿拉伯的民族文化有关。

总之，阿以之间（今天则主要侧重指巴以之间）在文化上的共通性、经济上的依赖性、[1] 政治上的自立性表明两大民族之间有很大的兼容性，只是由于历史和现实的各种原因造就了彼此矛盾的深化和恶性循环。

① 在今天的巴勒斯坦地区，加沙地带和约旦河西岸相当部分的阿拉伯人需要到以色列工作来获得收入以维持家庭生活，而以色列社会发展也越来越离不开当地及周边阿拉伯人的参与。

釜底抽薪：现实主义者对阵新保守派

——从《以色列游说集团和美国外交政策》说起

汪舒明*

内容提要：哈佛大学的研究报告对以色列以及美国国内的以色列游说集团在美国外交政策中的地位和影响提出了严厉的批评。该报告引发了美国学界一场激烈论战，现实主义者和亲以势力之间矛盾进一步激化。该报告的出台是现实主义和新保守主义关于美国外交政策，尤其中东政策辩论的延续和深化。它意在从政治上“泄露”新保守派背后以美国犹太右翼为核心的以色列游说集团，打破反犹主义的禁忌，在美国国内塑造一种有利于对美国中东政策开展更认真自由讨论的社会政治环

* 汪舒明，上海社会科学院欧亚所助理研究员。

境，从而推动美国向更灵活务实的中东政策转变。可以说，这是现实主义者对新保守派发起的釜底抽薪的一击。该报告代表了一些美国主流社会的精英对以色列因素在美国外交政策中的影响的反思、忧虑和质疑，将促使美国犹太人在为以色列游说的过程中更加小心谨慎。但是，新保守派和以色列游说集团仍将保持强大的实力。

中东局势的严重恶化和美国的"大中东计划"面临的困境使美国国内关于中东政策的反思和辩论变得空前激烈。2006 年 3 月，哈佛大学肯尼迪政府学院的网站上发表的约翰·米尔斯海默（John Mearsheimer）和史蒂芬·沃尔特（Stephen Walt）的研究报告《以色列游说集团和美国外交政策》（The Israel Lobby and U.S. Foreign Policy）就代表了美国国内的这种浪潮。[1]

一、报告的主要观点：以色列游说集团扭曲美国国家利益

该报告将批判的利刃指向了美国在中东最重要的盟友以色列。作者认为：过去几十年来，美国中东政策的中心点是美以特殊关系，而不是美国的国家利益。冷战时期，以色列是美国的战略资产，但也是美国的负担。冷战后，美国面临的恐怖主义和反美主义等麻烦在很大程度上就是因为美国无条件地支持以色列。

---

① 几乎同时，该报告更浓缩的版本以《以色列游说集团》（The Israel Lobby）为题在英国很有影响的杂志《伦敦书评》（*London Review of Books*）上发表。

现在，美以特殊关系已经成了美国反恐和对付“无赖”国家的战略负担，而且也削弱了美国在对付来自中东以外地区的挑战中的地位。而美国慷慨支持以色列道义上的四个理由（被围困的弱国、民主国家、犹太民族历史苦难和以色列的行为更道德）事实上都不具有说服力。报告作者还指控以色列的行为有时并不像一个忠诚的盟友，而且以色列和它在美国的支持者希望美国人去牺牲流血，让美国为它对付所有安全威胁（火中取栗）。

报告作者指出：美国中东政策的动力几乎完全取决于美国国内政治因素，尤其取决于以色列游说集团的活动。以色列游说集团拥有无与伦比的力量，操控着美国的政治体系。它塑造了美以亲密关系，使美国的中东政策严重偏离美国国家利益而向以色列倾斜，同时却宣称美以两国利益根本一致。游说集团的核心是一些在日常生活中致力于影响美国对外政策以维护以色列利益的美国犹太人，但并不是所有的美国犹太人都积极支持以色列游说集团。美国犹太人中，支持利库德集团扩张主义路线的强硬派是关键的游说组织的支持者；还有很多人持温和立场，主张以土地换和平。美以公共关系委员会（AIPAC）是以色列游说集团中最强大的组织，它形成了影响国会的核心，实际上是外国政府在美国的代理机构。对于美国犹太人及其支持者来说，为了使美国的政策偏向以色列，没有什么是不合适的。以色列游说集团的支持者也包括许多著名的基督教福音派，他们根据《圣经》预言支持以色列的扩张主义路线，并且认为对以色列施压是违背上帝意愿的。此外，还有不少持新保守主义[①]观点的非犹太人。这些游说集团通过两种战略以确保美国对以色列的支持：1. 向国会和政府职能部门施加压力；2. 努力塑造关于以色列的正面形象，阻

① 绝大多数新保守派成员为持强硬立场的美国犹太知识精英。

止任何对以色列的批评以控制关于以色列的辩论。它们主要通过影响立法和行政当局、操控媒体、掌控思想库、监控学术界等途径来发挥影响。它们用来封杀批评和讨论的一种有效武器是给它们贴上反犹主义的标签。批评以色列的不当行为和指出亲以团体对美国的中东政策的影响都很有可能被贴上反犹分子的标签。它们在国会的影响如此之大，以至于任何公开辩论美国对以政策的事情都难以在国会发生。只要涉及以色列，任何潜在的批评者也会沉默寡言。这对从不回避任何有争议问题的国会来说是很不正常的。

报告的作者还指出：以色列游说集团的影响不仅限于美国对以色列的经济援助，它们还一直在努力塑造美国的中东政策。维持美国对以色列反对巴勒斯坦政策的支持是以色列游说集团的核心目标，但其野心并不止于此。毫无疑问，以色列政府和以色列游说集团一直在努力塑造布什政府对伊拉克、伊朗、叙利亚的政策以及如何重组中东的大战略。其压力虽然不是2003年美国攻打伊拉克的唯一原因，但却是关键因素。而与以色列游说集团有紧密联系的新保守派则是美国国内的主要战争推动力。伊拉克战争并没有被认为是一场代价不菲的战争，而被认为是重塑中东大战略的第一步。这一雄心勃勃的计划明显违背了此前美国政府的政策（即双重遏制，笔者按），而以色列游说集团和以色列则是这种转变的主要驱动力。在伊拉克战争后，他们将矛头指向了伊朗。当初主张进攻伊拉克的AIPAC和部分新保守派成员现在是主张对伊朗动武的首要推动力量。伊朗由于其核计划而被以色列视为最大的威胁，但伊朗的核野心并不会对美国构成实质性的威胁，也不会导致美国的战略灾难。如果美国可以和拥有核能源的前苏联和中国共处，那么它也能够和拥有核能源的伊朗共处。

报告的作者对以色列游说集团力量的增长深感担忧。他总结了以色列游说集团的活动带来的主要危害：第一，它增加了美国及其盟国所面临的恐怖主义危险的程度。第二，它的活动有可能促成美国对伊朗、叙利亚等国的“政权更迭”。然而，美国不需要另一个伊拉克。第三，它使美国实际上成为以色列扩展被占领土的帮凶，让美国所宣扬的推进民主和尊重人权变得形同虚设。纵容以色列拥有核武器实际上也使得核不扩散的努力大打折扣，并刺激了伊朗等国寻求核武器的努力。第四，以色列游说集团的活动破坏了美国的民主原则。第五，以色列游说集团的影响对以色列并无益处，它导致以色列失去了同叙利亚和解以及减少巴勒斯坦极端分子和自杀性爆炸的机会。拒绝巴勒斯坦人的合法权利并没有使以色列变得安全起来，杀害或者边缘化巴勒斯坦领导人的做法反而使像哈马斯这样的极端势力上台。报告的作者还主张美国领导人与以色列游说集团拉开距离，采用一种与更广泛的美国利益相一致的政策。美国需要坦白地讨论以色列游说集团的影响以及更公开地辩论美国在这个关键地区的利益。

二、报告引发的论争：新保守派对阵自由派和现实主义派

该报告发表后引起了广泛的关注和激烈的论争，《纽约书评》认为它是自 1993 年《文明的冲突》一文发表以来最有冲击力的文章。[①] 在这场论争中，各方的反应耐人寻味。

以色列的支持者，尤其新保守派成员对这样一份报告异常愤

① Michael Massing, “The Storm over the Israel Lobby”, in *The New York Review of Books*, Volume 53, Number 10, June 8, 2006.

怒，他们的反驳有时远远超越了理性的辩论，往往包含了歇斯底里的人身攻击。他们的攻击主要有以下三个方面：第一，攻击该报告存在歪曲事实、观点贫乏、引证缺乏权威性、逻辑混乱等问题。如曾师从沃尔特的卡罗琳·格里克（Caroline B. Glick）就认为，该报告充斥着明显错误的论断和荒谬的、白痴般的观点。[①]《前进》（Forward）也发表主编文章，认为该报告学术品位低下，"简直不值一批"，是"两位学术高人联合谱写的学术噪音"，"一个本科生交这样的作业也会成为课堂上的笑料"。[②] 而哈佛大学法学教授艾伦·德肖维茨（Alan Dershowitz）则认为这是无知的宣传，他还在哈佛大学网站上发表反驳长文，指控作者的动机可疑，要求与两位作者进行公开的辩论。[③] 第二，收集论据极力为以色列辩护，或者指出两位作者夸大了以色列游说集团的力量。希伯莱大学耶路撒冷公共事务中心主任多尔·古尔德（Dore Gold）撰文论证了美以共同利益和战略合作中的长期性，驳斥了报告中的相关观点。[④] 在2006年5月《外交政策》杂志社举办的圆桌讨论会中，参加辩论的三位犹太裔学者（Aaron Friedberg，Dennis Ross，Shlomo Ben-Ami）从不同的侧面批驳了文中的观点。[⑤] 第三，指控两位作者为反犹分子。反诽谤联盟

① Caroline B. Glick，"The Jewish threat"，in *The Jewish World Review*，March 24，2006.

② "In Dark Times，Blame the Jews"，*in Forward*，March 24，2006.

③ Alan Dershowitz，"Debunking the Newest— and Oldest— Jewish Conspiracy：a Reply to the Mearshaimer-Walt "Working Paper""，April 2006. http：//www.ksg.harvard.edu/research/working _ papers/dershowitzreply.pdf.

④ Dore Gold，"The Basis of the U.S.-Israel Alliance An Israeli Response to the Mearsheimer-Walt Assault"，In *JERUSALEM ISSUE BRIEF*，Vol. 5，No.20 ，March 24 ，2006.

⑤ "The War over Israel's Influence"，in *Foreign Policy*，July/Augest 2006.

(ADL)就抨击该报告为"典型的反犹分子的犹太阴谋论的分析",将引起关于犹太人权力和控制的谣传。[①] 该组织还专门致信《伦敦书评》编辑部指控两位作者。而新保守派的重要成员、霍普金斯大学高级国际研究院教授埃里奥特·科恩(Eliot A. Cohen)则在《华盛顿邮报》发表文章直接将该文定性为反犹主义,并以自己的儿子正在伊拉克前线为例表明自己忠于美国。[②] 罗斯·维斯(Ruth R. Wisse)认为该报告与1878年在德国流传的反犹传单《犹太人对德国的胜利》无异,并且是对美国公众的攻击。[③] 阿伦·德肖维茨则认为作者在影射美国犹太人双重忠诚,认为他们更忠于以色列。还有人提出,犹太人在这场辩论中成了替罪羊。肯尼迪政府学院的重要捐助者罗伯特·贝尔弗(Robert Belfer)还要求禁止沃尔特使用他所捐助的讲席头衔。由于外部的巨大压力,哈佛大学在坚持学术自由和学者表达观点的自由外,决定除去报告中的校标,并表示该报告仅代表作者本人的观点。[④]

另一方面,哈佛大学的报告得到了美国国内自由派和现实主义者的肯定和支持。哈佛大学和芝加哥大学虽然在一定程度上与该报告拉开了距离,但继续以学术自由的名义支持两位作者。以犹太自由派为主要阅读者的《国民》(Nation)杂志虽然也认为该报告存在很多问题,但并不认为作者是反犹分子,而且为作者受到歇斯底里的攻击颇感不平。[⑤] 同样以自由派立场著称的《纽

---

① "Mearsheimer and Walt's Anti-Israel Screed: A Relentless Assault in Scholarly Guise", *www.adl.org*, March 24, 2006.

② Eliot A. Cohen, "Yes, It's Anti-Semitic," *Washington Post*, April 5, 2006.

③ Ruth R. Wisse, "Israel Lobby," *The Wall Street Journal*, March 22, 2006.

④ Shmuel Rosner, "Harvard distances itself from criticism of Israel lobby," *Haaretz*, March 24, 2006.

⑤ Eric Alterman, "AIPAC's Complaint", in *The Nation*, May 1, 2006.

约书评》也发表迈克尔·马辛（Michael Massing）的文章，认为该文的中心观点——以色列游说集团的力量及其对美国外交的负面影响——是完全正确的。马辛还补充了从知情人那里了解到的许多关于AIPAC的运作方式、构成及其影响力的情况。他还认为该文足以承担起公布一个很长时间来一直属于禁忌问题的任务。[①] 此外，马辛还刊登了一封来自明尼苏达州的国会议员贝蒂·麦考伦给AIPAC执行主任的信。在信中，贝蒂记述了自己因为投票反对"2006年巴勒斯坦反恐法案"而受到一名该组织在明尼苏达的代表的指控，称"贝蒂众议员支持恐怖分子的行为将不会被容忍"。贝蒂要求该组织进行正式的书面道歉，否则就拒绝接待该组织的代表。[②]《纽约时报》也站在两位作者一边，认为他们可能成为不幸的殉难者。其中，最有代表性的是托尼·朱迪（Tony Judt）的文章，他认为报告中的绝大多数观点是无可争议的，他也赞同以色列负担说，并要求美国更理性地反思中东政策。他对美国主流媒体在论辩中的沉默和以色列支持者的歇斯底里表示了遗憾。[③] 他还在《金融时报》撰文提出，以色列不能总是依赖美国的援手。[④] 现实主义者也大多站在报告的作者一边，如迪米特里·希梅斯（Dimitri K. Simes）就认为该文没有任何地方可以被冠以反犹主义，两位作者是以一种认真的方式提出认真的问题的认真的人。一些人暴怒的原因并不是因为该文缺乏精致入微的观点，而是因为两位

---

① Michael Massing, "The Storm over the Israel Lobby," *The New York Review of Books*, Volume 53, Number 10, June 8, 2006.

② Betty McCollum, "A Letter to AIPAC," *The New York Review of Books*, Volume 53, Number 10. June 8, 2006.

③ Tony Judt, "A Lobby, Not a Conspiracy", *New York Times*, April 19, 2006.

④ Tony Judt, "Why Israel couldn 't always Rely on America's Helping Hand," *Financial Times*, May 23, 2006.

作者指出新保守派的国际政治理论经受不住伊拉克战争的考验。[①] 此外，参加《外交政策》圆桌讨论的布热津斯基认为两位作者的观点不是反犹主义。他赞成作者的观点，并指出：进行这种认真的辩论是有价值的，而且提出美以关系问题不应该成为一个美国政策辩论中的“危险的例外”。[②]

跟学术界激烈的讨论形成鲜明对照的是一些美国犹太社团的沉默和美国许多主流媒体的沉默。面对这样一份出自名家之手的研究报告，许多犹太社团的领导人感到非常为难，他们很少对这份报告公开表达意见，以免激起美国主流社会的反感。他们更期望非犹太人的团体或个人对这一报告进行反击，而许多美国主流媒体也小心翼翼地尽量避免卷入冲突，或努力保持一种中立客观的形象。事实上，两位作者的文章在美国遭到了包括《大西洋》在内的一些杂志的拒绝后，才选择在英国发表的。另外，在美国犹太社团强大的压力面前，作者也被迫缓和立场，修复与美国犹太人的关系。2007 年夏，沃尔特出席了第 9 届犹太书展年度网络大会，正式推出了这部备受争议的著作。“犹太书展理事会”在纽约希伯来联合学院举办的“直面作者”活动中，他重申：“我和（本书）合著者都是支持以色列的，”“我们并不质疑以色列的生存权，我们也澄清，为以色列游说在美国是天经地义的事。但我们也提出，一些组织鼓吹的政策与他们宣称代言的更大的社团的立场步调不一。”[③]

---

① Dimitri K. Simes , “Unrealists,” *The National Interest*, Summer 2006.

② “The War over Israel’s Influence,” *Foreign Policy*, July/Augest 2006.

③ “‘Israel Lobby’ Prof. Hawks Tome in Appearance at Jewish Bookfest ,” *Forward*, June 1, 2007.

三、现实主义者对新保守派批判的升级

实际上，报告中涉及的问题和提出的观点并不新颖。以色列的政策以及美国国内以色列游说集团的影响，在欧洲早以成为诟病的对象（更不用说伊斯兰世界了），即使在美国，也有大量重新评估以色列战略价值和地位的观点。2005 年初，当约瑟夫·约菲（Josef Joffe）在《外交政策》上撰文哀叹以色列的政策和道义形象受到了不公正的批评和指责时，就曾引发了一场关于以色列的辩论。约菲的观点受到众多相对比较中立或者同情巴勒斯坦人的自由派学者的抨击。关于以色列游说集团及其影响，新美国基金会高级研究员迈克尔·林德（Michael Lind）也曾在英国《展望》杂志上有过论述，其观点与哈佛大学的报告大同小异。① 哈佛大学的报告之所以引发如此广泛的关注和激烈的论争，一方面是因为作者以及他们所属的学术机构在学术界的地位，两位作者是美国国际政治现实主义流派领军人物；另一方面，也是现实主义与新保守主义围绕美国外交政策，尤其是中东政策的论战升级的表现。

作为两个不同的学术流派，现实主义和新保守主义关于美国外交政策的争论由来已久。在小布什政府的第一个任期，新保守派主导了美国的外交。借助“9·11”事件，他们的主要议程就是对中东的穆斯林世界进行民主化改造，而伊拉克就是美国“大中东计划”的第一块试金石。

---

① Michael Lind, “Distorting U. S. Foreign Policy: The Israel Lobby and American Power,” *Prospect*, *April* 2002.

在伊拉克战争开始前，面对新保守派和亲以利益集团的战争鼓噪，几乎所有的现实主义者都反对开战。米尔斯海默和沃尔特也在《外交》杂志上联合发表题为《一场不必要的战争》一文反对伊拉克战争。新保守派认为对伊开战的直接理由有二：1. 萨达姆残酷无情，不计后果，不太理性因而难以威慑；2. 他很有可能会将大规模杀伤性武器转交给恐怖分子，因此美国不能允许他拥有大规模杀伤性武器。而两位作者在他们的文章中指出：根据历史记录，萨达姆尽管残暴并精于算计，但即使他拥有了化学武器和核武器，美国也完全可以威慑；他也不可能将核武器送给本·拉丹，因为核恐怖主义对伊拉克也像美国一样危险。新保守派对伊开战的理由是建立在贫乏的基础上的。[①] 在他们看来，入侵伊拉克不符合美国的国家利益，将是一场“在错误的地点、错误的时间进行的错误的战争”。[②]

经历了伊拉克战争速胜的狂喜后，美国很快就陷入了伊拉克泥潭。代价高昂和不得人心的占领、战后重建和民主化中的困难都促使美国人反思，一场“谁失去了伊拉克”的大辩论兴起。一方面，当初积极推动对伊开战的新保守派成了众矢之的，受到来自自由主义、现实主义、民族主义等各种流派的批评，甚至新保守派内部也出现了分化，福山和克劳塞默之间的论战就很有代表性。[③]

在这场辩论中，米尔斯海默撰文指出：作为对现实主义和

---

① John J. Mearsheimer and Stephen Walt, “An unnecessary war,” *Foreign Policy*, Jan/Feb 2003.

② Stephen Walt, “Realists Are Not Alone in Opposing War With Iraq”, *Chronicle of Higher Education*, Vol. 49 Issue 12, 11/15/2002.

③ 关于这场论战，参见李金祥、蔡佳禾：“新保守派内部关于美国外交政策的辩论”，《美国研究》，2006年第1期。

新保守主义两种不同国际政治理论的检验，伊拉克的局势证明了现实主义者是正确的，而新保守派是错误的。他概括了双方理论上的分野。新保守主义奉行“武装的威尔逊主义”：一方面，他们认识到经历新军事革命改造的美国拥有前所未有和无与伦比的强大军事力量，并极为迷信和推崇武力的作用。根据他们的搭便车逻辑和多米诺理论，他们认为一旦萨达姆政权被推翻，伊朗、朝鲜等其他的敌对国家将在美国的大棒面前举手投降。另一方面，他们也极为推崇民主，欲在中东扩展民主。在他们看来，民主已经成了最强大、最有吸引力的政治意识形态，用福山的话来说就是历史已经终结。他们认为：民主是国与国之间和平的有力保障，而在中东实行政权更替和民主化改造也是解决恐怖主义问题的良药。而现实主义者反驳道，世界并不是一个搭便车的世界，而是一个均势的世界。美国强大的军事力量会导致敌对国家加强军事力量。美国在伊拉克显示力量不仅不会使伊朗等国屈服，相反只会刺激它们加快研制核武器。新保守派也忽视了民族主义的力量才是最强大的意识形态。现实主义者还认为，在一个民族主义时代，以为美国可以入侵、占领伊拉克和中东其他国家并改造它们的政治体系的同时，使它们对美国友好的想法是愚不可及的。面对出于民族自决要求的叛乱，美国仍将需要在伊拉克驻扎大量军队。这将牵制美国的力量，从而使搭便车逻辑难以立足，而且也将削弱美国大棒的威力。现实主义的要求是在权力运用时要高度审慎，重视运用权力的道义后果。另外，现实主义者并不认为民主膏药一贴就灵，民主国家也不乏野蛮残暴的时候。即使民主，也未必就能带来和平。无论是否民主，国家都会希望拥有核武器或支持恐怖主义以实现国家利益。何况，美国也根本没有足够的经验和理论在中东移植民主。[1] 沃尔特则提出：这场战争的建筑师们必须为失败负责，他将这种责任主要归于新保守派和布什政府。[2]

双方还在其他一些问题上存在分歧。1. 对美国的力量持一种高度审慎态度的米尔斯海默并不接受新保守派提出的单极世界的提法。他认为尽管美国的实力超群，但世界仍然是多极的。美国无力独霸全球，单极世界不曾有过，可能永远也不会有。[3] 2. 尽管双方都认为国际恐怖主义是美国巨大的威胁，但米尔斯海默反对新保守派将伊拉克、伊朗视为当前美国严重的战略威胁和最危险的敌人的观点。他将崛起中的中国视为最大的潜在威胁，在他看来，中国的崛起根本不可能是和平的。他的宿命论的论断就是，“当中国的权力增长后，美国与中国势必成为对手”。[4] 新保守派虽然也将中国看作美国巨大的威胁，但在他们那里，其紧迫性似乎比不上中东事态的发展。在查尔斯·克劳塞默看来，“它（即中国成为战略威胁）将会在以后出现，即在21世纪中叶，那将是下一代人所面临的问题。而当前这一代人所面临的是“9·11”和阿拉伯—伊斯兰虚无主义问题。”[5]

尽管现实主义者宣布当初推动伊拉克战争的人输掉了关于美

---

① John Mearsheimer, “Hans Morgenthau and the Iraq war: realism versus neo-conservatism,” *www.openDemocracy.net*, April 21, 2005. See also: “Interview with John J. Mearsheimer”, *International Relations*, Vol. 20 (2), 2006.

② Stephen M. Walt, “The Blame Game,” *Foreign Policy*, Nov./Dec. 2005.

③ “Interview with John J. Mearsheimer,” *International Relations*, Vol. 20 (1), 2006.

④ [美] 约翰·米尔斯海默著，王义桅、唐小松译：《大国政治的悲剧》，上海人民出版社，2003年3月版，第4页。See Also: John J. Mearsheimer, “China's Unpeaceful Rise,” *Current History*, April, 2006.

⑤ Charles Krauthammer, *Democratic Realism: An American Foreign Policy for a Unipolar World*, (The AEI Press, 2004), p. 17.

国外交的理论和政策辩论，但是新保守派并不想认输，也没有变得谨慎起来。面对伊朗核危机的不断升级，当初推动对伊拉克动武的同一种势力又开始不遗余力地鼓噪对伊朗采取强硬立场甚至不惜一战。现实主义者不安地看到，局势似乎又回到了伊拉克战争前，又一个伊拉克泥潭的出现似乎也已不远。正是在这样的形势下，《以色列游说集团和美国外交政策》出台了。

余论：以色列游说集团的力量及其限制

无论是福山对新保守派的批判，还是哈佛大学的报告，都涉及美国社会政治中的一个非常敏感的对象，即以色列游说集团以及与之紧密关联的美国犹太人。从某种意义上说，哈佛大学的报告代表了一些美国主流社会的精英对以色列因素在美国外交政策中的影响的反思、忧虑和质疑。[①] 显然，以色列游说集团和美国犹太人主导着美国的中东政策，而且拥有强大的奖惩能力。这正是林德、米尔斯海默等人选择在英国发表关于以色列游说集团文章的缘由。而对几乎所有的美国犹太人来说，关切以色列的生存和安全是其犹太认同和“公民宗教”的核心要素之一。主流社会的反思和质疑对他们而言显然是一个不祥之兆，他们或许将不再能无视主流社会的看法。

反犹主义既是赋予以色列游说集团和美国犹太人力量的一种有效的武器，但也是对他们力量的限制。

① 2006年底，美国前总统卡特出版了《巴勒斯坦：没有种族隔离的和平》(Palestine：Peace Not Apartheid) 一书，从道义上质疑以色列的占领政策。这在卡特与美国犹太右翼之间引发了又一场关于以色列地位和政策的激烈争论。

一方面，由于对历史上基督教的反犹主义，尤其是对纳粹屠杀犹太人深重的道义上的负罪感，二战以来，反犹太主义在美国主流社会遭到唾弃，成为在政治上"不正确"的行为。美国主流社会在总体上也已经接受了犹太人，甚至对这个"模范"少数民族存在一定程度的亲善。正因为如此，美国犹太社团才有了流散史上史无前例的繁荣昌盛，同时也为美国犹太人提供了一柄保护自己的利器。但由此也出现了右翼犹太人乱贴反犹主义标签的问题，几乎任何对以色列政策或以色列游说集团影响的批评都很有可能被指控为反犹主义。在哈佛大学的报告问题上，美国主流媒体的沉默，在朱迪看来原因就在于担心被指控为公然讨论犹太阴谋论，担心被指控为反对以色列，担心被认为是纵容了反犹太主义言论。而这种担心的危害有三重：对犹太人不利，在反犹太主义仍然存在的情况下，对以色列及其美国支持者的批评不应与反犹太主义混为一谈；对以色列不利，美国对以色列无条件的支持纵容了以色列不计后果的行为，从而损害了以色列的利益；对美国自身不利，使它在中东问题上孤立于世界的其他国家之外。[①]

另一方面，美国犹太人仍然担心反犹主义在美国主流社会的复活，这使他们不能不有所忌惮。这种对反犹太主义的担心决不是空穴来风。2004 年 8 月，*Zogby International* 一项的调查显示，61%的美国人认为应将 AIPAC 登记为外国（即以色列）政府在美代理机构。[②] 2005 年 3 月 ADL 的一项全国民调显示，有 33%的美国人认为美国犹太人更忠于以色列。[③] 而且美国学者早

① Tony Judt, "A Lobby, Not a Conspiracy".

② http://www.cnionline.org/learn/polls/aipac/.

③ "American Attitudes Towards Jews in America," http://www.adl.org/anti_semitism/Anti_semitic_Attitudes_files/frame.htm.

有预言，“在美国，跟以色列有关的问题被犹太人视为反犹主义复活的最大的潜在源泉。如果美以关系恶化或者支持以色列被美国的政策制定者和美国公众看作违背了美国的利益，而美国犹太人继续为以色列大力游说，这种（反犹的）诱因就会出现。”[①] 2004 年，电影《耶稣受难记》在美国的热播就让美国犹太人深为不安。值得注意的是：正当美国国内围绕两位作者的文章辩论升级的时候，新保守派和以色列政府以及美国犹太组织之间关于伊朗问题出现了严重分歧。2006 年 5 月底，美国在对伊朗核问题上的态度发生了一次出人意料的灵活务实的调整。新保守派猛烈抨击了美国政府的转变，而以色列奥尔默特政府则表示支持美国的政策，并要求美国犹太组织在伊朗问题上保持低调。一些犹太组织还要求白宫不要宣称美国阻止伊朗拥有核武器的努力主要是出于保护以色列的考虑。这一次，华盛顿选择外交途径几乎没有受到犹太组织的批评（除了犹太民族安全事务研究所），反而受到相当程度的理解。[②]

经历这场辩论，美国犹太人中的强硬派，尤其是新保守派不能不有所顾虑，但以色列游说集团的实力依然强大。美国犹太人不可能放弃对以色列的关切，他们为以色列游说也符合美国政治的游戏规则。美国的民意仍然向着以色列一边倒，还未出现重大转变的迹象。而且，基督教福音派正在加强为以色列游说的努力。据以色列《国土报》报道，2006 年 7 月，美国的基督教福音派新建立了一个名为“基督徒以色列之友联合会”（Christians United For Israel）的以色列游说组织。以美国国内强大的福音

---

① Semour Martin Lipset & Earl Raab, *Jews and the New* American Scene, Harvard University Press, 1995, p. 194.

② Ori Nir, “Bush Overture To Iran Splits Israel, Neocons,” *Forward*, June 9, 2006.

派为依托，其组织者要将该组织打造成 AIPAC 的基督教版本。[1]另外，尽管新保守派因为伊拉克战争而备受非议、声名狼藉，但它仍将是美国政坛一股相当强大的势力，因为规模更大、更自信、更保守的新一代新保守派群体已经形成。在对伊拉克战争举行反省、辩护的同时，他们重点转向为轰炸伊朗、阻滞伊朗核武装步伐而鼓噪。

正当美国人在为以色列和以色列游说集团争论不休的时候，2006 年夏，巴勒斯坦的武装组织和黎巴嫩真主党武装袭击了以色列，制造了人质事件，而以色列也借机大打出手。时钟似乎又拨回了四十年：美国在一场地区战争中陷入泥潭，士气低落，而以色列为美国打一场成功的代理人战争，遏制对手的战略扩展态势。以色列打击真主党乃是美国的利益所在，因为真主党被美国视为伊朗的代理人。“美国希望、需要真主党决定性的失败。”[2]这又是一个以色列向美国人证明自己并不总是依赖美国的帮助，而且仍然是美国的重要战略资产的好机会。但是这一次，历史的天平并未向以色列倾斜。

---

① Shlomo Shamir, “U. S. Christian Pro-Israel Lobby to Launch in July,” *Haaretz*, April 3, 2006.

② Charles Krauthammer, “Israel's Lost Moment,” *Washington Post*, August 4, 2006.

转型时期波兰外交战略的嬗变及原因分析

杨显生　时维尚*

内容提要：刚刚步入转型轨道的波兰推行的是积极务实的外交政策，它力争回归欧洲，迫切渴望早日加入欧盟和北约，并与前苏联的主要继承者大都保持和睦相处的关系。进入转型后期的波兰社会开始走上完全西方式的民主道路，其整体实力也有很大提升。因此其外交战略也出现了相应的大转变，倾向于朝美国一边倒，争做新欧洲的领头羊。几百年的历史证明，此次外交战略的嬗变对于波兰这样一个处在夹缝中的国家来说显然实非善举。周遭大国环绕的波兰特殊的地理位置决定其应立足中立和因势利导，实施全面开放、广交朋友的外交战略方为上上之策。

* 杨显生，上海社会科学院欧亚所；时维尚，中国人民大学历史系2006级硕士研究生。

转型前期[1]的波兰奉行的是近似中立的积极务实外交政策，这一政策为波兰赢得了欧美国家的大力援助，而且还使其能和前苏联“遗产继承人”保持和睦关系。波兰的务实外交为“休克疗法”创造了良好的国际环境并争取到大量援助，内因借助外因进而合力推动波兰度过休克疗法的难关并获得改革的成功，使其实力不断得到提升。此时备受美国赏识的波兰自信心极度膨胀，仿佛觉得自己已经是个大国了。受周边大国蚕食和鲸吞的惨痛历史记忆在此背景下更显清晰，并激起其民族自尊心的强烈反弹。于是这个“夹缝中”[2] 的国家在亲美情节的怂恿下，渐渐转向朝美国一边倒，在美国扶植下争做新欧洲的楷模，为此甚至不惜对其西边的欧洲伙伴恶语相向，对东边强邻俄罗斯更是置若罔闻，对美国压缩俄罗斯战略空间的一系列举措无不言听计从。波兰这个“处在以法德为首的西欧世界和以俄罗斯为首的东欧世界之间的欧洲大陆地缘政治轴心国家”[3]，似乎对自己尴尬的地理位置全无知觉。以史为鉴，显然波兰只有奉行正确的地缘外交战略，并对自身实力有更理性的评估和预期，这个大国环绕的国家才能够避免历史悲剧的再次重演。

---

① 关于国家转型的论述可参见胡键：《转型经济新论——兼论中国、俄罗斯的经济转型》。关于国家转型阶段的说法国内学者至今仍无定论，但都认为波兰转型仍未完成。笔者只是为论述方便起见，故简单将波兰转型分为转型前期和转型后期，转型前期从波兰开始实行资本主义到 2000 年左右渡过转型的关键期，2000 年前后至今为转型后期，并将持续到以后的一段时间。

② 艾伦·帕尔默：《夹缝中的六国——维也纳会议以来的中东欧历史》，商务印书馆，1997 年版，第 1 页。

③ 李寒秋：《波兰对外战略转型剖析》，载《国际展望》，2004 年 3 月，总第 487 期。

一、转型前期波兰的“去苏联化”和“回归欧洲”

(一) 苏东剧变后地缘夹缝中的波兰

波兰地处欧陆腹地，面积为31.268 5万平方公里，海岸线长528公里，人口大约为3 800万，在中东欧地区也算是首屈一指的大国。它东连俄罗斯、乌克兰、白俄罗斯、立陶宛四国，西接德国，北临波罗的海，南与捷克和斯洛伐克为邻，是连接东西欧的重要桥梁，也是欧洲大陆地缘政治的核心国家，其地理位置的重要性在华约解体后更加凸显。皈依了天主教和使用拉丁字母的波兰人原是斯拉夫人的一个分支，在政治文化上一直深受西欧影响，因此波兰在历史上还是“斯拉夫人与德意志人长期种族斗争的中心，也是东正教和天主教反复争夺的地带”。[①] 所以波兰在历史上一直是欧洲列强必争之地，近数百年来始终是俄罗斯与德国蚕食和瓜分的对象。近代以来，波兰又多次成为周围列强角逐的牺牲品：18世纪俄、普、奥三次瓜分；二战期间德、苏密谋瓜分；冷战期间前苏联家长式的粗暴干涉。

苏联解体、华约消亡为波兰挣脱苏联的控制和重返国际舞台提供了千载难逢的机遇。然而，当时波兰的局势仍不容乐观。虽然波兰挣脱了前苏联的“管教”，但它还面临着依然保持着强大军

---

① 李寒秋：《波兰对外战略转型剖析》，载《国际展望》，2004年3月，总第487期。

事实力的俄罗斯和重新统一的德国东西夹击的危险。因此，对刚刚走上转型道路的波兰来说，由于自身实力的客观局限，促使它不得不借助国际力量来填补苏东剧变后形成的“权力真空”，以保护其民族利益和维护国家的稳定与发展。在政治上，波兰多党议会制早在转型前就已开始逐步确立，要彻底消除前苏联的影响并实现西方式民主显然时机尚不成熟，更离不开国际社会尤其是西欧和美国的参与和支持。经济上，波兰实施以自由化、私有化为核心的“休克疗法”，其经济模式逐步市场化。但随着经济改革的进一步深化，资金和技术等一系列问题日渐突出，波兰越来越迫切地渴求与美欧等西方国家的合作来缓解改革的压力。在国家安全上，冷战时期压抑着的民族矛盾和冲突等问题在日益全球化的趋势下，使这条所谓的“破碎地带”[①] 上硝烟弥漫，战火不断，苏东剧变后留下的“权力真空”导致各国争夺的加剧，大国夹缝中的波兰国家安全在失去苏联庇护后，需要在国际社会上寻求新的保护。

（二）矢志不渝地坚持回归欧洲

夹缝中的波兰为走出历史怪圈，在步入转型道路后，积极申请加入欧盟和北约以促进社会经济的发展和寻求新的安全保障，力争尽早融入西方大家庭，试图以此来消弭前苏联对波兰的负面影响，逐步建立和完善以“欧美民主”为范式的政治结构体系。同时它还“希望通过这些机制，牢固地锁定与西方国家的关系，以此确保新生的独立政权可以获得与欧洲大陆西半部同等的安全

① 破碎地带一般指强力集团争夺的边缘地带和缓冲地带。参见王逸舟：《当代国际政治析论》，上海人民出版社，1995 年版，第 202 页；程广中：《地缘战略论》，国防大学出版社，1999 年版，第 170—173 页。

保证”。[①] 波兰视加入欧盟为波兰“回归欧洲”、认同西方文明的根本标志之一。认为加入欧盟将为波兰提供一个安全和稳定的框架，波兰将赢得对欧盟决策的发言权。除此之外，它还希望通过加入欧盟而获得巨大的消费市场、就业市场、资金来源和技术支持，特别是期盼在入盟后能获得欧盟的大笔财政补贴和大量投资，进而促进波兰的经济发展。因此，加入欧盟对波兰的经济转轨至关重要。[②]

波兰经历“休克疗法”、“稳中求进的波兰战略”、“冷却经济战略”等一系列经济政策的调整后，经济状况得以不断好转，这无疑在很大程度上得益于西方国家的援助。据不完全统计：1989年到2003年，流入中东欧各国的国外直接投资累计为1170亿美元，其中波兰一国获得的国外投资竟高达420亿美元。[③] 1998年，美、德、法已成为波兰三大最主要的投资国。同时，波兰还积极开展与欧盟国家的经贸关系。1997年，波兰对欧盟国家的商品进出口已占波进出口总额的79%和73%。为打开欧盟市场，波兰要求欧盟开放对波兰商品进入欧盟市场的限制，积极争取早日融入欧盟经济圈。此外，波兰还加大自身的税制改革力度，力争与欧盟标准接轨。在波兰加入欧盟前不久，波兰税收约占其GDP总额的44%，略高于欧盟平均水平，2003年波兰的预算赤字约占其GDP总额的4.2%。[④] 这一标准已接近欧盟《马斯特里赫特条约》对申请入盟国家规定的要求。

---

① Ronald D. Asmus, "Cential and Eastern Europe: in an Age of New Uncertainty," *Slovak Foreign Policy Affairs* , Spring 2003, p. 13.

② 参见狄会深：《波兰新世纪初的对外战略》，载《国际论坛》，2003年，第5期。

③ Martin Wolf , "A giant leap for Europe," *Financial Times*, Apr. 25, 2004.

④ "One Europe , United in Fiscal Misrule," *The Economist Global Agenda*, *Jan.* 23, 2004.

波兰在实现权力过渡后，矢志不渝地坚持回归欧洲的方向。早在1989年，波兰与欧盟（当时的欧共体，1992年2月7日，《马斯特里赫特条约》签署，欧洲联盟取代了欧洲共同体）就已经建立了外交关系。从1990年9月到1991年12月，波兰与欧共体在经历了8轮艰辛的谈判后，双方最终达成《欧洲协定》，协定确认波兰、匈牙利、捷克等国为联系国，肯定了这些国家将加入该组织的前景。在1993年6月欧盟哥本哈根首脑会议和1994年12月欧盟埃森首脑会议上，达成了波兰等中东欧国家入盟的“准加入战略”，确立了双方的多边性结构关系。接着波兰在1995年成为欧盟联系国。1997年7月欧盟委员会确定波兰、匈牙利、捷克、斯洛文尼亚、爱沙尼亚、塞浦路斯六国为就加入欧盟问题开始谈判的国家，这为波兰最终成为欧盟正式成员国奠定了基础。在“休克疗法”的作用下，波兰经济得以迅速恢复，因此也加快了其入盟步伐。1997年12月欧盟卢森堡首脑会议决定从1998年4月开始与波兰、匈牙利、捷克、斯洛文尼亚、爱沙尼亚、塞浦路斯等六国分别举行入盟谈判。1998年4月，波兰的入盟谈判正式开始。但由于波兰经济整体水平与欧盟差距较大，很难符合欧盟对入盟成员国的要求，欧盟各国在对波兰能否早日入盟问题上也存在很大分歧，因此直到2004年5月1日，波兰才得以成为欧盟正式成员国。

（三）义无返顾地力争加入北约

波兰在努力融入欧洲的同时，在国家安全方面，始终坚持加强与以美国为首的北约的军事合作，以寻求新的安全保障。刚刚步入转型道路的波兰国家经济和社会矛盾显得尤为突出，因此它迫切需要得到欧美国家的经济支援而非安全保障。但到1994年左右，休克疗法渡过了最艰难的时期，波兰社会的各个方面都取得了令人瞩目的成就，而此时其注意力也开始更加关注自身的国家安全。鉴于历史原因，波兰很自然要与俄罗斯保持必要的距离，并选择倒向美国以寻求以美为首的北约的安全保护。波兰前外长达留什·罗萨蒂在1997年接受采访时认为，近40年的历史证明，北约是唯一能够保障欧洲和平与安全的国际组织，若波兰置身于北约之外，将会使波兰处于北约和俄罗斯中间的灰色地带，这种状况对波兰将十分不利。[①]

1994年2月，波兰与北约签署了《和平伙伴关系》文件，该文件签署后，仅在1996年一年，波兰就采取271项行动措施和参加了北约多项国际军事合作活动。[②] 随着与北约关系的逐步正常化并不断深化，波兰还积极开展了与北约的战略对话。在双方的协商下，波兰通过法令允许外国军队在波兰本土驻军，并按北约的要求改造波兰军队，还同意将俄罗斯撤军后遗留下的军事设施供北约继续使用。奥莱克西于1995年出任波兰总理后，将加入北约作为波兰对外政策的首要目标。在他的积极推动下，波兰在1997年7月被北约确定为首批入约候选国之一，并最终在1999年3月12日被正式吸收为北约成员国。波兰加入北约，改变了中东欧地区的地缘政治格局，波兰的示范效应使这种影响涟漪般扩大，给周边国家尤其是俄罗斯带来不小的震荡。

（四）改善与周边国家的关系

波兰经济上成功转型在很大程度上得益于欧洲国家的帮助，

① 朱富贤：《波兰外长：加入北约是历史归宿》，《人民日报》，1997年3月19日。

② 参见朱新光：《地缘政治与冷战后波兰新外交》，载《当代世界社会主义问题》，2001年，第3期。

没有欧洲国家的支持，要想加入北约和欧盟都是天方夜谭。此外，波兰还积极发展与西邻德、法两国的军事合作。因为德、法不仅是欧盟的两个最主要成员，而且也是有重大影响的全球性军事大国，更是波兰不得不面对的两个近邻，前者与波兰有着长久的历史纠葛，而法国在历史上却一直与它保持着密切的关系。此时新统一的德国也急于改善与周边国家的关系，1991 年 8 月，根据时任德国外长根舍的提议，德国、波兰和法国三国外长在德国东部古城魏玛举行三边磋商会议，确立了以后每年至少定期会晤一次的相关机制。此后会晤的议题开始突破外交领域，逐渐拓展到防务安全等诸多领域，1994 年 3 月，三国国防部长决定进行安全和防务上的合作。德、波、法的这种定期会晤机制被西方称之为“魏玛三角”，其主要职责就是协调三国在军事、安全等领域的关系，推动相关领域的合作。对此，前美国国家安全事务助理布热津斯基认为：“在欧洲大陆形成了一个拥有三个国家、总共 1.8 亿人口和十分明确的民族认同感的重要地缘政治轴心。”[①] 1997 年 2 月 3 日，三国国防部长签署了决定每年至少举行一次联合军事演习和军事研讨会的“倡议书”，并组建“三方军事联合协作小组”以直接领导三国间的军事合作事宜。1999 年 1 月 6 日，三国外长就波兰入盟问题进行会晤。尽管波兰开展与德、法两国进行军事合作有着复杂的原因，但“魏玛三角”的确增强了波兰对该地区事务的影响力，也为其社会转型营造了良好的周边环境。

历史与现实的原因促使波兰在 1989 年剧变以来，一直推行以加入北约和欧盟为核心的“回归欧洲”的对外战略，力求与俄罗斯等前苏联“遗产继承人”和睦相处，加强与俄罗斯的经济联

① 布热津斯基：《大棋局》，上海人民出版社，1998 年版，第 92 页。

系特别是能源方面的合作，推行务实的外交政策。但在国家安全领域，波兰对俄罗斯敬而远之，寻求进一步密切与美国和欧洲国家的安全合作以实现“去苏联化”，凭借美国超强实力以保障自身安全，并提升自己的国际地位。此时波兰外交的首要目的就是要获得良好的生存环境和发展空间，为波兰的社会转型提供便利的条件，因此其不偏不倚的务实外交为这个“夹缝中”的国家赢得了广泛的活动空间，为波兰的经济转型和与西方接轨创造了良好的国际环境并争取到大量援助，内因借助外因进而合力推动波兰度过休克疗法的难关并获得改革的成功，使其综合实力得到极大提升。

二、转型后期唯美是瞻的外交战略

步入转型后期的波兰更加关注自身安全，苦难的历史教育它必须不断寻求别国的保护。在苏东剧变后不断形成的单极格局下，波兰当局从自身根本利益出发，全力推进波美关系，寻求最符合波兰民族利益的安全和外交战略。近年来，波兰外交上开始有向美国一边倒的趋势，在伊战、反恐等问题上坚定支持美国，忽视周边国家尤其是东山再起的俄罗斯的安全利益。波兰开始出现重美轻俄和重北约轻欧盟的外交嬗变，其唯美是瞻的一边倒做法势必给中东欧的地缘政治格局造成深远影响。对这个“谋大而智小、任重而力微”的国家而言，如果再这样一意孤行，“历史将再一次重复，命运将再一次轮回。”[①]

① 李寒秋：《波兰对外战略转型剖析》，载《国际展望》，2004 年 3 月，总第 487 期。

(一) 亲美疏俄，缘木求鱼

苏东剧变无疑是美国期盼已久的，华约解体后在中东欧遗留下的战略真空地带更是美国急于填补的。美国对地处中东欧地区的波兰情有独钟，它希望通过波兰的示范效应以带动其他中东欧国家投入自己的怀抱。因此美国对波兰政策的基调是：一方面要维持现阶段波兰的现状，适当参与波兰的内部事务，促进波兰政治的转轨；另一方面是尽其所能，最大限度地争取波兰，以符合美国自身的利益，逐步使波兰走上自己设计的“民主”化道路。[①]

波兰转型以来，一直重视与美国的关系，视美国为波兰第一重要的盟友，也把自己视为“美国在中东欧的主要伙伴和在欧洲的最重要伙伴之一”。[②] 为此，波兰积极支持美国在世界上发挥领导作用。2002 年 7 月波兰总统克瓦希涅夫斯基访美时曾指出：“波兰和美国需要共同战略和明确界定的领导国。我相信美国能够担当此任。”克瓦希涅夫斯基还认同布热津斯基的看法，“美国的霸权有助于解决世界的无政府状态，波兰、欧洲和世界比从前任何时候都需要美国，美国也需要世界。”[③] 2003 年伊拉克战争爆发，波兰长期奉行的亲美外交政策在这次战争中得以充分体现。当美国以是否支持其对伊发动战争来划分新老欧洲时，波兰即与反战的老邻居——法、德两国拉开距离，它不仅参与发表支

---

① 参见朱新光：《地缘政治与西方对波兰的外交战略》，载《东欧中亚研究》，2000 年，第 6 期。

② 马云亮：《波兰外长谈波外交政策》，http：//www. people. com. cn/GB/guoji/22/84/20020315/688363. html.

③ President Aleksander Kwasniewski ，“President Aleksander Kwasniewski at the Ceremony of Endowingthe Zbigniew Brzezinski Chair in Global Security and Geostrategy，” http ：//www. prezydent. pl/ ser/ index. php3 ? tem _ ID = 4567.

持对伊动武的八国声明，而且顶住国内反战呼声，向海湾派遣军队，成为与美英并肩作战的少数国家之一。除坚定支持伊拉克战争外，针对美国提出的旨在解决巴以冲突的“路线图”计划和处理朝核危机的策略以及反恐等国际问题，波兰也表示积极支持。波兰的上述政策立即赢得了美国的青睐，波兰在“关键时刻”表现出的“坚定态度”深得美国信任，美国总统布什曾在不同场合对波兰士兵表示赞赏。[①] 至少在表面看来，波兰已成为“美国的亲密朋友”和“坚定盟友”。[②]

此外，波兰还坚决支持美国在欧洲的军事存在，争取在其本土部署武装力量。它认为如果欧洲各国一旦丧失美国保护，将永远得不到足够的安全。为讨好美国，它不惜开罪欧盟国家而支持美国要求欧洲盟国增加防务义务、扩大北约防御范围等主张。波兰在 1999 年加入北约后，带头支持美国部署国家导弹防御系统，还同意美国在波兰建立相应的导弹防御系统设施。就部署导弹防御系统，波兰总统克瓦希涅夫斯基曾表示，“布什总统提出的导弹防御计划对世界是有益无害的”，并在 2001 年 6 月访美时与总统布什发表联合声明表示，双方“同意需要一个综合性的安全战略，这项战略包括建立进攻性和防御性的威慑系统”。[③] 波兰和美国自 2002 年开始就导弹防御基地问题进行秘密接触，波兰认

① 参见万方：《美国“犒劳”波兰?》，http://news.xinhuanet.com/world/2003—05/07/content_860816.htm.

② “President of Poland Held a Telephone Conversation with the President of the USA,” Website of President of the Republic of Poland, June 12, 2003. ht tp://www.prezydent.pl/ser/index.php3?tem_ID=6008&kategoria=Last%20month.

③ “Meeting of the President of the USA and the President of the Republic of Poland, Plenary Session and Joint Statement by President George W. Bush and President Aleksander Kwasniewski,” http://www.prezydent.pl/ser/en_index.php3?tem_ID=974&kategoria=Archive.

为部署导弹防御系统有助于巩固其与美国的联盟关系。2007 年 2 月 21 日，波兰总理雅罗斯瓦夫·卡钦斯基对媒体表示，波兰希望尽快与美国就在波建立导弹防御基地问题结束谈判。有报道称，美国已经着手对波兰、捷克领土上导弹防御系统的部署给予支持，美军计划为此投入 35 亿美元，其中 10 亿美元用于工程建设。按照美国的计划，到 2011 年，在波兰将会建成 10 个用于导弹拦截的战略导弹发射装置。①

俄罗斯一向视中东欧为自己抗衡西方的缓冲带，自然不能坐视美国等西方国家独占该地区。俄罗斯认为：在靠近俄罗斯领土的地区，大国（它们的联盟）保留或建立强大的武装力量集团是对俄罗斯国家安全的威胁，甚至在没有出现对俄罗斯侵略意图的情况下，这些集团也是潜在的军事威胁。北约东扩是构成欧洲大陆新分裂的威胁。② 为确保在该地区的传统优势地位，俄罗斯想方设法对美国等西方大国的军事渗透加以阻止。1997 年的《俄罗斯联邦国家安全构想》就特别强调，俄地缘政治战略的核心是保障边界不受侵犯和领土完整，防止国家宪法体制受到它国侵害，巩固俄罗斯作为一个大国和正在形成的多极世界中有影响的中心之一的地位。③ 俄罗斯不会轻易放弃自己传统的战略空间，但美国也不会坐视中东欧国家仍禁锢在俄罗斯的强权之下，在两强相持不下之时，中东欧国家的态度就显得至关重要了。

由于历史原因和地缘政治因素的影响，剧变后的波兰对美青

① 钟岩：《美国反导系统将部署全球 13 国：继续逼近俄高加索》，http: //www. chinanews. com. cn/gj/qqjs/news/2007/03—02/882481. shtml.

② 《俄罗斯国家安全构想》，http: //www. defence. org. cn/aspnet/article—4—6253. html.

③ 参见刘桂玲：《普京当政后的俄罗斯外交走势》，载《现代国际关系》，2000 年第 6 期。

睐有加，同时对俄罗斯的态度一直比较冷淡，但历史和地缘等因素又迫使它不能与俄罗斯断绝往来，因此与之保持着若即若离的关系。实力衰弱的俄罗斯对波兰向美国投怀送抱也是无可奈何，眼睁睁看着往日的同盟另结新欢甚至是走向自己的对立面，自身的战略空间也因美国的挤压而大大收缩。面对北约和欧盟的东扩，俄罗斯在无奈之余自然是颇有不满，有时甚至不惜以武力相威胁。

在波兰加入北约问题上，俄罗斯对波兰是恨之入骨，但又无可奈何。更让俄罗斯失望的是，在1999年3月波兰正式加入北约后，执政的波兰右翼政府受意识形态等因素的影响，对俄罗斯的战略安全利益完全不顾，刚刚有所缓和的波俄关系开始急剧恶化，外交摩擦时有发生。在波兰加入北约同一年，波兰反间谍机构逮捕了3名波兰军官，罪名是他们在20世纪90年代初帮助俄罗斯搜集军事情报。波兰外交部还拒绝延长几名俄罗斯商人在波兰签证的有效时间，认为他们涉嫌秘密搜集经济情报。2000年1月20日，波兰外交部向俄驻波兰大使递交的一份照会说，9名俄罗斯驻波兰外交官是不受欢迎的人，他们必须在7天内离境。理由是这些俄罗斯外交官“从事违背波兰共和国切身利益的间谍活动”。① 2000年还发生了俄驻波总领事馆受到歹徒冲击的恶性事件。尽管俄波两国在2002年普京访波后达成了“成熟和睦邻伙伴关系”，但两国外交纷争还是时有发生，2005年还发生了俄罗斯外交官之子在波兰遭劫和波兰驻俄罗斯外交人员遇殴的一系列恶性外交事件。俄波外交纷争严重损害了两国关系。

此外，2003年3月爆发的伊拉克战争中，以波兰为先锋的“新欧洲”各国奉行亲美的外交政策，波兰参与发表支持对伊动

---

① 《中国青年报》，2000年1月22日。

武的八国声明，而且还成为与美英并肩作战的少数国家之一。伊拉克一直是原苏联的重要盟友，苏联解体后，俄罗斯在中东的影响一落千丈，只剩下伊拉克这个孤零零的据点。俄罗斯担心美国一旦占领了伊拉克，其地缘政治形势必更趋恶化。那时，美国将从伊拉克和阿富汗两面夹击伊朗，把伊朗纳入美国的势力范围，从而形成一个广大的包围圈，把北约的边界向南向东延伸，经伊拉克、伊朗、阿富汗和其他中亚国家，然后连成一条"线"，不但从地域上割断俄与西亚及南亚其他国家的联系，而且对俄的地缘政治安全构成重大威胁。这显然是俄罗斯不能不考虑的一种灾难性的地缘政治变迁，[①] 而且这样无疑还会助长美国的全球扩张欲望，并将直接影响到前苏联地区独联体国家的安全与稳定，对俄罗斯周边安全势必构成很大的威胁。

（二）重北约轻欧盟，舍近求远

波兰一直重视北约对欧洲的安全保障，它"视北约为欧洲安全之基石"。[②] 作为新欧洲的领头羊，波兰始终认为只有加入北约和欧盟及西方其他组织如经合发展组织等，才能保证波兰在全球化时代的经济安全。如果不能融入西方体系，就无法与周边国家和谐相处，就等于波兰被排除在当前世界最重要的现代化进程之外。[③] 早在 1989 年波兰就提出加入北约的申请，经过 10 年的努力，波兰最终于 1999 年 3 月加入北约。加入北约后，波兰按

---

① 参见王正泉：《俄罗斯反对美国攻伊的多重考虑》，载《当代世界》，2003 年第 4 期。

② President Aleksander Kwasniewski , "Special Meetingof the North Atlantic Council with the Participationof Heads of State and Government," June 13 , 2001. http : // www. prezydent. pl/ ser/ en _ index. php3 ? tem _ ID = 973 & kategoria = Archive.

③ Bogdan Goralczyk , "Foreign Policy after the 2001Parliamentary Elections," http : //www. bbn. gov. pl/ eng _ html.

照北约的要求改善军事装备，接受北约在波兰建立 7 个空军基地；北约则计划在未来 7 至 8 年内投入 6.5 亿美元，对波兰军事基础设施进行现代化改造，而波兰也决心投资 35 亿美元购买美国的 F—16 战斗机，投资 13 亿美元购买芬兰 690 辆装甲运兵车等，以更新波兰的军事装备。[①] 此外，波兰全力配合北约的各项行动，包括北约诸多的军事演习，而且在反恐、阿富汗战争和伊战等一系列重大国际问题上，波兰一直积极响应美国和以美国为首的北约的号召，但对欧盟的共同外交和安全政策兴趣冷淡，对欧盟的双发动机——德国和法国的战略利益也是鲜有顾及。

以波兰为首的中东欧国家的“叛逆”让俄罗斯伤透脑筋，但在伊拉克战争问题上，同样大伤脑筋的还有欧盟的领导者法德两国。几乎全部中东欧国家都倒向美国一边，昔日欧盟的小兄弟居然根本不理会欧盟领导者的感受。在 2003 年 2 月 17 日召开的欧盟特别首脑会议记者招待会上，法国总统希拉克针对波兰等三个欧盟成员候选国在欧洲八国支持美国立场的声明上签字的事实，声色俱厉地要求中东欧国家“闭嘴”。他还暗示法国有可能因中东欧国家对美态度而否决它们的入盟申请。显而易见，作为欧洲大国，法国对于事先对八国声明毫不知情感到惊讶和愤怒。希拉克的言论引起中东欧国家的强烈不满。其中波兰外长沃齐米日·齐莫舍维奇很快作出回应：欧洲大家庭中不能存在父亲、母亲和儿女的等级。波兰的一家报纸在评论中也指出，法国在同美国的冲突中可以有自己的目标，但不能以牺牲波兰为代价，波兰要自主地决定自己的政策。这场发生在欧洲国家之间的风波说明了两个事实：第一，中东欧国家在安全政策上不信任欧盟的共同安全政策，而是更愿意置于以美国为首的北约的保护之下；第二，它

---

① 参见《人民日报》，2001 年 6 月 2 日。

们将在欧盟内向历史形成的法德联合占据领导地位的局面提出挑战，要求以平等的身份发挥影响。[①]

在欧盟宪法问题上，波兰担忧沦为欧盟的二等公民，因而强烈抵制宪法草案。在2003年6月的欧盟首脑会议上，波兰外长齐莫舍维奇更是公开批评欧盟宪法草案，称欧盟宪法将使波兰在欧洲“没有参入决策的空间”。[②]波兰的强硬态度是对欧盟“法德轴心”严重不满的表现。此外，波兰对欧盟的共同外交与安全政策也颇有不满，指责欧盟的共同外交与安全政策不是以中东欧国家的安全为重心，认为欧盟共同外交政策缺乏理想的支点，离开北约的欧盟根本无法单独开展军事行动。[③]在波兰人看来，在当今世界美国独霸天下的单极格局下，以美国为核心的北约比法德为核心的欧盟更能保证自己的安全。

三、转型期波兰外交嬗变的原因

进入转型后期的波兰社会开始走上西方式的民主道路，其整体实力也有很大提升。因此它的外交战略也出现了相应的大转变，倾向于朝美国一边倒，并力争做新欧洲的领头羊。短期看波兰的这一外交举措无可厚非，也在情理之中。但从波兰几百年苦难的历史看来，周遭大国环绕的波兰推行一边倒的外交战略显然并非明智之举。那么究竟是哪些因素促使波兰放弃其转型前期较

① 参见《人民日报》，2003年3月4日。

② Wlodcimierz Cimoszewicz, Poland in the World: Challenges, Achievements, Threats, Stefon Batory Foundation, Warsaw, 2003, p. 14.

③ 参见姚勤华等：《从“魏玛三角”到“波兰现象”》，载《现代国际关系》，2004年第5期。

为务实的外交方略，进而实施做新欧洲领头羊的一边倒战略的呢？

第一，数百年的惨痛历史经验教训使波兰感到必须寻求有效保护。中东欧尤其是波兰在历史上一直是欧洲列强必争之地，波兰民族定居和立国在东欧大平原的西部地带，在历史上是斯拉夫人与德意志人长期种族斗争的中心地带，也是东正教和天主教反复争夺的重要领地。近几百年来更是饱受俄罗斯与德国蚕食和瓜分之苦。尤其是在20世纪，整个中东欧地区曾饱受德国和俄罗斯（包括苏联时期）的夹击之苦，近代以来俄、普、奥三次瓜分导致波兰的消失；二战前德、苏的密谋和瓜分，战争全面爆发后波兰被德苏第四次瓜分；冷战期间苏联家长式的粗暴干涉和军事管制。被奴役的历史在波兰人的思想上刻上了深深的烙印，历史的记忆使得它对其冷战后在欧洲的地位十分敏感，苦难的历史使它在事关国家安全和民族利益的问题上更加谨慎，导致它们对欧洲大国的戒备心理更加严重，根深蒂固的互不信任随时都有可能迸发。波兰是一个历史记忆对现实政治影响最为直接的国家，在欧盟东扩谈判中始终认为以法德为核心的欧洲大国对波兰的利益考虑不够，国内甚至一度出现反对入盟的政治势力。

第二，处在东西方大国之间的传统地缘政治地位使波兰具有待价而沽的优越条件。波兰倒霉的地理位置如今却为它赢得了待价而沽的权利，它有更多的自由选择自己的外交战略。入盟前的波兰被称为“欧盟东扩第一国”。无论是国土面积还是人口，它都是10个中东欧新成员国中的“龙头老大”。波兰在欧洲地缘政治史上一向具有重要作用，它位于中欧东北部，北濒波罗的海，西邻德国，南界捷克、斯洛伐克，东北和东南与白俄罗斯和乌克兰相连。由于地缘的关系，波兰可以选择比较灵活的外交策略，同样由于地缘因素，决定了波兰活动空间的局限。

冷战结束，华约解体，以两大政治军事集团对峙为特征的雅尔塔体系不复存在，中东欧国家挣脱了前苏联的控制，波兰的外交空间一下子拓宽了，但同时它又成为外力角逐的焦点，陷入了更加危险的“安全真空”。此时东边的俄罗斯虽然力有不歹，但仍企图保持并加强其在中东欧地区原势力范围的传统影响；而德国等周边大国则试图趁机加强在波兰的影响和控制，所有这些无不对波兰的安全构成威胁。由于历史与政治因素，波兰是中东欧国家中唯一与美国保持一种特殊关系的国家，其亲美态度也赢得了美国的分外关照和信赖。为保障自身安全、寻求经济转轨和进一步发展依靠力量，波兰只能“回归欧洲”，加入北约和欧盟。随着波兰进入转型后期，实力不断壮大，但其东面俄罗斯对外战略的调整及其实力的恢复，其咄咄逼人的架势让波兰担心再次沦为俄罗斯的附庸国，于是强化与美国的关系以寻求更加可靠的安全保障。至于为什么更强调依靠美国和以美国为首的北约而不是以法德为首的欧盟，根本原因在于波兰认为欧盟内部不够团结而且军事力量有限，无法与日渐复兴的俄罗斯展开谈判。

第三，渡过艰难的转型关键时期，实力不断壮大的波兰再也不愿意做欧盟的“二等公民”，积极争取做欧盟中的大国。1989年，在内部经济压力和西方国家的推动下，波兰开始了制度转轨。1994—1995年间，波兰成为第一个国民生产总值超过转轨前水平的转型国家。2004年，波兰的国内生产总值达到了8837亿兹罗提（1美元约合3.2兹罗提），其人均国内生产总值从1990年的1547美元增加到2004年的6334美元。[①] 在2004年GDP增长5.4%的基础上，2005年增长率有所下滑，但仍达到

① 《环球时报》，2005年11月16日。

3.5%，2006年GDP增长又接近5.5%。[①] 实力的增强使波兰自信心极度膨胀，并试图借助美国强大力量走出德俄的阴影。因此它在转型过程中不断密切与美国的关系，这样一来有助于保障波兰的安全，而且还可以借美国力量增强波兰在欧洲的发言权，提高波兰的国际地位。

作为中东欧地区的重要国家，波兰始终有成为地区大国的野心，实力的壮大催化波兰野心的膨胀。为此，波兰积极筹划组建次地区组织，努力在这些新组织中扮演“领导”角色。迄今为止，波兰创建或参与的次地区合作组织主要有：维谢格拉德集团、中欧倡议组织、波罗的海国家大会等。其中以有共同的宗教信仰、相近的地理位置、大体相当的政治和经济发展水平的维谢格拉德集团影响最大。波兰希望通过领导这些次地区组织，使自己成为这一地区的权力中心，并试图凭借其特有的地缘政治影响力，充当波兰以东国家在北约和欧盟的代言人，以此寻求波兰在政治、经济、军事等方面的发展契机，提高自身在本地区乃至全球的实力和威望，以实现“次地区大国”的战略目标。

第四，美国寻求“新欧洲”的利益代言人，进而加强对中东欧的控制。美国为应对冷战后国际安全形势的变化和反恐需要，在全球战略中抢占地缘政治的主导地位，因此加强了对中东欧地区的战略重视，作为地处欧亚大陆结合部上的波兰自然受到美国的高度关注，这无疑为加强波美关系提供了契机。美国通过支持波兰“回归欧洲”，从而将其战略前沿向欧亚大陆的纵深地带推进，大大压缩了俄罗斯的战略生存空间，进而可有效地钳制俄罗斯并进一步确立了美国在欧洲事务上的主导权，巩固和加强了美

① 驻波兰经商参处：《波兰2006年经济形势和2007年经济展望》，http://www.mofcom.gov.cn/aarticle/i/dxfw/jlyd/200701/20070104261429.html.

国的一超地位和全球霸权。[1] 当然波兰也乐于借助美国力量来提升自己的实力和国际地位，能获得诸多实惠的波兰倾向一边倒向美国也是情理之中的事。

此外，美国赏识波兰还有分化和牵制欧洲的战略考虑。近年来，美国凭借其超强实力在诸多国际问题上一意孤行地推行单边主义，进而引起欧盟的强烈不满。而且欧盟也有摆脱美国控制、争当多极世界中一极的雄心，因而在外交和安全政策上表现出有别于美国的独立性。在伊拉克问题上的分歧差点使美欧传统友谊恩断义绝，美国对一直“主和”的以法、德为首的欧洲国家大为恼火，甚至表示可能对法德采取“惩罚性”措施。当时美国国防部长拉姆斯菲尔德把反战的法德等国贬斥为“旧欧洲”，而把支持出兵的波兰等东欧国家褒扬为“新欧洲”。美国希望借此在欧洲培养出第二个“英国”，以牵制欧盟离心倾向的进一步发展。因此，美国把希望寄托于和它有特殊关系的转型国家——波兰，试图通过波兰的示范作用来带动更多的中东欧国家加入美国的势力范围。可见，正是美国推行的全球战略在一定程度上与波兰的次地区大国战略相吻合，如此波兰才“有幸”被美国挑选为新欧洲的领头羊。

四、结语

原为斯拉夫人一个分支的波兰人，后来皈依了天主教而非东正教，使用拉丁字母而非斯拉夫字母，其在政治文化上也一直深

---

① 参见朱新光：《地缘政治与冷战后波兰新外交》，载《当代世界社会主义问题》，2001年，第3期。

受西欧影响，波兰特有的双重属性决定它最适合充当两大文明宗教集团的桥梁和缓冲国，而最不适宜幻想在两大集团之间独树一帜，左右开弓。[①] 而且波兰也远不具备左右开弓的实力，更不宜把触角伸到海外。在波兰特有的地缘政治环境和历史文化传统的制约下，波兰应立足中立，因势利导，实施全面开放、广交朋友的外交战略，倘若单纯为靠拢美国而与欧洲其他国家交恶的话，这对波兰来说是得不偿失的，其后果甚至是无法弥补的。正如前欧盟委员会主席普罗迪所言，从长远来看，波兰不能把钱包放在欧洲，而把安全寄托于美国。[②] 结合历史与现实，波兰试图依靠强大美国的帮助走出德俄阴影的构想也是不现实的。

波兰的特殊地缘状况制约了其外交战略的选择空间，急功近利地一味附和美国有可能使其与欧洲邻国的关系闹得越来越僵。而且美国视波兰为新欧洲的代表并倍加赏识也只是暂时的，事实上波兰等中东欧国家只是美国用以制衡法、德、俄的外交棋子。2007 年美国准备在波兰部署导弹防御系统激起俄罗斯强烈反应，这一事件很能说明波兰这个欧洲大陆地缘政治轴心国家的尴尬和无奈。数百年的历史证明：波兰没实力也没经验介入本国以外的国际事务，而且它在可预见的将来也不可能成为世界性的大国。因此，波兰外交应更多从历史中汲取教训，应努力争取与邻国搞好关系，而不能一味地围绕美国转。倘若不然，它将有可能再次沦为美俄等大国对垒的前沿阵地，这无疑是波兰人所不愿看到的。

---

① 李寒秋：《波兰对外战略转型剖析》，载《国际展望》，2004 年 3 月，总第 487 期。

② 郭增麟：《解读波兰》，载《当代世界》，2003 年第 7 期。

拉美民主化进程中的经济因素

万　瑜*

内容提要： 纵观拉美的民主化进程，其民主与专制的周期性社会震荡持续了一个多世纪。这取决于其经济发展水平与民主化的关系。尽管政治民主与经济发展没有必然、直接的因果关系，但有很强的相关性。因此，民主化进程中的经济因素不容忽视。本文针对拉美国家经历的三次民主化浪潮及其经济因素进行了深入探析。

纵观拉美的民主化进程，其发展可谓是一波三折。自19世纪中后叶以来，拉美国家开始了漫长而艰难的民主化进程，其民主与专制的周期性社会震荡持续了一个多世纪，经历的三次民主化浪潮引人深思。

拉美民主化进程的发展取决于其经济发展水平与民主化的关

* 万瑜，上海社会科学院世界经济专业博士生。

系。在比较政治学的发展理论研究中，主要有三种关于政治民主与经济发展关系的理论[①]——冲突说、兼容说和怀疑说。

有学者认为：对于拉美国家来说，经济上的成功使权威主义政权失去了存在的基础，而在经济成功之后出现的经济失败则为权威主义垮台提供了一个契机，迫使他们把权力还给文人政府。但是，20世纪60年代和70年代拉美在其工业化和现代化发展最迅速的时期，发生了一连串军事政变，几乎整个拉美都处于军事独裁统治之下。由此可见，拉美国家的政治民主是一个非常复杂的问题，简单的以“冲突说”或“兼容说”所概括其政治民主与经济发展的一般规律来阐释拉美民主化进程是不够具体和深入的。因此，处于上述两种理论观点之间的“怀疑说”特别值得注意。对于这一理论，根据索伦森（Georg Sorensen）的分析研究，[②] 发展中国家里权威或独裁专制政权与民主政体在政治参与、经济发展和社会福利方面可以有不同的变量组合，不同的政治体制可以和不同的经济政策组合，而产生不同的社会经济结果。简而言之，政治民主与经济发展并没有必然、直接的因果关系，但有很强的相关性。因此，民主化进程中的经济因素是不容忽视的。

一、拉美第一次民主化浪潮及其经济因素

拉美第一次民主化浪潮始于拉美独立战争。19世纪初，由

① 参见 Larry Sirowy & Alex Inkeles, “The Effects of Democracy on Economic Growth and Inequality,” Alex Inkeles, ed., On Measuring Democracy: Its Consequences and Concomitants, Transactions Books, 1991.

② Georg Sorensen, Democracy and Democratization: Process and Prospects in a Changing World, Westview Press, 2nd edition, 1998.

于深受北美独立战争和法国大革命的影响，尤其是法国启蒙思想家关于民主、自由、人权等主张所发挥思想启蒙的催化作用，拉美人民推翻欧洲殖民者的斗争热情迅速高涨。1804年海地宣布独立，揭开了拉美独立战争的序幕。到19世纪中叶，除古巴、波多黎各外，拉美其他的法、西、葡属殖民地均宣告独立。这场战争不仅摧毁了欧洲殖民者的统治，更重要的是把欧洲的民主制度引入拉美。因此，这次民主化浪潮是以民族解放、建立民主共和政体为核心内容的。

拉美独立运动的领袖们，怀着建立资产阶级民主政治的极大热忱，力图借鉴西方政治制度和法律观点来创建自己的共和国。他们从欧美引进了西方的代议制民主政治制度，并纷纷建立了议会，以法美两国宪法为蓝本制定了宪法，明确规定了各项民主原则（如公民自由权、分权制等），要求建立代议制政府等，但这些在现实面前遇到了严峻挑战。由于拉美国家长期处于西班牙、葡萄牙这类自身尚未实现政治现代化的宗主国的封建统治下，因而缺乏政治民主的传统。再加上它们在独立后资本主义经济的根基极不稳定，这些问题都成为这些革命者实现政治民主化的重重障碍。“但早期的领导人却大多不谙国情，热衷于推行西方民主制、美国的联邦制和英国的自由贸易制，反而延长了国内分裂和混乱的局面。”[①] 这样一来，由于殖民地的封建专制传统、天主教与传统专制的政治联盟以及军人集团和军事组织的深远影响，由少数精英分子所引进的西方民主制度在拉美发生了畸变，被一种独具拉美特色的政治制度——考迪罗制所取代，形成了一个“考迪罗主义时代”。考迪罗制实

① 罗荣渠：《现代化新论——世界与中国的现代化进程》，北京大学出版社，1993年版，第176页。

际是一种在共和制外衣包装下的军阀独裁体制。正如亨廷顿在《变化社会中的政治秩序》一书中所说："谈到政治现代化，没有比军人干预政治这一点更为引人注目和司空见惯了。军人政府和军人政变、军人反叛和军事政权一直是拉丁美洲国家中绵延不断的现象。"①

拉美第一次民主化浪潮的结果不甚理想，出现了从早期的民主努力到考迪罗威权主义政治统治的转变。这与其进程中的两个主要经济因素密不可分：

（一）殖民地时期的社会经济结构

从社会变革的深度来看，19 世纪初期掀起拉美民主化浪潮的独立战争虽然采取的是武装斗争这一革命斗争的最高形式，但它基本上只是一场保守的运动，其结果只是政治层面上的变动，而经济与社会结构原封未动。因此，尽管欧洲民主制度随着独立战争的炮火被移植到了拉美的土地上，但这块土地还并不具备民主制度生根开花的条件。其根本原因在于，虽然战争结束了欧洲殖民者的统治，却没有从本质上摧毁遗留下来的社会经济制度。所以，拉美各国在独立后资本主义经济基础十分薄弱，民族资产阶级的力量也十分软弱。

与此同时，在殖民地时期被西班牙王室分封土地的监护主，由于各国的独立失去了殖民政府的保护。面对独立战争后的政治混乱、经济停滞的无政府状态，为了维护自己渐失的特权，他们靠其统治下的农民组成武力集团，并从地方政府得到委任状取得合法的外表，再通过选举或暴动掌握地方

① 塞缪尔·亨廷顿：《变化社会中的政治秩序》，第 175 页，三联书店，1989 年版。

政权，成为控制一方的政治强人。各个小集团相互结合或吞并，形成以考迪罗为首领的更大区域组织。可见，殖民时期的社会经济结构是造成考迪罗专制独裁制度在当时唯一可行的重要因素。

（二）世界现代化浪潮的国际经济环境

在拉美第一次民主化浪潮兴起之时，世界第一次现代化浪潮（即从英国工业革命开始然后向西欧扩散的现代化浪潮）还没有结束。但由于新独立的拉美各国不具备政治稳定这一参加现代化的重要条件而被排除在第一次现代化浪潮之外，成为现代化中心国家的外围或边缘。直到19世纪后半期，欧美发达国家出现第二次现代化浪潮（即欧洲新技术革命和工业化新浪潮）的时候，拉美国家才开始真正融入世界现代化浪潮的国际经济环境中，其民主化进程深受这一因素的影响。

19世纪50年代以后，在世界第二次现代化大浪潮的推动下，尤其是外国资本（主要是英国资本）的流入，拉美国家作为原材料和农产品出口国拥有了加入全球经济的机会。在整个19世纪下半叶，拉美地区的贸易由于工业化国家需要购买更多的农矿产品经历了引人注目的增长。与此同时，由于欧洲国家为了确保提高工厂和城市人口所需求的农矿产品的产量，源源不断地向拉美国家输送资本、技术和人才，导致外国在拉美的投资日益增加。要充分利用这些经济因素，政治稳定是必要条件。对此，拉美国家的领导人和外国投资者十分默契，都希望能够在拉美建立一种有能力维持稳定以支持出口发展模式的政府体制。之前在世界第一次现代化浪潮中得到的教训证明，从西方引进的代议制民主体制在此时并不适合。所以，到19世纪末，拉美地区普遍出现了被称为“秩序与进步独裁者”[①] 的考迪罗高度集中的独裁制度。事实证明，在世界现代化浪潮的国际经济环境的外力作用下，拉美国家经济的迅速发展引起了社会和政治的变革。

二、拉美第二次民主化浪潮及其经济因素

拉美第二次民主化浪潮始于20世纪20年代，表现为平民主义的兴盛。“平民主义是由希望发展工业（其根本目的是实现进口替代工业化）的工业资产阶级同工人、城市中间阶层和知识分子等结成联盟，以加强自身主导权的新型政治思潮，”它是第一次世界大战结束后拉美人民反独裁争民主运动冲击下的结果，预示着统治拉美近一个世纪的考迪罗主义开始走向衰落，是考迪罗主义衰败过程中拉美走向民主化的主流思想。“它虽还不是民主制度，但政权有着广泛的民众基础。”到二战后，拉美民主化浪潮进一步高涨，仅1944年和1945年就先后有古巴、萨尔瓦多、哥伦比亚、危地马拉、秘鲁、委内瑞拉和巴西等国的军人政权被迫辞职。到1959年，拉美仅剩下4个军人政府，创历史最低纪录，达到这一时期拉美民主化尝试的顶点。以巴西、墨西哥和阿根廷为代表的拉美国家，在这一时期建立了一种被称为民众主义的政体，它远比考迪罗制更自由和民主，体现了工业资产阶级、中产阶级、工人和知识分子等社会阶层的愿望。虽然它还不能算是完全意义上的民主政体，但却拥有较为广泛的民众基础，将拉

① Thomas J. D'Agostino, "Latin American Politics," in *Understanding Contemporary Latin America*, edited by Richard S. Hillman, Lynne Rienner Publishers, 1997.

美政治民主化向前推进了一大步。

遗憾的是，拉美国家随后遭遇了一次民主命运的低潮。20世纪60年代，拉美各国民主化进程再度受到挑战，原有的民主趋势出现大的倒退。民众主义政体并没有直接发展成现代民主制度，而是再次倒退到军人独裁政权。首先是1962年阿根廷和秘鲁政府被军人推翻，接着厄瓜多尔军人在1963年夺权，此后巴西、玻利维亚、巴拿马等国军人先后政变上台，就连号称拉美“民主橱窗”的智利和乌拉圭也发生了军事政变，建立了军人独裁政府。到20世纪70年代初，除墨西哥、哥斯达黎加、多米尼加、委内瑞拉和哥伦比亚五国外，拉美几乎成了威权主义的一统天下。

与第一次民主化浪潮情况相似，拉美第二次民主化浪潮再次经历了一个大的“民主—专制”周期。但不同的是，拉美第二次民主化浪潮上演的是从新民主政治（已不是旧的民主制，而是新的民主制，即民众主义民主制）到新威权主义政治（已不是旧的考迪罗主义专制独裁制度，而是军人政权的新威权主义制度）的转变过程。这是由这一阶段特定的各种经济因素合力作用的结果。

（一）自身经济发展带来的社会经济结构的变化

从19世纪末到20世纪30年代，拉美经济在现代化的推动下高速发展。现代化带来了物质和技术的进步，人口迁移、农业机械化、商业化使拉美出现了人口增长和城市化。20世纪初，里约热内卢、布宜诺斯艾利斯、加拉加斯、圣地亚哥、墨西哥城等都发展成为重要的大城市。因此，拉美的社会经济结构也随之发生了深刻的变化，出现了影响力越来越大的两个阶级：中产阶级和城市工人阶级。中产阶级在拉美主要国家发展很快，到19

世纪和20世纪之交，已占人口总数的10%。[①] 这意味着在经济发展的同时，更具广泛基础的新的社会政治力量从下层发展起来。面对自主现代化的宏伟经济目标，如何对待这两个新兴阶级成为拉美政治发展最关键的问题。此时所需要的新的政治系统必须是强大的，因为它必须有能力创新政策，促进经济和社会的发展，并且将现代化改革所催生的各种新的社会力量成功地纳入政治体系之内以充分发挥它们的作用。在这一过程中，为了减缓客观存在的利益分配上的尖锐斗争并创造自身政治优势，许多拉美国家都在20世纪中期进行了大规模的政治改革，建立了一种前所未有的民主制度——民众主义政治制度，这一崭新的政治制度把工农民众，特别是城市工人阶级吸纳进了政治体系，壮大了政权的社会基础。墨西哥的卡德纳斯主义政治制度、巴西的瓦加斯主义政治制度和阿根廷的庇隆主义政治制度等都成为当时民众主义政治制度的典型。

（二）第一次世界资本主义经济危机引发的内部经济发展模式的转变

20世纪30年代对于拉美的民主化进程具有重要意义。在这一时期爆发的第一次世界规模的资本主义发展性经济危机是其最明显最直接的经济因素。这次经济大萧条给了拉美特别沉重的一击，使其早期现代化所采用的初级产品出口发展模式破产。由于国家的财政基础在这次经济危机中被严重动摇，因此公众对于文人政权的支持度也随之大大减少。在日益壮大的工人阶级面前，文人政府的统治阶级精英们陷入了如何解决危机以及如何进行经

① E. 布拉德福德·伯恩斯：《简明拉丁美洲史》，中译本，湖南教育出版社，1989年版，第205页。

济与社会变革问题的困境。在这种情况下，军人以独裁主义和国家干预主义的姿态登上了拉美的政治舞台。新的国家领导人转向了一种自主、自强的工业化经济发展模式，开始了一场以加速社会经济变革为目的、以进口替代工业化战略为核心的现代化运动。由此可见，在这个时期建立的拉美军人政权较以前的军人统治受到更多经济因素的影响，带有强烈的发展主义倾向，致力于追求国家的现代化和社会、经济的发展。它们认为对经济制度和政治制度进行全面的改革、全力发展经济、吸引外国投资者等都是非常必要的。奉行这种新威权主义制度的拉美国家政府以强有力的军人独裁统治排除政敌的干扰，从而推进了拉美的现代化。

三、拉美第三次民主化浪潮及其经济因素

1974 年，随着西班牙、葡萄牙和希腊——欧洲最后三个威权政体的倒台，民主化以前所未有的力度震撼着整个世界，拉美也在这一世界民主化的大背景下，成为势头最猛、范围最广、对专制统治冲击最大、在世界范围内影响最大的地区。20 世纪 70 年代末和 80 年代，席卷整个拉美的第三次民主化浪潮拉开了帷幕，国家重新回到代议制民主轨道。这次浪潮最早出现在巴拿马。1978 年，巴拿马通过选举开始由文人担任总统。1979 年，尼加拉瓜人民推翻了索摩查家族长达 42 年之久的专制独裁统治，成立了文人政府。进入 20 世纪 80 年代以后，拉美民主化发展犹如多米诺骨牌倒坍一样一发不可阻挡。从 1980 年开始，先后有秘鲁（1980 年）、洪都拉斯（1982 年）、玻利维亚（1982 年）、阿根廷（1983 年）、萨尔瓦多（1984 年）、乌拉圭（1984 年）、巴西（1985 年）、危地马拉（1985 年）、海地（1986 年）以及苏

里南（1988年）等国通过大选结束独裁统治。到了20世纪90年代，拉美从60年代开始建立并苦心经营的各种威权政体几乎遭到了毁灭性的打击，各种军人政权纷纷让位民选政府，还政于民。经过第三次民主化浪潮的洗礼，现在拉美地区大都实行的是民主宪政政体，各国基本上都建立了民选的文人政府，民主化的发展在拉美取得了惊人的成就。

在第三波民主化浪潮中，经济发展的实质程度与短期的经济危机或失败相结合是最有利于威权政权向民主政府过渡的经济公式。[①] 究其深层次原因，具有鲜明时代特征的经济因素最为基本。

（一）全球性经济危机对拉美经济的严重影响

虽然之前的威权主义政体促进了拉美的经济增长，但1973年由石油危机引发的全球性经济危机给拉美经济带来严重影响，造成拉美各国经济形势恶化。具体表现为：经济发展速度减慢，收入分配更加不平衡，外债急速膨胀，通货膨胀居高不下。以外债为例，1950—1960年拉美外债一直没有超过100亿美元，1970年也只有207亿美元，但到了1977年就突破了1000亿美元，1980年突破2000亿美元，1982年则接近3000亿美元。[②] 通货膨胀也直线上升，从1971年的15.5%上升到1975年的40.7%，高居全球之首。消费物价指数也是扶摇直上，如以1975年为100，1980年增到740.7，1981年又升至1206.8。[③] 如此恶劣的经济形势给拉美各国的民生带来了极大的负面影响。因

---

① 塞缪尔·亨廷顿：《第三波—20世纪后期民主化浪潮》，刘军宁译，商务印书馆，1998年版，第83页。

② 张森根、高锋：《拉丁美洲经济》，人民出版社，1986年版，第326页。

③ 张森根、高锋：《拉丁美洲经济》，人民出版社，1986年版，第273—275页。

此，从20世纪70年代末起，拉美各国人民反对军人独裁争取民主斗争的情绪再度高涨，威权主义政权如履薄冰，最终在第三次民主化浪潮强有力的冲击下纷纷垮台。

（二）第二次世界大战后拉美社会经济的迅速发展

对于拉美第三次民主化浪潮来说，二战后其社会经济的迅速发展是主要原因。经验证明："在穷国，民主化是不可能的，在富国，民主化已经发生过了，在两者之间有一个政治过渡带。"[①] 因此，向民主化过渡主要发生在像二战后处于中等经济发展水平的多数拉美国家。第二次世界大战以后，拉美国家在工业化和现代化的推动下取得了全面的经济发展。1950—1980年，整个拉丁美洲经济年均增长率为5.3%，30年间国民生产总值增长了4倍，工业生产总值增长了6倍。[②] 这不仅为拉美的第三次民主化浪潮提供了经济基础，而且也动摇了威权主义的稳定性。在社会经济方面，之前的军人政权很少采取措施去满足社会各阶层的要求，因此社会贫富差距日益扩大。以巴西为例，1960年至1980年，10%最富有的人口占有国民收入比例从40%增长到48%，富裕程度仅次于上者的另外10%的人口，收入比例略有增加，从14.7%增加到15.4%，而其余80%人口的收入则有所下降。[③] 这种严峻的局面激化了社会矛盾，使社会各阶层期许实现更大程度的社会平等，更公平地分配社会财富的愿望愈加强烈，从而直接导致扩大政治参与权以实现国家政治民主化成为焦点，于是更大规模的民主化浪潮应运而生。

---

① 塞缪尔·亨廷顿：《第三波—20世纪后期民主化浪潮》，三联书店，1998年版，第70页。

② 肖楠等编：《当代拉丁美洲政治思潮》，东方出版社，1988年版，第4页。

③ 张森根、高锋：《拉丁美洲经济》，人民出版社，1986年版，第365页。

(三) 全球化与区域经济一体化的积极影响

在20世纪80年代，全球化所包涵的经济扩张和民主扩张两种形式成为全球性的两股巨流。这两种形式相辅相成，尤其是政治民主化浪潮最为全球所关注，是全球化最重要的内容。拉美第三次民主化浪潮时期正是全球化和拉美地区经济一体化迅速发展的时期。因此，全球化与区域经济一体化和拉美民主政治发展之间的关系密不可分。

总的来说，全球化与区域经济一体化对拉美地区政治民主化进程产生了积极影响。

第一，20世纪70年代末至80年代初，在经济全球化条件下，由于世界经济衰退，发达国家采取贸易保护主义，国际市场石油价格上涨，国际市场初级产品价格暴跌以及国际金融市场的利率调高，最终导致了以1982年墨西哥宣布无力清偿外债为肇始的拉美地区严重的债务危机和经济危机。因而在政治上加剧了人们对当局的不满，引发社会动乱，进一步动摇了当时还占统治地位的独裁政权，加速了威权主义政治制度的终结。

第二，20世纪80年代中期以来，拉美各国之间及拉美国家和美国在经济上和政治上加强了合作。它们建立的这种密切关系制约了国家间发生冲突的可能性，从而形成有利于民主政治发展的和平的大环境。而更深层次的原因在于，拉美各国均以追求经济利益作为其外交政策的核心，使军事成分的重要性大大减弱，因此军人政权的瓦解是大势所趋。

第三，伴随着全球化的扩展和拉美国家对外经济关系的不断发展，“从20世纪70年代以来（20世纪50—60年代为准备阶段），拉丁美洲形成了一个新的由经济领域技术官僚或者叫技术政治家组成的跨国阶级，他们实行对外开放并使新的经济政策模式合法化。这一群体超越国家边界结成人员之间的联合（通过共同的海外求学经历），其中大多数人曾在美国接受教育（如智利的‘芝加哥弟子’和墨西哥萨利纳斯总统周围的人士），接受并宣传美国经济的主导模式（具有自由主义或是新自由主义特征的）。”① 这一新的社会经济阶层成为推动拉美第三次民主化浪潮的一支重要的洲际政治力量。

第四，拉美地区活跃的区域一体化大大推进了拉美地区政治民主化的进程。拉美经济一体化组织所协调的内容包括民主政治的巩固，并且增加了对不民主政权更替的制裁机制，为拉美的第三次民主化浪潮提供了强有力的外部支持，尤其是把自己视为民主国家联盟的美洲国家组织发挥了重要作用。

第五，经过了 20 世纪 80 年代的债务危机之后，拉美国家的民选文人政府逐渐实现了经济转型以及与国际经济的接轨。这一时期拉美国家积极参与经济全球化所取得的经济成就巩固了第三次民主化浪潮的成果，驳倒了之前“专制政府比民主政府更容易实施深层次的经济改革和确保经济增长”的普遍观点，使拉美的民主政治获得了更高的合法性。

从 20 世纪 90 年代至今，拉美这片“民主的大陆”一直在为其民主制度的巩固努力着。如今在拉美，民主选举已经成为重要的政治选择，民主政治制度在大多数国家获得了高度的合法性和支持度。但由于依然存在着经济增长不足、两极分化等诸多问题，拉美的民主政治还要继续接受严峻的考验。因此，未来拉美民主化进程中的经济因素仍然值得我们密切关注。

---

① 赖纳·特茨拉夫主编：《全球化压力下的世界文化》，江西人民出版社，2001 年版，第 209 页。

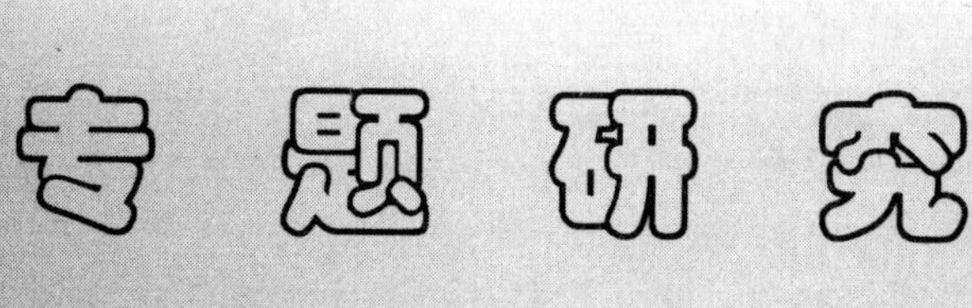
专题研究

从安倍访华、访欧看其对外战略

王少普*

内容提要：安倍自2006年9日上任后，展开了频繁的外交活动，其中2006年10月访华与2007年1月访欧活动，是其极为重要的两次出访。之所以说它们重要，不仅因为日中关系、日欧关系是具有地区乃至世界影响的双边关系，还因为通过这两次出访，安倍政府实行了外交上的重要调整。认真分析这两次出访活动，对于认识和把握安倍政府的对外战略具有重要意义。

一、构筑"战略互惠关系"，改变外交失衡局面

2006年10月，安倍任首相后首选中国为出访对象国，这是

* 王少普，上海社会科学院亚太研究所研究员。

近年来中日关系中的一个亮点，也是2006年中日关系最重要的事件。它突破了因小泉参拜靖国神社而造成的中日领导人停止会晤和互访的僵局，更重要的是双方领导人在这次会晤后所发表的新闻公报中确认："双方同意，努力构筑基于共同战略利益的互惠关系。"

以上述关于中日关系的定位，对比1972年中日联合声明主张的"建立两国间持久的和平友好关系"、1998年中日联合宣言主张的"推进两国致力于和平与发展的友好合作伙伴关系"，可以看到，当今中日领导人对两国关系的思考和设计，具有继往开来的意义，它反映了中日领导人正顺应历史潮流，努力将两国关系提升到一个新的阶段。

发生这样变化的根本原因，在于中日两国及其所处的国际环境都发生了重大变化。

当今的中日两国，国势都处在重要的上升时期。中国的和平发展取得了重大进展，中国崛起为世界大国的影响，已经成为当今世界许多国家制定大战略时必须考虑的因素。日本作为世界第二经济大国，在突破持续10年经济低迷后，摆脱战后体系给予其限制的要求更为强烈，修改宪法已被提上日程，成为"正常国家"的趋势正在加强。作为有影响力的大国，中日两国不仅是对本国、本地区，而且已成为对世界承担有重要责任的国家。与此相应，经历了世代更换的中日两国民众，看世界的心态和角度都发生了重大变化。

当今中日两国所处的国际环境，至少有四方面的重要变化：

其一，在经济全球化大背景下，中日经济的相互依存关系达到了空前的广度与深度，区域经济合作进一步发展。

两国的经济界期待着两国的经济合作能有顺应潮流的更好发展，日本贸易振兴机构以"最有望扩大商机的东亚区域内的经济合作协定”为题进行书面调查，在作出有效回答的796家公司中，有252家选择“日本——中国”，占总数的31.7%，居绝对第一地位。[①] 2006年5月，日本经济产业省制定了《全球经济战略》，主张“早日签署日中韩投资协定，并以此为前提，在日中韩的框架内，研究一揽子的高质量的经济合作协定”。

以中日经济合作为重要内容的东亚区域经济合作进一步发展，形成了以东亚共同体为远景目标的区域合作要求。

但是，围绕区域合作问题，一些包含深刻分歧内容的矛盾开始浮上水面。例如：美国的战略家们主张“美国和日本应该共同努力使东亚首脑会议这类泛亚洲论坛与亚太经合组织和东盟地区论坛等现有的跨太平洋机构建立互补关系。美国和日本应该经常互相并且同我们有相同价值观的国家举行核心会议，鼓励地区组织促进支持民主和法制的日程”，[②] 实际提出了东亚区域合作的主导权、东亚共同体与亚太共同体的关系、东亚区域合作的价值观取向等重要问题。

其二，美国显示出调整东亚战略、重建东亚地区关系的意图。

一方面，美国的战略家们认为“美国和日本可以说是利益受中国未来发展方向影响最大的国家”，把应付中国崛起视为其面临的最大挑战之一。因而，主张“美日联盟可以并应该始终是美国亚洲战略的核心”。但同时，美国的战略家们也看到了“只有美国和日本面对中国的两极化结构也无效，因为这样将迫使该地

---

① 转引于《世界周报》文章《日本与中国进行经济合作的可能性》，2006年12月26日。

② 见美国乔治敦大学战略与国际问题研究中心2007年2月17日发表的理查德·阿米蒂奇与约瑟夫·奈等所撰研究报告《美日联盟——让亚洲沿着正确道路走到2020年》。

区其他国家在两极间进行选择。一些国家可能会站到美国和日本一边，但大多数国家会选择严格中立或与中国结盟。最终，这会削弱美国和日本民主强大的榜样力量，让该地区回到19世纪势力均衡状态，不利于该地区的稳定，也不会增加中国作出积极转变的可能性”，认为美日联盟“不应再是一个基于共同威胁的单一性联盟，而应该发展成为基于共同利益与价值观的更为开放和广泛的联盟”，主张“东亚的稳定将依赖美日中三国关系，尽管美国和日本是亲密盟友，但华盛顿还是应该鼓励三国建立友好关系”。[①] 因而在加强美日同盟的同时，要求以积极的姿态，发展中美合作，推动中国成为“负责任的利益攸关者”。这使中、日、美三角关系正逐步向着相对平衡的方向发展。

其三，东亚地区安全的共同利益在上升，但不信任感仍然存在，军备竞赛，甚至核军备竞赛的阴影非但没有消退，现在反而有所强化。

美国战略家指出：东北亚国家之间呈现紧张状态，“原因包括国际关系架构的转变、政治领导人的个人特质、国家利益冲突以及各国社会变迁，而这些紧张状态并不是短期就可消弭”，“而存在危险因素的朝鲜半岛和台海地区，更增添了东亚紧张局势”。[②] 对此见解，除了在产生紧张局势的原因上，中国战略家会有部分不同意见外，对紧张局势存在的本身不会有异议。

其四，东亚海上权益矛盾、能源争夺呈现加强趋势。

---

① 见美国乔治敦大学战略与国际问题研究中心2007年2月17日发表的理查德·阿米蒂奇与约瑟夫·奈等所撰研究报告《美日联盟——让亚洲沿着正确道路走到2020年》。

② 见美国华盛顿战略与国际问题研究中心太平洋论坛执行主任布拉德·格罗斯曼所撰《美国与亚洲：问题评估与展望》，2007年1月10日发表于美国夏威夷东西文化中心。

日本“海洋政策研究财团”提出：“《联合国海洋法公约》1994 年生效以来，世界海洋秩序发生了翻天覆地的变化，海洋不是过去那种处于中立的缓冲地带，而是海上划界直接成为国界的时代已经到来。世界各国针对这些结构性变化，正在扎实推进海洋综合管理的各项措施。一贯以经济实力和科技能力称雄于世界海洋的日本，如果墨守成规，按部就班，就有可能落后于世界规模的海洋管理进程，将永远失去发展的机会。”[①]

由于上述变化，中日两国无论在共同利益还是矛盾分歧方面，都有了较以往广阔与深入的发展。原来的中日关系框架已难以完全包含当今中日关系的丰富内容，中日关系框架到了必须进行重大调整的时刻。

但由于众所周知的原因，小泉执政时期，使一个不应被突出的问题突出到了中日关系头等重要的地位，中日关系框架的调整遇到严重障碍。而安倍应邀访华突破了这一障碍，中日关系框架的调整被提上了日程。于是，有了“构筑基于共同战略利益的互惠关系”的约定，明确了建立中日关系新框架的方向和目标。

与以往的中日关系框架相比，新框架至少包含了以下新的重大含义：

其一，要求中日在世界范围内承担责任，进行合作。

1972 年的中日联合声明，涉及的主要是处理中日双边关系的原则。1998 年的中日联合宣言，强调了中日在地区的作用，“双方一致同意加强在地区问题上的协调与合作，为地区的和平与稳定发挥积极作用。”而此次安倍访华后，中日发表的新闻公报则表示，中日“共同为亚洲以及世界的和平、稳定与发展作出建设性贡献，是新时代赋予两国和两国关系的新的庄严责任”。

---

① 见该机构 2005 年 11 月 18 日递交日本内阁的《21 世纪海洋政策建议书》。

其二，中日首次对对方的发展道路作了肯定性的正式表态，为中日在新时期达成战略谅解提供了基础。

此次新闻公报称："日方对中国走和平发展道路和中国改革开放以来的发展给包括日本在内的国际社会带来巨大机遇给予积极评价。"同时，"日方强调，日本战后60多年一直走作为和平国家的道路，今后将继续走作为和平国家的道路。中方对此表示积极评价。"

其三，将东亚一体化正式确认为两国的共同目标，使两国区域政策的协调具备了根本条件。

1998年的中日联合宣言还只表示双方确认两国"关于东亚经济问题的高级磋商是有益的，一致同意今后视需要继续举行类似磋商"。而在此次新闻公报中，双方确认"共同推进东亚一体化进程"。

其四，将"共同开发"正式确认为解决东海问题的根本原则，中日东海问题乃至其他领土纷争的和平解决有了重要途径。

此前的中日联合声明或宣言，均未直接触及东海问题，在此次新闻公报中，"双方确认，为使东海成为和平、合作、友好之海，应坚持对话协商，妥善解决有关分歧；加快东海问题磋商进程，坚持共同开发大方向，探讨双方都能接受的解决办法。"

其五，全面扩展中日交流与合作领域。

当年的中日联合声明或宣言，涉及的两国交流主要在经济、文化、青少年等领域，而此次新闻公报则表示："双方同意，在政治、经济、安全、社会、文化等领域促进各层次交流与合作。"具有了全面性，而且就启动中日学术界共同历史研究、中日安全对话和防务交流等敏感而困难的问题达成了协议。

综上所述，可知中日关于构筑"战略互惠关系"的约定，确实反映了中日关系向新阶段提升的要求。由于此举顺应了历史潮流，因此得到了各方面的积极评价。《朝日新闻》所作民意调查显示，日本国内支持首相访华的人超过80%。美国总统布什也表示："对安倍首相访问中韩两国感到振奋。"

但是应该看到，明确了中日关系框架调整的方向和目标，并不等于完成了中日关系调整的任务，这一框架本身还处于构建过程中。

首先，要确定"中日战略互惠关系"的内涵。为此，至少有两个问题需要解决：1."战略关系"的具体含义。日本方面过去一般将"战略关系"的概念用于同盟关系，对非同盟关系很少用，例如中日举行的外交部副部长级的会谈，中方称之为"战略对话"，日方则称之为"综合政策对话"。2006年安倍访华，却主动提出要与中国建立"战略互惠关系"。将"战略关系"的概念用于非同盟性质的中日关系，是日方扩大了"战略关系"这一概念的使用范围呢，还是日方对日中关系有新的重要考虑？2."中日战略互惠关系"与《中日联合宣言》中提出的中日"和平与发展的友好合作伙伴关系"的联系与区别。

其次，要明确建立"中日战略互惠关系"的具体路径与措施。要实现"中日战略互惠关系"这一方向与目标，需要具体路径与措施，例如如何建立与完善中日经济的各种合作机制，如何解决东海划界的纷争，如何加强安全交流与互信等等，没有具体路径与措施的落实，"中日战略互惠关系"只能是空中楼阁。

因此，在两国面前还有许多严重而复杂的矛盾要处理，还有很长的路要走。如果中日双方能坚持以"言必信、行必果"的态度对待两国关于构筑"战略互惠关系"的约定，前途应该是光明的。

二、访欧——安倍政府对外战略的进一步展开

2006 年，安倍将中国作为出任首相后的首访之地，使小泉政府严重失衡的外交渐趋平衡。2007 年元旦刚过，安倍又相继访问英、德、法、比利时以及欧盟、北约总部。同时，遣麻生外相访问罗马尼亚、保加利亚、匈牙利和斯洛伐克等国。

伴随新老欧洲接连奏响“君之代”旋律，安倍政府的对外战略画面也变得更为清晰。

第一，以访问欧洲显示和推进“有世界战略的外交”。

日本前首相中曾根曾批评小泉外交：既无长远考虑，又无战略体系，只是一味地选择自己喜欢的东西，是“缺乏世界战略的外交”。[①] 其实，日本外交缺乏世界战略，并非自小泉始，几乎是战后日本外交的通病。究其原因，主要在于对美国的过度追随。

小泉政府判断当今国际关系，正向着以美国为中心的方向发展；美国超越联合国攻打伊拉克，造成双方分歧，更使日本难以两面邀好；当时，日本又必须集中精力恢复经济，无心旁骛。因而，小泉政府向美国一边倒，显得更为明显。

安倍上任，形势发生重要变化。一则日本经济恢复景气，安倍得以修改宪法将变日本为“正常国家”的计划提上议事日程。二则布什政府更加明确地要求日本不仅在地区，而且在世界范围

① 见铃木美胜对中曾根的访谈——《缺乏世界战略的小泉外交》，日本《世界周报》，2006 年 8 月 29 日。

内对美国进行配合与合作；三则北约与美日同盟等出现加强合作的趋势，在美国的推动下，2006年11月召开的北约首脑会议表示，要与日本、韩国、澳大利亚等地区外国家加强合作。

上述变化促使安倍政府的外交谋划开始具有世界战略的意义，其基本特征是：放眼世界范围，以日美同盟为基础，以亚欧为重点，以所谓"普遍价值观"为号召，开展与"正常国家"相符的"有主见的外交"，争取地区乃至世界领导地位。

2006年9月，安倍在施政演说中提出，日本"外交到了根据新的思维，向有主见的外交过渡的时候，要更加明确'为了世界和亚洲的日美同盟'，推行能为加强亚洲牢固团结作出贡献的外交"；同时又提出，要使日本成为"美丽国家"，而所谓"美丽国家"的4个必要条件之一，是"受到世界信任、尊敬、爱戴，起领导作用"。

2006年11月，安倍政府外相麻生发表题为《建立"自由与繁荣之弧"——拓宽的日本外交地平面》的演说，在重申"强化日美同盟"、"加强与中韩等亚洲近邻国家关系"的同时，突出地强调了建立"自由与繁荣之弧"以及开展"有价值的外交"。"弧"，是指欧亚大陆外围正在兴起的所谓新兴民主主义国家。"有价值的外交"，是指重视"民主主义"、"自由"、"人权"、"法治"、"市场经济"等"普遍价值观"的外交。

2007年1月9日，安倍主持了日本防卫省挂牌仪式，表示"我们已经摆脱了战后的框架，这是前进的一大步，是国家建设的基础"。[①] 当天，安倍便开始访问欧洲四国。两次活动的衔接并非巧合，安倍是以此显示日本开始作为一个"正常国家"，在世界范围内展开外交布局。

① 见《读卖新闻》，2007年1月10日。

因此，安倍此次外访要先欧洲后美国，以显示日本作为“正常国家”的主见和国际地位。

也正因此，安倍在访问欧洲时，要反复强调日本与欧洲关系的世界意义，表示为了国际社会的和平与安定，日本要加强与北约的合作。

显然，此次安倍与麻生的欧洲之行，绝非单独性外交行为，而是作为安倍政府“有世界战略的外交”之重要组成部分。

第二，争取欧洲支持，推进以日本成为联合国安理会常任理事国为目标的联合国改革。

成为联合国安理会常任理事国，是日本确立在地区和世界领导地位的重要途径。小泉任内，圆梦未成。与小泉相比，安倍的劲头有过之而无不及，上任伊始，便在施政演说中提出“要以我国加入常任理事国为目标，继续致力于联合国改革。”争取欧洲的支持，是其圆常任理事国之梦不可或缺的一环。总结以往教训，安倍此次在欧洲争取“入常”支持的活动，表现出新的特点：

其一，拟提两步到位的新方案。小泉政府与德国等 4 国所提“入常”方案为新增 6 个常任理事国和 4 个非常任理事国。事实表明，这项一步到位的方案难以获得广泛支持。因而，安倍此次访欧时表示，将提出不同于“四国联盟”原案的“入常”新方案。据麻生在东欧访问时透露，新方案可能包括先成为“准常任理事国”的两步走设计。

其二，由主要寄希望于美国支持，转为争取尽可能广泛的联合国成员支持。小泉政府以美国支持为“入常”的主要依托，但到最后关头才发现美国口惠而实不至。因而，安倍借此次访欧宣布改变入常策略，表示要“争取尽可能广泛的联合国成员支持”。日本媒体因而分析说，安倍此次之所以先访问美国而访问欧，与日本在“入常”问题上改变策略不无关系。①

安倍与麻生辛苦奔波，争取到了一定程度的积极回应，英、法、德、匈牙利等国领导人表示理解和支持日本的“入常”要求。但是，一则这种场合的表态往往主要出于礼仪需要，很难被视为真实立场的完全表露；二则日本的新方案尚未出台，更难判断目前各国表态的真实性；三则在当今国际社会的一些重大问题上，日本与欧洲国家仍然存在分歧，例如，如何对待美国的伊拉克政策等，如果局势发生新的变化，日欧关系难免受到影响。因此，日本在欧洲争取“入常”支持的活动，还很难说胜券在握。

第三，解释对朝鲜立场，说服欧洲合作。

朝鲜是日本的近邻，两国关系多年来不但没有正常化，而且因历史与“绑架”等问题处于紧张状态。2006 年 10 月，朝鲜进行核试验，日本认为其安全受到了更大威胁。安倍在任小泉政府官房副长官时，便以对朝态度强硬著名，朝鲜核试验又是在安倍就任首相后首次访韩时进行的。这种情况使安倍如芒在背，急欲加以解决。在施政演说中，安倍专门谈了朝鲜问题，强调：“不解决绑架问题就不可能与朝鲜实现邦交正常化。”“将在对话与压力并行的方针下，强烈要求让所有绑架受害者活着回到日本。关于朝核问题问题，要争取一边谋求日美实行紧密合作，一边利用六方会谈来加以解决。”在外交活动中，安倍几乎有机会必谈朝鲜问题，访欧也不例外。

当然，安倍在欧洲谈朝鲜问题，还有其特殊意义。

冷战时期，西欧与朝鲜处于对立状态。冷战后，双方的关系发展比较顺利，老欧盟的绝大多数成员国相继同朝鲜建交。在此基础上，2001 年，欧盟与朝鲜建立了正式外交关系，还有意使

① 《读卖新闻》，2007 年 1 月 8 日。

六方会谈扩大为包括欧盟的七方会谈。显然，在对待朝鲜的立场上，欧盟与美国和日本相比较为超脱，也较为缓和一些。

因此，争取欧洲国家支持日本的对朝政策，成为安倍访欧的重要使命之一。安倍此次在欧洲着重强调日本对朝政策的普遍意义。他在访英时便指出：朝鲜拥有核武器不但对日本和整个东北亚地区构成严重威胁，还可能严重破坏世界核不扩散体系。

安倍的这一策略发挥了作用。针对朝鲜的核试验，日英联合声明表示，日英将进一步推动国际社会依据《不扩散核武器条约》，进行裁军和防扩散的努力。针对绑架问题，法国总统表示，法国"与日本拥有同样的想法和愤怒，将全面合作，谋求解决"。[①]

应该说，安倍此次访欧，在对朝政策问题上获得的支持较为明显。但目前来看，这种支持主要是道义上的，在实质性的具体合作上，还未有重要突破。

第四，阻止欧洲解除对华军售禁令。

安倍此次访欧，最大的败笔是阻止欧洲解除对华军售禁令。

欧洲对华军售禁令源自冷战时期，是严重歧视新中国的法令。1950 年，美、英、法等西方七国发起成立巴黎统筹委员会，简称"巴统"。1953 年，成员国扩大成包括日本在内的 15 个国家。成立"巴统"的目的，在于防止和限制西方的战略物质、高技术及产品流向东方。朝鲜战争爆发后，中国被"巴统"正式列入禁运国家，"巴统"并成立"中国委员会"，专门对中国和朝鲜实施禁运，力度超过对苏联和东欧国家的禁运，造成所谓"中国差别"问题。

由于形势变化，出于改善对华关系的需要，1957 年及 1972

---

① 《读卖新闻》，2007 年 1 月 13 日。

年，英、日与美先后宣布取消“中国差别”。1989年3月，“巴统”决定允许“巴统”各成员国根据“巴统”下放审批权限项目，对中国自由出口，不必逐项报批。

但1989年春夏之交的“政治风波”后，美国宣布中止与中国的政府间及商业性军售；“巴统”也宣布终止对华放宽尖端技术产品出口特别计划的实施；同时，欧共体首脑会议决定禁止对华军售，已经停止的对华军售禁令死灰复燃。

随着经济全球化与世界多极化的发展，欧洲恢复对华军售禁令的消极作用日益显现。

在政治上，它妨碍了中欧建立全面战略伙伴关系。21世纪初，欧盟相继通过了《欧中关系的共同利益与挑战——走向成熟的伙伴关系》等文件，决定把欧盟与中国的关系提升为“全面战略伙伴关系”。但是，在欧洲仍然执行政治上歧视中国的对华军售禁令的情况下，上述伙伴关系是难以真正形成的。

在经济上，它影响了中欧经贸关系的深入和扩大。以法国为例，1992年至2001年，对中国的武器销售仅为7000万欧元，而对塞普路斯达3.4亿欧元，对马来西亚的更是高达7亿欧元。

面对上述情况，欧盟坚持对华军售禁令的立场开始动摇。2003年10月13日，中国明确要求欧盟早日解除对华军售禁令，得到了法国总统希拉克、德国总理施罗德等的响应和支持，但却遭到了美日的反对。小泉任首相时，就追随美国领导人，游说欧洲坚持对华军售禁令。

遗憾的是，安倍也步小泉后尘，在此次访欧时称：“欧盟若解除对中国军售禁令，可能会影响到东亚（安全）。”①

其实，安倍应该很清楚，中国要求欧盟取消对华军售禁令，

① 《读卖新闻》，2007年1月13日。

主要是反对政治歧视，并非出自军事需要。历史经验告诉人们，国家间实行政治歧视会带来严重后果。特别是在今天，当中日两个强国，史无前例地同时出现在东亚时，中日能否达成新的战略谅解，建立稳定的睦邻关系，不仅关系到两国，而且关系到整个东亚乃至世界的和平、稳定与繁荣。正是基于这样的认识，中日两国刚刚达成建立“战略互惠关系”的协议。但墨迹未干，安倍即跑到欧洲反对取消对中国的政治歧视，这至少是缺乏责任感的表现。

正因如此，当安倍游说法国总统希拉克坚持对华军售禁令时，希拉克却对他说：“中日保持良好的关系是重要的。”欧盟委员会主席巴罗佐则更明确地表示：欧盟各国已同意就解除对华军售禁令进一步做工作。[①]

① 见2007年1月13日新华社电。

日本推进海上非传统安全合作与实践

蔡鹏鸿*

内容提要：日本从20世纪70年代末就开始关注非传统安全威胁，并提出了“经济安全”、“粮食安全”等非传统安全概念。冷战结束以后，日本重视东亚海洋安全问题，主动承担打击海上非传统安全威胁，筹建反海盗多边合作机制，在地区海洋安全合作机制建立进程中取得主导地位。日本借此进入东南亚地区开展反海盗联合行动，对地区关系产生了影响。日本目前将在地区层面继续承担非传统安全责任，但不排除日本有意排斥美国、牵制中国的意图，为日本未来在亚洲安全领域发挥作用打下基础。

冷战结束以来，日本重视东亚海洋安全问题，积极调整海洋安全战略。在传统安全领域，日本通过“再编”协商，升级

* 蔡鹏鸿，上海社会科学院亚太所研究员。

日美联盟，调整日美安保合作体制，以求海洋防卫与安全保障；在非传统安全领域，日本通过同亚洲国家的多边协商，在海上救灾、海洋环保、海道维护、打击海盗等方面推进合作和倡导机制建设，获得一定成功，取得相应主导权。但是，国内外学界对日本的安全研究，大多侧重于传统安全领域，而对日本的非传统安全政策，特别是日本引导东亚海上非传统安全合作机制的政策及实践，研究投入不多，关注力度不够。本文试图从非传统安全视角研究日本如何推进东亚海上非传统安全合作与机制建设问题。

一般认为，非传统安全概念是对现实主义国际政治理论及其安全研究范式的挑战。[①] 国内外学术文献及一些国家和国际组织的政策文件往往把“经济安全、资源安全、能源安全、粮食安全、健康安全、环境安全、个人安全”等关键词概括为非传统安全。“9·11”事件后，也有把恐怖主义视为是一种非传统安全威胁的观点。笔者的观点是：非传统安全是国际安全研究的一个新领域，但在学理上尚未有统一或普遍接受的基本概念和理论界定。在以主权国家为中心的国际体系中，安全概念尽管在内容上有所扩大，从传统的纯军事安全概念向综合安全等概念发展，但是它的核心并没有发生质的变化，因为以国家为中心的非传统安全问题依然从属于国家安全范畴，其基本宗旨在于维护国家主权、领土完整、国民安全。本文采用非传统安全这一措辞，或者说对国际安全及其合作进行传统安全和非

---

① 一般认为，1991 年瑞典斯德哥尔摩全球安全与治理倡议首先对传统安全概念提出挑战 Stockholm Initiative on Global Security and Governance，Common Responsibilities in the 1990's (Stockholm：Prime Minister's Office，1991) 转引自“‘人类安全’之发展与推动：亚太国家的态度及作法”，载于“人类安全与 21 世纪的两岸关系学术研讨会”，台北：台湾综合研究院战略与国际研究所，2001 年版。

传统安全区分，旨在简约分析，并不表明笔者把非传统安全从传统安全内涵中硬性分开。由于笔者更加重视传统安全主导下的传统安全与非传统安全两者之间相互交叉与相互影响。因此，全文在阐述日本非传统安全概念及其海上非传统安全政策的时候，并不认为它们完全脱离国家安全战略框架，相反它们是国家安全战略的组成部分。本文对日本主导的亚洲反海盗合作机制作为个案进行实证研究，把海盗活动归纳为非传统安全威胁的一个方面，旨在分析日本在东亚海洋地区推动安全合作与机制建设手段、意图和特点。现代海盗使用武器、采用暴力手段实施犯罪或进行暴力抵抗，完全需要采用军事手段加以清除，这在安全本义与实施要旨上并没有脱离传统安全方式，而是属于保障海洋安全这一传统安全范围，是对日本海洋防卫战略的补充。本文最后将分析日本在亚洲推动建立海上非传统安全合作机制对地区国际关系的影响。

一、日本对非传统安全概念的界定与演变

日本是世界上较早关注非传统安全现象，特别是海上非传统安全威胁的国家。作为岛国的日本，历来把海洋防卫包括打击海盗、维护海上通道看成是国家安全战略的重要组成部分。但是，日本从概念上界定非传统安全到政策上规划打击海上非传统安全威胁、推动海上非传统安全合作机制建设，经历了较长的时间。

第一，在战后两极格局对峙背景下，日本追随美国，奉行传统安全观，因而难以形成自主性国家安全战略。美国一贯重视以

国家安全和军事安全为特征的传统安全概念与战略，这也成为日本制定国家安全政策的依据。因此，战后很长一段时间里，日本没有独立的外交安保战略，不可能建立传统安全领域之外的安保政策。

第二，崛起后的日本在传统安全框架下提出经济安全概念，初显非传统安全思路。在经济迅速发展背景下，日本从 20 世纪 60 年代开始崛起。在 20 世纪 70 年代，日本在摸索自主外交的过程中思考并制订具有日本特色的国家总体战略。1978 年，大平正芳在竞选自民党总裁的演说中首次提出了综合安全保障战略思想，从国家安全高度扩展了传统安全内涵，提出了经济安全同国家安全关系密切的政策观点。当时，越南战争已经结束，美国退出东南亚，前苏联乘机推行南下战略，由此形成的苏攻美守态势对日本海上运输通道和海上资源供给线路构成重大威胁。由于日本是一个缺乏资源、依赖海外能源的国家，日本政治家为维护国家利益和确保经济持续增长，考虑把资源安全、能源安全等列入国家综合安全保障战略。1980 年 7 月，由前首相大平正芳组建的综合安全保障俱乐部提交了《综合安全保障战略报告书》，报告书从国家安全高度把全球化时代出现的不确定因素，如经济、文化、资源等归纳为可能威胁日本国家安全的综合性因素。随后，铃木、中曾根两位首相继承并发展了大平正芳思想，在 20 世纪 80 年代确立了综合安全保障战略，其基本内容除了强调日美关系外，突出了经济安全，其中包括能源安全、粮食安全，同时涉及自然灾害带来的安全问题。[①] 针对能源安全问题，日本综合安全保障战略提出的对策措施中，除了要在国内充实石油、

① 王少普、吴寄南：《战后日本防卫研究》，上海人民出版社，2003 年版，第 193 页。

煤炭、铀的储备之外，对马六甲海峡等重要的海上交通线路提出了寻找“替代航线”、建立“情报系统”的主张。实际上，日本此时提出的综合安全观，是在全球化到来之际提出的一种策略和理论，是在国与国相互依赖日益加强的背景下，以确保国家经济发展、维护政治秩序与稳定为趋向的国家安全观。因此，此时期的经济安全、资源安全、科技安全等观念，本质上属于国家安全的考虑范围，理论上依然属于传统安全框架与研究范式。尽管如此，经济安全概念的提出表明，非传统安全思路已经在日本官方决策层初露端倪。

第三，冷战结束后，日本在综合安全观基础上提出非传统安全概念。日本最初是在东盟地区论坛上提出综合安全观，认为安全问题涉及经济安全、社会安全、环境安全和军事安全等层面，解决方式在于区域合作。[①] 日本还在20世纪90年代中期把“人类安全”概念纳入本国的外交政策，作为推行非传统安全合作的政策依据。[②] 尽管有学者早在1966年已经提出人类安全概念，[③] 而且学术界至今对其定义、范围、分析单位的效用性还存在争论，但是日本不仅较早地把这一概念纳入本国的外交政策，也把它作为推行非传统安全合作的基本指针。1997年亚洲金融危机之后，日本政府乘势大力推动非传统安全概念。1998年5月，小渊惠三提出5 C概念，即勇气、创造、同情、合作、信心

① Paragraph 7 of Chairman's Statement, The First ASEAN Regional Forum, Bangkok, 25 July, 1994.

② 1994年联合国开发总署出版的《人类发展报告》提出了“人类安全”概念，见 United Nations Development Programme, *Human Development Report* 1994 (New York: United Nations, 1994).

③ W. E. Blatz: *Human Security: Some Reflections*, Toronto: University of Toronto Press, 1966. 转引自 Jennifer Brower, Peter Chalk: the Global Threat of New and Reemerging Infectious Diseases, published by Rand 2003, p. 4.

(Courage、Creativity、Compassion、Cooperation and Confidence),[①] 试图通过提倡“以人为中心”关怀个人，特别是减轻金融危机给人造成的伤害。1998 年 12 月 2 日，小渊惠三在“建设亚洲未来”研讨会上的演讲中指出：人类面临各类威胁，其中有环境问题、毒品买卖、人口贩卖、难民出逃、人权侵害、艾滋病等传染病、恐怖主义等等，这类威胁实际上构成非传统安全威胁的基本要素，严重影响人类生存与安全。

综上所述，在世界经济相互依赖和全球化发展日益明显的背景下，日本政府的非传统安全概念是在 20 世纪 70 年代末提出“经济安全”新思维基础上发展起来的，是日本对以现实主义为主导的传统安全理论的反思、批评和挑战，日本在冷战结束后借助“综合安全”和“人类安全”概念，把海上通道安全、难民外逃、环境问题、海盗袭击、毒品买卖、传染病扩散、恐怖主义等界定为人类面临的新的安全威胁，即非传统安全威胁。但是，从学理上看，“人类安全”基本上是把个人视为分析单位，而“综合安全”强调民族国家为主要行为者。尽管日本政府在 80 年代提出了“经济安全”、“粮食安全”等概念，但是日本是从维护国家安全的高度提出这些重大问题的，本质上属于传统安全研究范式。即使在 90 年代中期，日本提出的非传统安全概念本质上依然属于传统安全的一部分，日本没有把它们看成是独立于国家安全战略的抽象概念。[②]

① Statement by Foreign Minister Keizo Obuchi on Japan and East Asia: Outlook for the New Millennium, Singapore, May 4, 1998, available at: http://infojapan.org/announce/announce/1998/5/980504.html.

② Tsuneo Akaha, *Non—traditional Security Cooperation for Regionalism in Northeast Asia*，日本早稻田大学论文：http://www.waseda-coe-cas.jp/pap er/20040116_akaha_eng.pdf.

二、日本非传统安全政策的基本内容和特征

鉴于日本国土地理位置具有海洋岛国特点，日本的非传统安全概念更加重视海洋非传统安全威胁。那么，日本的非传统安全政策主要包括哪些内容呢？

第一，在海洋通道方面，日本主张海上通道畅通和确保能源运输安全。日本是一个严重依赖能源进口的大国，进口原油的75％来自中东，国内99％煤的需求量、97％天然气都要进口。能源安全在日本是一个涉及军事安全、经济安全的重大问题。[①]日本历来把东亚海域、马六甲海峡和印度洋海上通道看成是日本的海上生命线，一直是日本海上非传统安全政策关注的重点。为保障海上通道畅通和确保能源运输安全，日本的保障海洋通道安全的政策主要内容是：(1) 长期依靠美国力量保障通道安全。随着经济力量日益壮大以及对外交往的扩大，日本在全球范围内建立起了广泛的海上运输网络，尽管海上运输通道涉及的能源安全、海上运输安全是一个同民用商业密切相关的问题。但是，战后很长时期内，日本主要依据日美安全同盟，利用美国海军力量所维护的海上通道，期望本国油船能在世界各地海域安全航行。(2) 通过本国武装和警察力量维护海洋通道安全。根据日本《防卫大纲指针》，海上自卫队的任务是保障海外资源安全输入日本，

① 张运成：“能源安全与海上通道”；霍建刚：“日本海上通道安全战略”，载于中国现代国际关系研究院：《海上通道安全与国际合作》，时事出版社，2005年版，第104页、第307页。

并对海上出现“新的威胁和不同情况作出有效反应”。[①] 这一规定表明：日本海上自卫队可以根据实际情况采取相应的打击手段，保护任何可能威胁日本海上运输通道安全的行动。但是，日本海上自卫队迄今为止所能承担的海上安全防卫任务，主要体现在威慑和宏观层面，同时还承担海上救灾、海上搜救等非传统安全任务。由于日本宪法规定日本自卫队不能参与具有集体防卫性质的国际军事行动，因此日本海上自卫队没有参加美国倡导的“防扩散安全倡议”演习，而这个任务则由日本海上保安厅承担，这是因为日本海上保安厅作为执法机构具有海上警察性质，表明它可以比较灵活地参与海上通道安全的维护活动。日本的政策就是利用海上自卫队和海上保安厅提供安全保障，维护日本经济利益。

第二，在反恐领域，日本积极主张打击海上恐怖主义活动。日本从国内维护社会稳定、在国际上推进反恐合作以及支持其他国家进行能力建设、提高反恐能力这三个方面推进其反恐政策，但是日本侧重点在于协助美国打击海上恐怖主义活动。日本政府从20世纪90年代中期开始致力于反恐斗争：1996年开始同亚太国家举行反恐年度会议；1999年，日本同韩国就海上反恐合作签署了合作意向书；2000年，日本同俄罗斯签署了《关于日本海上保安厅与俄罗斯联邦国境警备厅发展合作基础的备忘录》。“9·11”事件发生后，日本制定了《反恐特别措施法案》，日本海上自卫队军舰因此长期进驻印度洋，为美国领导的反恐盟军提供后勤支持。日本自2002年以来还分别同欧盟、俄罗斯、印尼、东盟、澳大利亚等发表《反恐联合声明》和进行反恐双边会议，

① 参阅日本海上自卫队网站“海上自卫队任务”：http://www.mod.go.jp/msdf/english/index02.html.

特别令人关注的是日本与美国、澳大利亚共同举行三边会议，协商反恐事宜。日本希望通过国际合作开展反恐斗争的基本政策是：交流反恐信息；及时协调行动应对突发性恐怖主义事件；交流反恐技能；利用因特网进行反恐宣传；防止并打击非法转移资金和运输物资。① 由于东南亚地区众多目标，如旅游胜地、西方设施、马六甲海峡等重要战略通道都有可能成为恐怖分子袭击的目标，日本特别关注打击东南亚恐怖活动高发区的海上安全问题。

第三，在跨国犯罪领域，日本主张依据联合国和八国首脑会议（G8）关于打击有组织的跨国犯罪公约和相关文件，同各国联手合作防范和打击有组织跨国犯罪。日本政府较早地对有组织的跨国犯罪行为进行了界定：非法买卖武器和毒品；走私偷盗物品；经济犯罪，包括挪用公款、伪造货币信用卡、逃税、洗钱等；贩卖人口；高科技犯罪。② 由于这些跨国犯罪活动在东亚和东南亚地区大多依靠海路和岛屿进行，因此成为本地区严重的海事威胁。东南亚毒品犯罪已经呈现集团化、网络化、武装化态势，并引发一系列与毒品相关的非传统安全威胁，如武器走私等问题，人口贩卖在湄公河流域十分猖獗。日本为同各国联手打击这些有组织的跨国犯罪，向联合国相关项目提供资助，在东南亚各国建立了“边界联络办公室”，向各国边界执法官员提供培训。现在，通过这个合作性的边界联络网络，交流毒品跨国贩运信

① Japan's International Counter-Terrorism Cooperation（http：// www. mofa. go. jp/policy/ terrorism/ cooperation. html）.

② 日本外务省2000年文件：“国际社会与日本打击有组织的跨国犯罪措施”(Measures by the International Community and Japan to Combat Transnational Organized Crime，November 2000，Ministry of Foreign Affairs（http：//www. mofa. go. jp/policy/i _ crime/measure0011. html）.

息，东南亚边界地区毒品非法贩卖活动一定程度上得到了有效抑制。[①]

第四，在应对自然灾害方面，日本主张外交政策应从维护人类安全角度防止人类遭受地震、海啸和传染病威胁带来的伤害。日本自身是深受地震灾害威胁的国家，也深受海啸其害，所以日本不仅积极对印度洋地区海啸给以深切同情，同时也提供了可观的物资支援，特别是对亚太海啸预警系统的建立提供支持。日本对外政策也关注跨国界传染性疾病威胁，把跨国界三大传染病（艾滋病、肺结核、疟疾）和脊髓灰质炎、寄生虫病看成是对人类健康造成危害、阻碍经济和社会发展的主要杀手。它们是对人类生存构成全球性威胁的非传统安全问题的组成部分。日本在2000年G8冲绳会议上捐助41亿美元用于跨国界传染病防止工作。现在，日本已经把控制三大传染病作为重点，2005年向联合国提出了“健康和发展倡议”，提供50亿美元用于预防工作。2005年夏天以来，由于亚洲地区禽流感发生和扩散以及人感染禽流感案例增加，日本也主张对禽流感预防采取措施，并提供了1.55亿美元用于亚洲地区的禽流感预防。毫无疑问，艾滋病等传染性疾病跨国传播已经成为严重威胁东亚、东南亚地区各国人民身体健康和社会稳定的非传统安全问题，日本比较及时地提出一些倡议和捐助，为克服这个领域的非传统安全威胁提供支持。

第五，在打击海盗方面，日本主张通过地区合作共同应对现代海盗威胁。战后很长一段时期，日本宪法严格限制日本自卫队在本土以外地区行使军事手段。因此，尽管日本拥有非常先进的

---

① 日本2006年外交蓝皮书第三章：“日本在主要外交领域的对外政策”，第189页（见日本外务省网站 http：//www.mofa.go.jp/policy/other/bluebook/2 006/index.html）.

军事打击手段，但是对于海盗在海外地区进行武装袭击日本船只事件，往往只能望洋兴叹。20 世纪 90 年代中期开始，全球性海盗活动特别是东南亚地区的海盗活动日益猖獗，[①] 南海海域和马六甲海峡成为海盗进行武装袭击案件的高发地区，严重威胁海上航道的畅通，危及人员、船只和货物的安全。由于日本 70％—80％以上的进口石油、粮食、煤和铁矿石等资源依靠南海、马六甲海峡运输，并依靠这些通道把制成品运送到东南亚、大洋洲、中东和非洲。1999 年日资商船“彩虹”遭遇海盗武装袭击，这一突发事件令日本政府审议并倡议反击海盗政策，主张通过地区合作消除海盗威胁。经过多年努力，日本倡议并主导的亚洲地区反海盗及武装劫船合作机制终于建成，并于 2006 年 11 月 29 日在新加坡正式建立日本主导的“反海盗信息共享中心”（详见下文“个案分析”篇）。

日本关于非传统安全威胁政策的主要特征是：

首先，日本对非传统安全概念的界定比较模糊和宽泛。尽管日本从 20 世纪 80 年代初期开始引入了经济安全等非传统安全概念，日本外交政策和外交官员演讲中多次使用“非传统安全”，但是对于内涵的表述很不清晰。比如，日本在一些国际性文件中提到“非传统安全威胁”，但在内容上大多是指传染病扩散问

① 根据国际商会国际海事局 2006 年 1 月 31 日发布《海盗和武装抢劫船只年度报告，2005》第 5 页数据计算，当时东南亚地区发生的海盗事件是全球总量的 47％（ICC International Maritime Bureau：Piracy and Armed Robbery Against Ship，Annual Report 2005，ICC International Maritime Bureau，Maritime House，1 Linton Road，Barking，Essex IG11 8HG，United Kingdom，31 January，2006）。

题。[①] 日本外务大臣政务官山中烨子（*Akiko Yamanaka*）在2006年7月12日的一次演讲中明确提到传统安全和非传统安全两个概念，但是没有具体指明非传统安全的内涵。[②] 日本政府以比较模糊的方式界定非传统安全概念，有理论研究和政策原因。从理论研究上看，尽管非传统安全是后冷战时期国际政治的特征之一，国际学术界有人称之为“灰色区域现象”，它冲击着安全研究以国家为中心的传统研究范式，但是学理上的概念尚未获得权威肯定，美国的官方文件也没有明确非传统安全概念，所以日本在概念界定上以模糊的方式处理。对于非传统安全因素基本上是以其外交政策中的“人类安全”和“综合安全“提及，涉及的内容也比较宽泛，比如：海洋环境污染、海啸地震、气候问题、能源安全、毒品买卖、恐怖主义、人口贩卖、难民问题、人权侵害、艾滋病等传染病，日本都有单列应对政策，而不是从非传统安全这一笼统的范围中阐述。

其次，在国际安全领域，日本偏重于承担非传统安全领域的防范任务。日美安全合作中，美国总是关注并承担同传统安全威胁相关的安全防卫任务，因此比较偏向于以现实主义政策来应对传统安全威胁，而对于非传统安全威胁问题则让日本发挥作用，比如对于亚洲打击海盗合作机制，美国基本上没有插

---

① 比如，2006年《美日澳战略对话声明》仅把传染病扩散视为非传统安全（Trilateral Strategic Dialogue Joint Statement Australia-Japan-United States, 18 March 2006, Sydney）2005年6月2日小泉纯一郎和苏西洛总统签署《日本印尼首脑联合声明》（apan-Indonesia Joint Statement “Partners for New Challenges”）见http: // www. mofa. go. jp/region/asia-paci/indonesia/ summit0506/joint-1. html）。

② Keynote Address by Professor Akiko Yamanaka, Vice-Minister for Foreign Affairs of Japan, at the Japan-UK Security Co-operation Conference 2006 at the Royal United Services Institute for Defence and Security Studies (RUSI) on Wednesday 12 July, 2006.

手，固而日本有机会主导合作进程。美国和日本在新时期对安全问题的关注重点不同，主要原因是“集体自卫权”问题制约日本参与国际安全和防卫合作。所以，现阶段的日本国家安全战略特色之一在于依靠美国应付传统安全威胁，自己则重视并主要承担打击非传统安全威胁任务。

第三，日本重视同亚洲发展中国家合作，打击非传统安全威胁。前首相小渊惠三曾认为：对于跨国界安全问题，“任何一个国家都不可能单独解决，必须由国际社会采取协调行动”来加以解决。[①] 2000 年以来，日本分别同印度、马来西亚、菲律宾、泰国、文来、印尼、新加坡等国家进行双边执法演练或打击海盗演习，并取得成功。日本同中国在非传统安全领域的合作，主要在生态环境保护领域，比如防治大气 污染、水污染、土地沙化等方面。日本通过“政府开发援助”贷款和民间企业投资，在植树造林、培训环保工作人员、治理大气和水污染等方面给予帮助。日本同中国和韩国正在磋商建立防治禽流感合作机制，三国准备签署《关于共同应对禽流感的谅解备忘录》，相互及时通报疫情，共谋疫苗研制和检疫等具体措施。[②]

总体来看，日本的非传统安全政策主要体现在其外交安保政策框架中，即以人类安全和综合安全的范围内，涉及的内容比较广泛，但是在定义上比较模糊。现阶段日本主要依靠美国应付传统安全威胁，自己则承担打击非传统安全威胁任务。这是日本走向“正常国家”道路上的重要步骤，有利于日本拓宽外交活动领

① Opening Remarks by Prime Minister Obuchi at An Intellectual Dialogue on Building Asia's Tomorrow, Tokyo, December 2, 1998, http://www.mofa.go.jp/policy/culture/intellectual/asia9812.html.

② 《日经新闻》，2007 年 3 月 10 日。

域和树立政治新形象。

三、日本主导的亚洲反海盗合作机制：个案分析

下面将通过对个案——亚洲反海盗合作机制的考查，分析日本在东亚海洋地区推动并主导非传统安全合作与机制建设过程与特点。

2006 年 11 月 29 日，亚洲“反海盗信息共享中心”在新加坡正式建立。这是依据 2006 年 9 月 4 日正式生效的《亚洲地区反海盗及武装劫船合作协定（ReCAAP）》[①]（以下简称《亚洲反海盗协定》）建立的信息中心，标志着海上非传统安全合作机制的全面启动。由于这是本地区第一个政府间海上安全合作机制，因此它的出现，立即受到亚太海上安全分析人士的关注。

从合作机制的建设和运作过程来看，该协定是日本政府锲而不舍地推进从双边到多边合作策略的结果。1999 年，日本曾经向东南亚国家提出了海上非传统安全合作倡议，这是一个多边合作计划，其中包括引起争议的“海洋维和”概念和要求建立一支多国海军部队巡逻东南亚海域，由于这一倡议十分突兀，没有获得支持。[②] 于是，日本从 2000 年开始进行一系列的双边反海盗合作活动，同部分亚洲国家进行双边演习。与此同时，日本政府

① “Regional Cooperation Agreement on Combating Piracy and Armed Robbery against Ships in Asia”, http://www.mofa.go.jp/mofaj/gaiko/kaiyo/pdfs/kyotei_s.pdf.

② John F Bradford: *Japanese Anti-Piracy Initiatives in Southeast Asia: Policy Formulation and the Coastal State Responses*, in Contemporary Southeast Asia, Dec 2004, p. 490.

派出外交官员到东南亚和南亚地区，继续接触并联络相关政府，逐步展开多边活动，研究在亚洲地区建立打击海盗的合作机制。2001年10月，日本首相小泉纯一郎正式倡议缔结《亚洲反海盗协定》，并广泛展开多边外交活动。日本利用各国要求保障海上运输安全的共同意愿，设法通过打击海盗入手，密切同亚洲国家的合作关系，为建立一个真正由日本主导的地区安全框架打下基础。经过三年多的外交磋商，2004年11月，亚洲16个国家代表在东京缔结协定。[①] 会议选定新加坡为该协定文件的存放地。新加坡政府从2005年2月28日起将文件开放，接受缔约国正式签署。根据规定，只要有10个国家正式批准并签署文件，该协定将正式生效。2006年6月，16个缔约国中的10个国家批准并签署该协定，根据规定，3个月后即2006年9月4日起该协定正式生效。到2006年11月30日为止，共有14个国家正式批准并签署该协定，这些国家是孟加拉国、文莱、柬埔寨、中国、印度、日本、韩国、老挝、缅甸、菲律宾、新加坡、斯里兰卡、泰国、越南。但是，同马六甲海峡密切相关的马来西亚和印度尼西亚尚未签署。

这个协定的主要特征是：

第一，这是由日本主导的亚洲第一个海上安全合作机制。日本借助《反恐特别措施法》，在过去几年里已经派出500多艘舰艇，通过南海海域进入印度洋，为美国领导的多国部队提供后勤支持。日本媒体认为：日本海上自卫队军舰长期浮游在海外，有利于锻炼自身的“深海海军”能力。[②] 鉴于“宪法”

---

① 东盟十国以及中国、日本、韩国、印度、斯里兰卡和孟加拉国六国。

② Richard Tanter："Japan's Indian Ocean Naval Deployment：Blue water militarization in a " normal country,"（http：//www.japanfocus.org/article.asp? id=549）.

约束，日本不能拥有海军，因此日本要主导海上安全合作，必须从非传统安全领域切入。经过多年努力，日本倡导的《亚洲反海盗协定》正式实施并建立亚洲“反海盗信息共享中心”，执行主任是日本外交官伊藤嘉章，日本还派出一名海岸警卫队官员辅佐伊藤嘉章，负责该中心项目部事务。目前，该中心的运作费用主要由日本和新加坡提供。日本现在如愿以偿，正式主导亚洲第一个海上多边安全合作机制，这对日本而言，意义十分深远。比如：从近期看，这个建立在新加坡的亚洲“反海盗信息共享中心”使得国际海事组织马来西亚吉隆坡的海盗信息中心相形见拙，马来西亚为此也抱怨不已。同时，日本也先于其他大国进驻马六甲海峡大门口，掌握该海峡的关键信息，日本实际上已经进入东南亚参与打击海上非传统安全威胁，并且因此使日本有机会于 2007 年 2 月 2 日同马来西亚、泰国举行反海盗联合演习，这是日本 2003 年提议同印尼、新加坡等举行多边巡逻遭受挫折后取得的新进展，也是马、新、印尼及泰国 2006 年对马六甲海峡进行海上协调性巡逻之后接触同马六甲海峡通道安全相关的第一个域外大国。[①]

第二，这是亚洲地区涉及海上安全问题的第一个政府间多边协定。亚太地区现有的海上安全合作机制主要有四类：(1) 美国直接主导的海上军事联盟：美国在亚太地区同澳大利亚、日本、韩国、泰国和菲律宾建立了军事联盟或合作关系，美国、澳大利亚为主的“澳新美条约”和“美、日、澳三边战略对话”联盟网络等。(2) 美国军事盟友主导的海上安全联盟，如“五国联防组织”（Five Power Defense Arrangement，FPDA）。(3) 东盟同中

---

① 日本同泰国和马来西亚 2007 年 2 月 2 日举行反海盗演习（h ttp: //www.nhk.or.jp/daily/english/index2.html）.

国签署的《南海各方行为宣言》，该政治文件初步解决了困扰双方的传统安全问题，有助于建立政治信任和稳定南海地区安全环境。(4) 一些论坛性质的海上安全合作机制，如东盟地区论坛海上安全小组（ARF Maritime Focus Group)、亚太安全合作理事会等。这几类合作机制只是亚洲部分国家之间建立的封闭型机制，尚不面向整个地区。但是，《亚洲反海盗协定》则是面向亚洲的涉及海上安全问题的第一个政府间多边协定。因此，它尽管还不是一个以防范传统安全威胁为主要目的的国际机制，但是在传统安全和非传统安全相互交织的时代，这个以克服非传统安全威胁为主要对象而建立的政府间海上安全合作机制，在当前国际和地区安全形势复杂多变的背景下建立起来，具有非同寻常的意义。

第三，这个机制是一个新的国际组织，得到了主要国际组织承认，具有国际法意义上的约束力。新加坡交通部长兼外交部次长林双吉在主持信息共享中心揭幕仪式时表示，信息中心具有国际组织地位。[①] 从国际组织设立的基本要求看，它已订立了基本协定，根据协定设立了一个国际组织必备的组织机构和行政管理人员，中心办事处设在新加坡亚历山大路的海皇大厦，由《亚洲反海盗协定》签字国代表组成的监管理事会将负责督导信息共享中心的发展方针，这个理事会今后将每年定期召开一次年度会议。由于新加坡在配合日本建立机制和信息中心过程中立下汗马功劳，新加坡海事及港务管理局局长郑林兴成为该中心理事会会长。在日本和新加坡等国家的促进下，该机制现在得到了一些重

---

① 新加坡运输部长讲话 *speech by mr raymond lim, minister for transport and second minister for foreign affairs, at the launch of the recaap information sharing centre, november29, 2006, 3.15 pm at the marina mandarin hotel* (https: //app-pac. mica. gov. sg/data/vddp/ embargo/4095322. htm).

要国际组织的认可，比如“东盟地区论坛”在 2005 年 10 月举行的建立信任和预防外交会议上认为，《亚洲反海盗协定》在增强地区海上安全方面具有不可或缺的作用。国际海事组织在 2005 年 9 月在雅加达举行的马六甲海峡会议，以及 2006 年在吉隆坡举行的国际会议上，都提到在打击海盗和武装袭船方面《亚洲反海盗协定》发挥了重要作用。更重要的是，2005 年 11 月 29 日，联合国第 60 次全体大会在通过关于大洋和海洋法 60/30 决议时，着重提到该协定。有鉴于此，这个机制已经成为本地区一个新的国际组织，该组织的相关约定对成员国具有约束性作用。

四、对地区事务的影响

日本运用双边和多边外交方式在亚洲地区推行非传统安全合作和机制建设，一定程度上有助于本地区排斥国家对国家的传统安全防卫方法，运用新颖手段解决地区面临的非传统安全威胁，对维护经济安全、地区稳定具有积极意义。同时，日本试图通过《亚洲反海盗协定》等非传统安全合作进程，向东亚和东南亚地区推行日本多边外交战略，力求暂时依靠美国的军事力量的同时，承担打击非传统安全威胁的重任，逐步改变日本的外交形象，最终为日本海上自卫队军舰游弋亚太海域奠定基础。因此，日本不遗余力地推动非传统安全合作，对地区事务将产生重要影响。

首先，日本倡议的非传统合作机制隐含着排斥美国的意图，为日本未来在亚洲安全领域发挥作用打下基础。20 世纪 90 年代中期以来，尽管海盗问题日益严重，但是海盗案件同日本国内发生的各种形式的暴力犯罪相比，差距极大。比如：2002 年国际上发生的海盗案件中，同日本有关的海盗案件只有12起，但是当年在日本发生的严重的攻击性暴力案件超过76 000件，其中包括1 000件以上的谋杀案。[①] 因此，如果从成本效益观点分析，日本大可不必为海盗问题动用很大的外交资源。在东南亚地区的非传统安全威胁中，最主要的是恐怖主义和海盗袭击，但是日本在对待这两个安全威胁中，更强调的是海上海盗威胁问题，日本现在派金刚号等驱逐舰到印度洋为美国等联军反恐提供后勤，为的是锻炼实战能力，为未来获得海权、主导海洋安全做准备。而美国则不同，长期以来美国只关注传统安全和海上通道安全问题，“9·11”事件发生以来，美国在东南亚地区着重于打击恐怖主义和宗教极端分子，美国关注海盗问题，只是生怕恐怖主义利用海盗方式进行恐怖活动。日本利用打击非传统安全威胁同东南亚和南亚国家建立紧密的合作关系，使自己历练成能够具有与美国相匹配的军事影响力，为在这个地区建立一个真正由日本主导的地区安全框架打下基础。

其次，日本的政策和外交行动正在冲淡东南亚地区十分敏感的主权问题，使日本较前更加容易进入东南亚展开同国家安全相关的军事活动。以新成立的亚洲“反海盗信息共享中心”为例，它的主要任务是共享信息、能力建设、协调行动，信息分享是主要支柱，需要定期提出报告，不断输入信息资料，充实信息库，使各国船主和船长们可以进入信息库，协助他们在各地区相关水域采取预防性措施，防止海盗和武装袭击行动。协定还要求成员国采取有效措施防止并查禁海盗及武装劫船行为。这里涉及的主

---

① John F Bradford: “Japanese Anti-Piracy Initiatives in Southeast Asia: Policy Formulation and the Coastal State Responses,” *Contemporary Southeast Asia*, Dec. 2004; P. 484.

权问题有：1. 协定规定要在领海内和国际公海打击海盗袭击，这一规定对于打击公海上的海盗行为可以为各方接受，但是如果在一个国家管辖的范围内发生海盗案件，机制的介入必定涉及一国主权问题。2. 日本对海盗概念的认识同“联合国海洋法公约”有差异，海洋法公约第101条规定，海盗是在公海和任何国家管辖范围以外地方对船舶、飞机、人或财物实施攻击、抢劫等非法行为。但是，日本在此基础上还提出了那些具有政治动机或者在领海、专属经济区范围内发生抢劫和袭击的行为，把这些行为称为海盗，提出了现代海盗概念。[①] 因此，日本打击海盗不仅有扩大化倾向，还有政治上干涉别国内政的意图。3. 日本通过财政资助等配套措施，使一些国家长期坚持的主权至上观念发生变化。2005年以前，印尼和马来西亚对日本设法染指其海上领土主权的图谋十分警惕，断然拒绝日本提出的在马六甲地区进行打击海盗的多边演习建议。现在，日本通过强化援助，使些国家立场有所松动，有的甚至已经接受日本的多边合作建议。比如：马来西亚已经同日本、泰国举行了以打击马六甲海峡海盗为目的的海上多边演习。印尼也已经同意与日本一起“以全面方式加强在马六甲海峡的合作，其中包括航行安全、海洋环境和海事安全”，印尼和日本两国领导人同意马六甲海峡沿岸国同日本之间为实现马六甲海峡航行安全和海洋环境进行长期合作。[②]

再次，日本有牵制中国的意图。中国同东盟在非传统安全领域已经订立了合作协议——《中国—东盟非传统安全领域合

① TAKAI Susumu, “Suppression of Modern Piracy and the Role of the Navy,” *NIDS Security Reports*, No. 4 (March 2003), p. 38.

② 见“日本和印尼关于海事事务的联合宣言”，2005年6月2日，签署于东京(Japan-Indonesia Joint Announcement on Maritime Affairs, http: //www. mofa. go. jp/region/ asia-paci/indonesia/summit0506/joint-5. html.

作联合声明》(2002 年)、《中国—东盟非传统安全领域合作谅解备忘录(2004 年)》，在打击贩毒、跨国犯罪等方面开展有效合作。针对中国的非传统安全合作倡议以及中国与东盟之间的紧密合作，日本有意在 2004 年底邀请东盟 10 国领导人到东京召开日本东盟峰会；2006 年 1 月世界卫生组织和联合国粮农组织在北京召开预防禽流感国际会议前夕，日本则在东京先期召开防止禽流感会议，试图抵消中国影响。在筹建“反海盗信息共享中心”时，日本有意请印度代表康托德担任理事会副会长，拉拢印度，抵消中国影响力。

第四，东盟的平衡外交政策有可能倾斜。东盟长期推行平衡外交政策，周旋于大国之间。日本通过海上非传统安全合作，并在物资上给以资助，使东盟倾向于同日本更紧密地推进海上非传统安全合作，旨在冲抵中国等其他大国在东南亚海域的影响。有些东盟国家因自身能力有限，也有借重大国力量的意图，试图通过同日本、美国等域外大国合作，增强自己的军事力量。比如，2006 年 6 月 1 日，日本政府决定放宽“武器出口三原则”，为打击恐怖活动和海盗，向印尼提供了 3 艘巡逻艇，这是日本首次利用政府开发援助（ODA）向国外提供武器的一项重大举措。[①] 印尼在金融危机打击下，政局动荡经济不振，加上资金缺乏，军舰和设施无法维修与保养，更难以更新，因此印尼没有强大的海军力量或能力来克服海上非传统安全威胁，此时同日本加强合作，可以获得比较实质性的支持。

---

① 吴谷丰：日本决定向印尼提供 3 艘巡逻艇，2006 年 6 月 13 日新华社东京电讯。

五、结　语

综上所述，日本较早就提出非传统安全新思维，然后结合人类安全与综合安全概念，在其对外政策中积极推行非传统安全政策，特别是在亚洲地区推动建立海上非传统安全合作机制，其宗旨是在区域国际体系中发挥政治作用，要求相关政府同日本联手，促进以日本为主导的地区海洋安全合作进程。日本通过多年努力终于促成建立多边性质的《亚洲反海盗协定》，这是由于时机与日本政治意志力的结果：20 世纪 90 年代后期开始，海盗恶性案件在东南亚地区频繁发生，造成的损失引起国际社会的强烈关注，而海盗问题又是一个跨国性质的非传统安全问题，整个地区也期望有一种多边方式来解决问题。这个时期日本正在酝酿独立自主地推行其外交政策，希望通过多边国际机制发挥自己的政治作用，日本首先向东南亚派出维和部队就是一个明显信号。而通过多边合作机制派出日本自卫队和海上警卫队，也符合日本当代政治规范，不违背日本宪法精神。

日本通过其主动倡议的海上非传统安全合作机制走进区域国际政治舞台，在区域国际关系方面的影响将逐步加强，具有战略性意义。日本目前政策的对象是在地区层面承担非传统安全责任，但是不排除日本排斥美国的意图，为日本未来在亚洲安全领域发挥作用打下基础。日本在亚洲地区推进非传统合作进程，从地区国际关系角度来看，牵制中国也是日本的谋略之一。

图书在版编目（CIP）数据

负责任大国的路径选择/上海社会科学院世界经济与政治研究所编.
—北京：时事出版社，2007.10
ISBN 978-7-80232-081-9

Ⅰ.负… Ⅱ.上… Ⅲ.中外关系—研究 Ⅳ.D822

中国版本图书馆 CIP 数据核字（2007）第 138921 号

出版发行：时事出版社
地　　址：北京市海淀区万寿寺甲 2 号
邮　　编：100081
发行热线：(010) 88547590　88547591
读者服务部：(010) 88547595
传　　真：(010) 68418647
电子邮箱：shishichubanshe@sina.com
网　　址：www.shishishe.com
印　　刷：北京百善印刷厂

开本：787×1092　1/16　印张：23.5　字数：282 千字
2007 年 10 月第 1 版　2007 年 10 月第 1 次印刷
定价：47.00 元